항공여객실무론 Ⅱ
RESERVATION

항공여객발권실무

서 선 著

백산출판사
BAEKSAN Publishing

항공여객발권실무

CONTENT

Part 1 항공운임 및 항공사 가격 이해

Part 2 국제선 항공권 발권 실무

Part 1

항공운임 및 항공사 가격 이해

Ticketing I

제 1 장

항공운임

학습목표

- 항공권 발권의 기본요소인 '항공운임' 전반에 대하여 이해한다.
- 항공운임의 종류를 이해하고, 승객의 여정에 맞는 운임의 종류를 구분할 수 있다.
- 학습내용
  - 항공운임의 개요 : 항공운임 결정 요인, 항공운임의 구조, 항공운임의 종류
  - 항공운임 설정 과정
  - 항공운임의 역할

제1장 항공운임

Ⅰ. 항공운임의 개요

항공운임은 국제항공 운송협회(IATA: International Air Transport Association)의 운임조정회의의 결의 및 각국정부의 인가를 득하여 CRS(Computer Reservation System) 또는 GDS (General Distribution System)를 통해 공시되고 항공권에 표기되는 운임, 즉 공시운임(Published Fare)을 의미한다. 일반적으로 운송 산업의 상품에 대한 운임을 나타내는 용어로는 운송료(Tariff)가 널리 쓰이며, 운송료는 운송대상에 따라 각각 여객운송인 경우 운임(fare), 화물운송인 경우 요율(freight rate)로 통용된다. 그러나 항공화물의 가격을 '요율'로 표현하는 경우를 제외하고는 일반적으로 운송상품의 가격을 '운임(Fare)'으로 표현한다.[1] 국내선 운임과 국제선 운임으로 대별되는 항공여객 운임은 "출발 도시와 도착 도시 간 항공 수송을 위해 항공기 좌석 및 부대 서비스를 제공하는 대가로 항공사가 여객으로부터 징수하는 금액"이라 정의할 수 있으며, 그 금액에는 운임, ADD-ON 및 기타 수수료 등이 있다.

1. 항공운임 결정요인

항공운임 수준을 결정하는 일반적인 방법으로는 대부분의 경우, 운임의 상한과 하한을 미리 설정해 놓고, 그 사이에서 적정 수준의 운임을 결정한다. 그러나 이같은 운임결정기준 역시 실제로 시장에서 운임수준을 결정하는 데 많은 한계가 있으며, 현실적으로 오늘날 모든 시장에서 적용할 수 있는 운임결정모형을 찾기는 힘들다.

---

1) 허희영, 항공경영학, 명경사, 2002, p. 396.

따라서 각 세부시장별 운임정책의 방향과 전략적 차원의 운임구조가 어떻게 결정되며, 일상적인 운임수준이 전술적으로 어떻게 운영되는지를 시장에서 운임을 결정하는 데 고려되는 대표적인 요소들을[2] 통하여 살펴본다.

<그림 1-1> 항공운임이란?

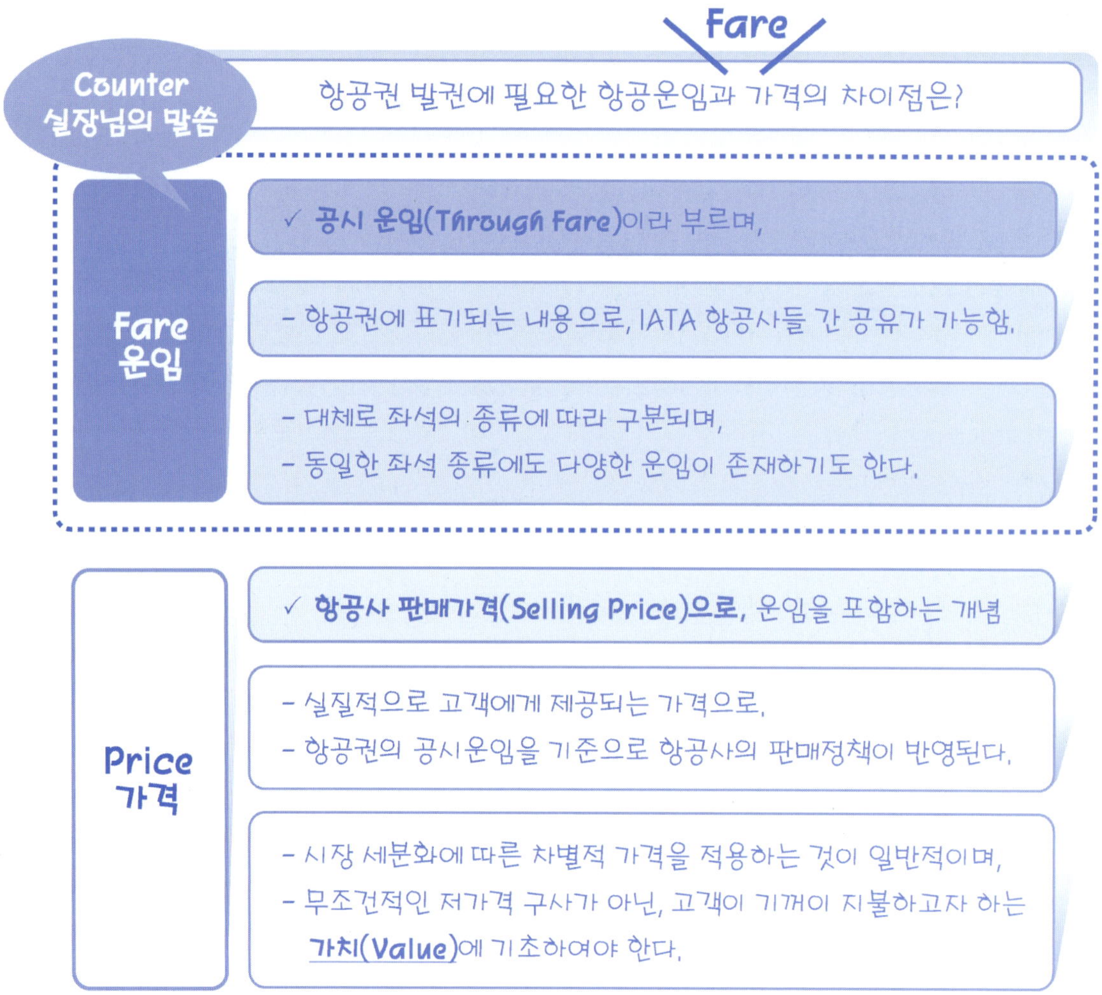

2) Holloway, S., *Straight and Level : Practical Airline Economics*, Ashgate Publishing, 1997, pp. 370 ~ 383.

<그림 1-2> 항공운임 결정 요소

항공운임 결정시 고려대상 → 대 분류 < 구체적 요인

대분류

- **운임 비용**
  - ➢ 운임수준을 결정하는 가장 기본적인 요소
  - • 한계점
    - 고정영업비용 배분의 한계점
    - 운항거리에 따른 한계비용의 함소효과 반영의 어려움
    - 운임수준과 비용간의 큰 차이 발생
    - 관리회계시스템 구축의 필요
- **운임 규제**
  - ➢ 법적 및 정책적 규제
  - ➢ 상업적 규제

구체적 요인

- **운항거리**
  - • 운항 거리에 따른 비용을 감안하여 장거리 체감제, 즉, 운항거리가 길수록 운임의 증가율이 낮아지는 제도에 기초해 결정
- **출발지 국가의 사회, 경제적 수준**
  - • 출발지 국가의 통화가치, 경제적 수준, 여타 교통수단의 운임 등 해당국가의 사회, 경제적 수준을 고려
- **탑승율**
  - • 과거의 운송 실적, 운항 편수 등의 요인도 고려
- **예상 수요**
  - • 해당 구간의 장기적인 수요에 대한 전망 고려
- **계절적 수요**
  - • 계절 변동에 따른 수요의 탄력성을 감안하여 성수기, 비수기 운임을 별도로 공시
- **관련 국가 및 항공사 정책**
  - • 운항 상대국의 항공정책, 경쟁 항공사의 판매 정책 등

1_1 운임 비용

운송에 드는 비용은 운임수준을 결정하는 가장 기본적인 요소이다. 또한 비용은 상품생산에 투입되는 요소를 개략적으로 파악할 수 있기 때문에 전체적인 비용 규모를 통해 해당 상품의 운임수준을 가늠할 수 있다. 그러나 실제로 운임수준의 설정과정에서 운송비용을 고려하는 데에는 한계가 있다. 우선, 비용에 대한 개념이 매우 다양하고 추상적이며, 개별 상품별로 이를 측정하는 것이 매우 어렵기 때문이다. 특히 객실등급마다 특정한 좌석, 특정항공편과 노선 그리고 특정 시간대의 상품별로 각각 생산비용을 정확히 산출하는 것은 불가능하다. 이와 같이 개별 상품을 대상으로 생산비용과 직접 관련시켜 운임의 수준을 결정하는 과정에서 고려되어야 하는 한계점들은 다음과 같다.

하나, 고정영업비용 배분의 한계점이다. 운송활동에 투입되는 비용이 여러 유형의 상품 생산에 이용되고, 이때 원가를 고객별로 배분하는 것이 불가능하다. 그리고 허브-스포크 노선과 같이 여러 구간에 걸쳐 운송이 이루어지는 경우, 각 구간별로 승객구성이 달라지기 때문에 개별상품마다 비용을 정확히 산출할 수 없다.

둘, 운항거리에 따른 한계비용의 감소효과를 각 상품별 반영의 어려움. 운항거리가 길어질수록 한계비용은 감소하며, 이에 따라 단위당 여객운임이나 화물요율 역시 감소한다. 즉 장거리운송에 비해 단거리운송이 단위당 비용이 상대적으로 더 높다. 그러나 실제로 비용과 운임간의 관계는 동일한 항공사가 운영하는 경우라도 노선에 따라 각각 다르며, 국제노선에서는 비용보다 오히려 시장경쟁이나 규제요소 등의 영향을 더 많이 받는다.

셋, 운임수준과 비용간의 큰 차이 발생. 복수 항공사에 의해 운송서비스가 제공되는 경우, 수입이 분산됨에 따라 운임수준과 비용간의 차이가 크게 발생한다. 즉 두 구간 이상에 걸친 운송활동의 총수입 가운데 개별 구간의 운송수입은 각 독립구간별로 판매되는 운송수입의 합보다 적은 것이 보통이며, 이는 종종 생산비용에 못 미치기도 한다. 이같은 수입의 분산효과는 비용에 기초하여 운임을 결정하는 데 한계가 있다.

넷, 관리회계시스템 구축의 필요. 생산비용에 기초하여 운임수준을 결정하기 위해서는 무엇보다도 개별 노선에 대하여 특정 구간별로 특정 서비스를 각각 분리하여 해당 비용을 산출할 수 있는 회계시스템이 갖추어져야 한다.

요약하면, 운송비용은 이론적으로 운임수준을 결정하는 데 가장 기본적이고 합리적인 기준이지만, 실제로 이를 적용하는 것은 살펴본 바와 같이 많은 한계점이 있다. 실제로 대부분의 경우공사들은 특정 상품에 대하여 각각 비용을 직접 관련시켜 운임수준을 결정하지 않는다. 항공화물의 경우에도 마찬가지로 요율구조와 비용구조는 일치하지 않는다. 그러나 이러한 한계점에도 불구하고 생산비용은 운임을 결정하는 데 가장 기본적인 요소로 인식된다.

1_2 운임규제

1) 법적 및 정책적 규제

운임에 대한 규제는 대체로 두 가지 측면에서 이루어진다. 하나는 공정한 시장경쟁을 보장하기 위한 법적인 규제이다. 주로 항공사간의 가격공모나 담합을 금지하거나 시장의 독점적 지위를 이용하여 부당하게 운임수준을 결정하는 것에 대한 제한 등을 내용으로 한다. 다른 하나는 업계의 과도한 운임인상을 억제하기 위한 정책적인 규제이다. 이같은 정책적 규제는 주로 경제적 목적을 달성하기 위한 산업정책으로 실시되며, 물가안정을 억제하기 위한 거시경제정책의 일환으로 시행되기도 한다.

2) 상업적 규제

주로 국제적으로 널리 이용되는 시장참여기업간의 규제로서 법적, 정책적 규제와 달리 운임수준을 인위적으로 높게 유지하려는 경향이 있다. 특히 국적 항공사들의 취약한 수익구조를 보호하기 위한 목적으로 운임수준을 상대적으로 높게 유지하도록 규제한다. 따라서 비정기 항공의 운임은 운송력을 제공하는 측에 의해 일방적으로 정해지는 것이 보통이지만, 정부간의 항공협정의 내용에 비정기 항공에 대한 기본사항들을 포함시키는 경향이 점차 늘어나고 있다. 그러나 상업적 규제는 세계시장에서 점차 가격경쟁이 심화되면서 점차 유명무실해지고 있다. 더구나 IATA(International Air Transport Association)를 통해 항공사간에 합의된 운임이라 하더라도 국제시장에서는 출발지국 정부의 승인을 받아야 하거나 상호승인을 전제로 하기 때문에 실제로 개별노선에 대한 운임규제의 효과는 크지 않을 수 있다. 실제로 많은 국제노선에서는 상호 승인하는 방식이 채택되고 있으며, 지정항공사간의 합의에 따라 운임이 결정된다.

3) 항공운임 결정에 고려되는 구체적 요인

항공운임 결정에 영향을 미치는 요인은 위에서 살펴본 바와 같이 크게는 항공운임 비용과 항공운임에 대한 규제를 들 수 있으나, 실질적으로 영향을 미치는 구체적인 요인들은 아래와 같다.

■ 운항거리

항공운임은 기본적으로 운항거리에 따른 비용을 감안하여 장거리 체감제, 즉 운항거리가 길수록 운임의 증가율이 낮아지는 제도에 기초해 결정된다. 그러나, 동일 지역내의 주요 도시들의 운임을 균일화시키는 균일제의 원리가 보완적으로 사용되기도 한다.

■ 출발지 국가의 사회, 경제적 수준

항공운임은 주로 출발지국 통화로 결정되기 때문에 출발지 국가의 통화가치, 경제적 수준, 여타 교통수단의 운임 등 해당국가의 사회, 경제적 수준을 고려하여 결정된다.

■ 탑승률

과거의 운송 실적, 운항 편수 등의 요인도 운임 결정시 고려된다.

■ 예상 수요

해당 구간의 장기적인 수요에 대한 전망도 운임 결정시 고려되는 요인이다.

■ 계절적 수요

계절 변동에 따른 수요의 탄력성을 감안하여 성수기, 비수기 운임을 별도로 공시하기도 한다.

■ 관련국 및 관련 항공사의 정책

운항 상대국의 항공정책, 경쟁 항공사의 판매 정책 등도 운임 결정에 영향을 끼친다.

2. 항공운임의 구조

항공운임은 항공사의 마케팅믹스를 구성하는 기본요소로서 마케팅전략 뿐 아니라 일상적인 판매전술의 도구로서 매우 다양한 형태로 운영된다. 여객시장에서 운임의 구조는 매우 복잡한데, 이를 구성하는 가장 기본적인 세 가지 요소는 다음과 같다.[3)]

2_1 서비스등급

서비스등급이란 가장 일반적인 시장세분화의 기준에 따라 좌석을 등급화하고, 운임수준을 차별적으로 적용함으로써 서비스의 수준을 나누는 것을 의미한다. 서비스등급은 노선의 거리나 구간의 특성에 따라 매우 다양하게 구성된다. 먼저, 국내선에서는 서비스등급이 비교적 단순하여, 일반석으로만 상품이 판매되는 경우가 많으며, 종종 일반석과 비즈니스석 또는 일반석과 일등석 등으로 구분하는 경우도 있다. 비교적 거리가 짧은 국제노선에서는 두 가지 등급으로 구분하여 일반석과 일등석 또는 일반석과 비즈니스석 등으로 나누는 것이 일반적인 구분방식이다. 장거리노선에서는 일등석과 비즈니스석, 일반석 등으로 구분하는 것이 가장 일반적인 형태이며, 항공사에 따라서 구분 내용에 다소 차이가 있다. 예를 들면, 일등석과 비즈니스석을 통합하여 중간 형태의 서비스 등급을 운영하기도 하고, 일반석을 정상운임일반석과 할인운임일반석으로 다시 구분하여 판매하기도 한다.

2_2 항공권의 판매조건

항공권에 명시되는 조건에 따라 각각 적용되는 운임수준이 달라진다.

1) 무제한 항공권(unrestricted tickets)

판매조건이 가장 자유로운 형태의 항공권으로서 항공편 출발 전까지 언제든지 승객의 편의에 따라 구입될 수 있는 유형의 항공권이다. 보통 1년(12개월) 이내에 언제든지 사용할 수 있으며, 예정대로 탑승하지 않은 경우에도 전액 환불이 가능한 항공권으로, 대체로 정상요금 수준이다.

3) Holloway S., op. cit., 1997. pp. 363 ~ 367.

<그림 1-3> 항공운임의 구조

항공운임의 구조에 영향을 미치는 세 가지 요소

서비스 등급

- ✓ Mono Class : 단일 클래스만 운영
- ✓ Two Class : 비즈니스, 일반석만 운영
- ✓ Three Class : 일등석, 비즈니스, 일반석 운영
- • 좌석을 등급화하고, 운임수준을 차별적으로 적용한다. 단, 일반석은 정상운임 좌석과 할인운임 좌석으로 분류

항공권의 판매조건

- ✓ 무제한 항공권(unrestricted tickets)
- ✓ 조건부 항공권(restricted tickets)
- ✓ 대기요금(standby fares) 항공권

판매 단위

- ✓ 개인여객
- ✓ 10명 이상의 단체여객

2) 조건부 항공권(restricted tickets)

일반석과 할인석에 흔히 적용되는 판매방식으로서 항공권에 일정한 조건을 명시하여, 조건부로 항공기에 탑승할 수 있도록 하는 방식이다. 조건이 까다로울수록 운임수준은 낮게 적용된다. 노선이나 항공사에 따라 조건에 대한 할인내용은 다양한 명칭으로 불린다. 예를 들면, 일반적인 할인방식에 의해 판매되는 항공권을 의미하는 할인권(excursion), 할인가격으로 구매가 되어 있는 항공권인 PEX(purchase excursion), 사전구매에 의해 할인된 항공권을 의미하는 APEX (advance purchase excursion) 등이 있으며, 이 밖에도 항공권의 판매조건을 어떻게 정하느냐에 따라 다양한 형태의 운임수준이 적용된다.

3) 대기요금(standby fares) 항공권

일단 모든 판매가 완료된 후 항공편의 출발 직전에 남는 좌석에 대한 탑승을 전제로 항공권을 판매하는 방식이다. 미리 항공편을 정하지 않고 여행하는 경우 저렴한 요금수준의 이점을 이용할 수 있는 반면, 항공편이 확실히 정해지지 않기 때문에 출발시간이 매우 유동적인 단점이 있다. 한편, 출발 직전에 나타나는 업무여행자들과 대기 항공권을 구매하고 있는 승객에 대한 좌석을 어떻게 할당하느냐가 항상 어려운 문제이다.

2_3 판매단위

상품의 판매단위에 따라 적용되는 요금이 달라진다. 일반적으로 10명을 기준으로 개인여객과 단체여객으로 구분된다. 후자의 경우, 정상요금에 비해 할인된 수준의 요금이 적용되는 것이 보통이다. 대부분 여객시장의 상품에 대한 판매는 여행사 등의 판매대리점을 통해 일괄판매방식으로 이루어진다. 특히 레저여행자 수요로 구성되는 레저여행자시장(LTM : Leisure Travellers Market)[4]에서는 항공운임이 공항으로부터의 육상이동, 자동차대여(렌트카), 호텔숙박 등과 함께 일괄하여 결정되고 판매되는 경우가 많다. 여행상품을 구성하는 여행사를 대상으로 대단위로 판매하는 좌석에 대해서는 큰 폭의 운임할인이 주어지는 것이 보통이다.

4) 업무여행자시장(BTM : Business Travellers Market)

3. 항공운임의 종류

항공운임의 종류는 구분방식에 따라 3가지 정도로 구분할 수 있다. 즉 적용방식에 따른 분류, 항공운임의 성격에 따른 분류 및 항공운임의 Owner에 따른 분류로 구분할 수 있다.

<그림 1-4> 항공운임의 종류

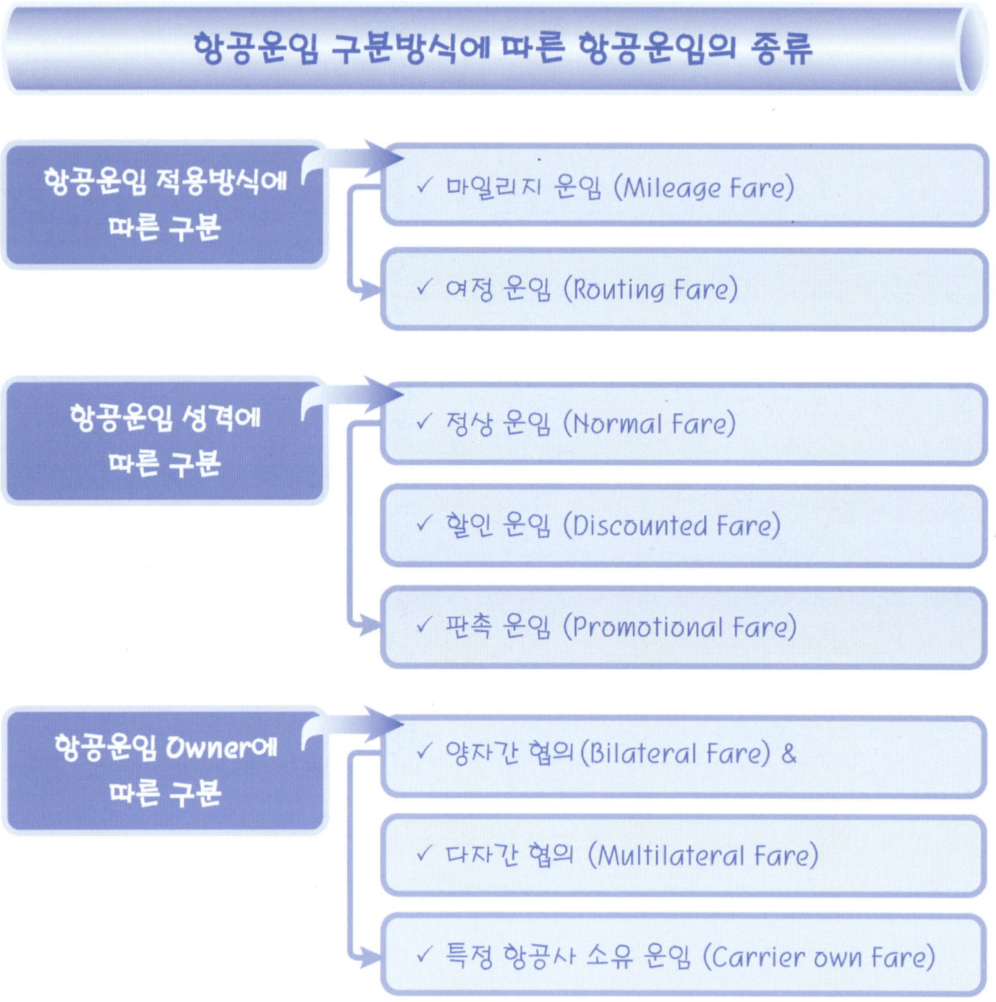

3_1 항공운임의 적용방식에 따른 구분

항공운임의 적용 방식에 따른 구분은 마일리지 운임과 루팅(또는 여정) 운임으로 구분할 수 있으며, 운임종류별 특성은 다음과 같다.

■ 마일리지 운임 (Mileage Fare)

✓ 출발지로부터 중간 경유 지점을 포함하여 도착지까지의 MPM(Maximum Permitted Mileage)이 허용하는 범위의 여정에 대하여 적용하는 운임.

① MPM(Maximum Permitted Mileage) : 최대 허용거리
- 두 지점간의 공시 운임으로 여행할 수 있는 최대 허용거리로서, 실제 거리보다 15~20% 많게 설정되어 있으므로 해당 두 지점간 공시 운임으로 중간 지점의 경유를 가능하게 한다.

② TPM(Ticketed Point Mileage) : 발권 구간거리
- 승객이 여행하는 구간별 실제 거리로서 항공편이 취항하는 구간에만 설정되어 있으며, 이들 구간별 TPM의 합계와 해당운임마다의 출발지, 목적지간 설정된 MPM과 비교하게 된다.

③ EMS(Excess Mileage Surcharge) : 초과 거리 할증
- 승객이 실제로 여행한 거리(TOTAL TPM)가 최대 허용거리(MPM) 보다 클 경우에 적용하는 것으로서, 실제 여행거리가 MPM을 초과하는 비율을 계산하여, 출발지에서 목적지까지의 운임을 단계별로 할증하게 된다.

■ 여정운임 (Routing Fare)

✓ 출발지로부터 도착지까지 이용 항공사, 허용 경유지, 적용 Booking Class 등을 지정, 해당 Routing에 부합하는 여정에 대하여 적용토록 하는 운임.

- 여정제도는 일반적으로 어떤 특정 항공사가 불리한 노선망으로 인하여 거리제도에 의한 운임이 높거나, 또는 자사의 노선 이용을 조건으로 낮은 운임을 적용시키기 위해 개발한 것이다.
- 현재 국적 항공사들은 태평양 횡단노선에 Routing을 공시하고, 대부분의 특별운임에 대하여 이를 적용하고 있다.

3_2 항공운임의 성격에 따른 구분

국제선 항공운임의 성격에 따른 구분은 여행 기간, 여행 조건 등에 따라 정상운임(Normal Fare)과 특별운임(Special Fare)으로 구분되며, 특별운임은 다시 할인운임(Discounted Fare)과 판촉운임(Promotional Fare)으로 구분된다.

■ 정상운임(Normal Fare)

✓ 유효 기간 : 첫 구간은 발행일로부터 1년 안에 사용.
나머지 구간은 여행 개시일로부터 1년임.

✓ 도중 체류 횟수 : 대체로 제한이 없다. (정상운임의 종류에 따라 상이)

✓ 예약변경, 여정변경, 항공사 변경 등에 원칙적으로 제한이 없다.

✓ 예) FARE TYPE의 F, C, Y, YO2, Y2

■ 할인운임(Discounted Fare)

✓ 승객의 나이나 신분에 따라 할인이 적용된 운임

✓ 특별한 규정이 없는 한, 유효기간, 도중 체류 횟수 등은 기준 운임의 규정에 따라 적용된다.

[할인운임의 종류]

구분	내용
소아 (Child : CH)	◆ 대상 : 최초여행일 기준, 만2세 이상 ~ 만12세 미만의 성인 보호자 동반 승객 ◆ 할인율 : 성인운임의 25%(한국출발 전 구간)
유아 (Infant : IN)	◆ 대상 : 최초여행일 기준, 만14일 이상 ~ 만2세 미만의 좌석을 점유하지 않는 승객 ◆ 할인율 : 동반 성인운임의 90%(한국출발 전 구간) ※ 단, 한국, 미국, 캐나다 내 국내선 구간은 무료 탑승 ◆ 성인 1인은 1명의 유아만 동반 가능 – 동반 유아가 2인일 경우, 1명은 소아 운임을 적용해야 함
비동반 소아 (UM)	◆ 대상 : 보호자 없이 혼자 여행하는 만5세 이상 만12세 미만 승객 ◆ 운임 수준 : 해당 구간 적용 가능한 성인 운임의 100%

학생 (Student : SD)	◆ 대상 : 정규 교육기관의 6개월 이상 교육 과정에 등록된 만12세 이상 만26세 미만 학생 ◆ 할인율 : Y CLASS 성인운임의 25% ◆ 적용 기간 : 학업시작 6개월 전부터 학업종료 3개월까지 적용 ◆ 조건 : 중간 경유지에서 도중 체류(Stopover) 불가 ※ 단, 한국 출발 미주/캐나다 행의 경우 별도로 학생 판촉운임 MSTO 운영(나이 제한 없음, 경유지에서 1회 도중 체류 가능)
항공사 직원 (ID)	◆ 대상 : 항공사 직원 및 관련 산업근무직원 및 그 가족 ◆ 할인율 및 탑승조건 : 항공사 내부 규정 및 항공사간의 계약에 의해 결정(공시운임 기준 할인 적용)
대리점 직원 (Agent Disc : AD)	◆ 대상 : 항공사와 계약 체결한 대리점 직원 및 배우자 ◆ 할인율 : 해당항공사 규정에 의거, 해당 운임의 75%까지 할인 ◆ 유효기간 : 발행일로부터 3개월
선원 운임 (Ship's Crew : SC)	◆ 대상 : 조업과 관련해 여행하는 선원의 편도 여정 ◆ 할인율 : 성인 정상운임의 25% ◆ 조건 : 중간 경유지에서 도중 체류(Stopover) 불가

■ 판촉운임(Promotional Fare)

✓ 승객의 다양한 여행 형태에 부합하여 개발된 운임.
→ 여행 기간, 여행 조건, 판매기간 등에 일정한 제한이 있는 운임

✓ 여행기간에 대한 제한 : 최소의무 체류기간(Minimum Stay)
최대허용 체류기간(Maximum Stay)

✓ 여행조건에 대한 제한 :
- 도중 환승(Transfer) 및 도중 체류(Stopover) 횟수
- 선 구입조건
- 예약변경 및 여정변경 가능 조건
- 환불 조건

✓ 판매 기간에 대한 제한
- 판매 촉진을 위하여 일정 기간 동안에만 운영

[한국출발 판촉운임의 종류]

구분	내용
일본	◆ Fare Basis & 유효기간 & Booking Class - MPX14 & 14일 & M
동남아	◆ Fare Basis & 유효기간 & Booking Class - MPX15 & 15일 & M - KEE1M & 1개월 & K

미주, 캐나다	◆ Fare Basis & 유효기간 & Booking Class – EAP1M & 1개월 & E – MPB3M & 3개월 & M – KEE6M & 6개월 & K – MSTO & 1년 & M 〈학생〉 – MEMO & 1년 & M 〈이민〉
유럽	◆ Fare Basis & 유효기간 & Booking Class – MPB3M & 3개월 & M – KEE6M & 6개월 & K – MZZ6M & 6개월 & M 〈만 26세 미만 Youth Fare〉

3_3 항공운임의 Owner에 따른 구분

항공운임의 Owner에 따른 구분은 항공사간 협정을 통해 설정되는 운임으로 다자간 협의에 의한 운임(Multilateral Fare), 양자간 협의에 의한 운임(Bilateral Fare) 및 특정 항공사 소유의 운임(Carrier own Fare)으로 구분할 수 있다.

■ **양자간 협의(Bilateral Fare) & 다자간 협의(Multilateral Fare)**

✓ 항공사간 협정을 통해 설정되는 운임

✓ 항공사간 노선망, 취항 횟수, 공급 규모 등 상호 보완적 관계의 항공사간 협정을 통해 적용하는 운임

✓ 지정된 항공사간의 양자간 또는 다자간 운송만 가능

✓ 경우에 따라서는 항공 운송 협약을 통해 제3항공사의 운송 참여도 허용하기도 한다.

■ **특정 항공사 소유의 운임 (Carrier own Fare)**

✓ 특정 항공사 소유의 운임으로, 항공사가 특정 시장 및 수요에 따라 항공사 개별로 적용하는 운임.

✓ 해당 항공사의 서비스에만 국한할 수도 있고, 다자간 운송을 위해서는 별도로 항공사간 협약이 필요하다.

3_4 한국 출발 노선별 적용운임의 종류

위에서 살펴본 바와 같이 분류된 항공운임의 종류에 의거하여 각 항공사는 지역별, 노선별 특성에 따라 운임을 설정한다. 항공사에 있어 항공운임은 판매가격의 상한선 역할을 하는 것으로, 최소한 1년 전에 전략을 결정해야 하는 장기적 전략중의 하나로써 항공사 수입제고의 주요한 기능을 담당한다. 항공운임은 단거리, 장거리에 따라 차이를 보이는데 단거리는 적용하는 운임의 종류가 적으며, 장거리는 다양한 종류의 운임을 적용한다. 한국을 출발하는 국제선의 노선별 적용운임을 국적항공사 기준으로 살펴보면 <표 1-1>과 같이 분류할 수 있다.

<표 1-1> 한국 출발 노선별 적용운임의 종류

노선	운임 종류(Fare Type)
한일	F, C, Y, MPX14, GV15
중국	F, C, Y, GV
동남아	F, C, Y, KEE1M, MPX15, GV15
대양주	F, C, Y, KEE3M, MPX1M, GV15
구주	F, C, Y, KEE6M, MPX3M, YZZ6M, GV35
미주	F, C, Y, KEE6M, MPB3M, MSTO, MEMO, EAP14, EAP21, GV15

※ 자료 : 항공사 업무 현황을 토대로 필자 작성.

[한국 출발 지역별, 운임종류 및 규정/특성]

전 노선

◆ **운임 종류 : F, C, Y**

① 사전 발권 : 없음

② 최소/최대 체류기간 : 제한 없음

③ 도중 체류 : 제한 없음

④ 최소 수수료 : 없음

※ 서비스등급 : 일등석(F), 비즈니스(C), 일반석(Y)으로 분류

일본

◆ **운임 종류 : MPX14**

① 적용 : 한국 출발 일본행 Y RT/CT/OJT 여정

② 전 구간 예약 Confirm시 발권

③ Min / Max Stay : 2일/ 14일

④ 도중체류(Stopover) : 불가

⑤ Transfer : 2회 – 방향당 1회

⑥ 예약 변경 : 출발 전 불가 / 출발 후 예약 변경, 재발행 수수료 KRW40,000

⑦ Child 75% , Infant 10%

동남아 1

◆ **운임 종류 : MPX15**

① 적용 : 한국 출발 동남아 주요 도시행 Y RT/CT/OJT 여정

② Day / Season : 첫 번째 국제선 탑승일이 Day/Season결정

③ 전 구간 예약 Confirm 시 발권

④ Min / Max Stay : 3일/ 15일

⑤ Stopover : 2회 가능(회당KRW50000 지불 조건)

⑥ Transfer : 2회, 단 국내, 국제 연결시 3회 추가
단, 중국 경유는 전체 여정에서 1회만 가능

⑦ 예약 변경 : 출발 전 불가 /출발 후 예약 변경, 재발행 수수료 KRW89000

⑧ Child 75%, Infant 10%

동남아 2

◆ **운임 종류 : KEE1M**

① 적용 : 한국 출발 동남아 주요 도시행 Y RT/CT/OJT 여정
② Day / Season : 첫 번째 국제선 탑승일이 Day/Season결정
③ Min / Max Stay : 3일/ 1개월
④ Stopover : 2회(매회 50,000원으로 추가 2회 가능)
⑤ Transfer : 4회(중국 경유시 1회만 가능)
⑥ 예약 변경/ 여정 변경 제한 없음.
⑦ Child 75%, Infant 10%

서남아 1

◆ **운임 종류 : MPX45**

① 적용 : 한국 출발 서남아 주요 도시행 RT/CT/OJT 여정
② Day : 첫 번째 국제선 탑승일이 Day결정
③ 전 구간 예약 Confirm시 발권
④ Min / Max : 7일/ 45일(단, Pakistan행은 5일/ 2개월 : MPX2M)
⑤ Stopover : 총 2회 가능(회당 KRW50000 지불 조건)
⑥ Transfer : 총 2회 – 방향당 1회(한국 또는 서남아 내에서 추가 1회 허용)
⑦ 예약 변경 : 출발 전 불가 / 출발 후 예약 변경, 재발행 수수료 KRW89000
⑧ Child 75% , Infant 10%

서남아 2

◆ **운임 종류 : KEE2M**

① 적용 : 한국 출발 서남아 주요 도시행 RT/CT/OJT 여정

② Day : 첫 번째 국제선 탑승일이 Day 결정

③ Min / Max Stay : 3일/ 2개월

④ Stopover : 총 2회 – 방향 당 1회

⑤ Transfer : 총 2회 – 방향 당 1회(국제–국내 연결시 방향당 1회 추가 허용)

⑥ 예약 변경/ 여정 변경 제한 없음

⑦ Child 75% , Infant 10%

미주 1

◆ **운임 종류 : EAP1M (Mileage 운임)**

① 적용 : 한국 출발 USA 행 Y RT/CT/OJT

② 사전발권 조항 : 출발 14일 전 / 출발 7일 전(Season에 따라 상이),
전 구간 예약 Confirm 후 발권

③ MIN/MAX Stay : 2일 / 1개월

④ Day / Season : O/B 태평양 횡단 일자가 적용 Day/Season결정

⑤ Stopover : 불가

⑥ 예약/여정 변경 : 출발 전 Out Bound 변경 불가 / 출발 후 예약 변경 1회 허용
(In–Bound) / 출발 후 재발행 1회 허용 – KRW89000 징수

⑦ Child 75% / Infant 10%

미주 2

◆ **운임 종류 : MPB3M (Routing 운임)**

① 적용 : 한국 출발 USA / CAN/ MEX행 Y RT/CT/SOJT 여정
② MIN / MAX Stay : 4일 / 3개월
③ Day / Season : Outbound 태평양 횡단 일자가 적용 Day/Season 결정
④ O/B 예약 Confirm 후 발권
⑤ Stopover : 불가
⑥ 예약/여정 변경 : Out Bound 변경 불가 / In Bound Revalidation 허용,
단, In-Bound 구간 재발행시 89,000 징수
⑦ Child 75% / Infant 10%

미주 3

◆ **운임 종류 : KEE6M (Routing 운임)**

① 적용 : 한국 출발 USA / CAN / MEX행 Y RT/CT/SOJT 여정
② Routing 운임
③ MIN / MAX Stay : 4일 / 6개월
④ Day / Season : Outbound 태평양 횡단 일자가 적용 Day/Season 결정
⑤ Stopover : 2회 무료 – 방향당 1회
(회당 KRW89000 지불조건 및 Routing 허용하는 한 무제한 허용)
⑥ 예약 변경 : 제한 없음
⑦ Child 75% / Infant 10%

미주 4

◆ **운임 종류 : MSTO(Routing 운임)**

① 적용 : 한국 출발 USA / CAN행 학생 YOW / RT / SOJT 여정.

② Day / Season : Outbound 태평양 횡단 일자가 적용 Day/Season 결정

③ Stopover : 1회 무료로 가능.

④ 나이 제한 : 없음

⑤ 구비서류 : 입학 허가서 사본, 학생증 사본, 재학증명서 원본,
미국 F1,F2 VISA 사본 중 1가지
(단, 사본 첨부시 여권 사본 첨부, J1+DS2019,M1 VISA, I20 FORM)

⑥ Child / Infant : 할인 불가

미주 5

◆ **운임 종류 : YO2(Mileage 운임)**

① 적용 : USA / CAN /MEX 행 Y OW/RT/CT/OJT 여정

② Season : 없음

③ Stopover : 방향당 1회(89000원 지불 조건)

④ Transfer : 방향당 2회(Area 1 내에서는 무제한)

⑤ 예약 변경 : 제한 없음

⑥ Child 75% / Infant 10%

중남미 1

◆ **운임 종류 : MPX3M(Mileage 운임)**

① 적용 : 중남미행 Y RT/CT/OJT 여정

② Min / MAX STAY : 5 일 / 3 개월

③ Season : Out Bound 태평양 횡단 일자가 적용 DAY/SEASON 결정

④ Stopover : 총 4회 가능(2회 무료, 1회당 KRW89000 지불로 추가 2회 가능)

⑤ Transfer : 총 10회 가능 – 방향당 5회

⑥ 전 구간 예약 Confirm후 발권.

⑦ 예약/여정 변경 : 출발 전, 불가 / 출발 후, 첫 번째 국제선 Stopover Point 까지 불가, 나머지는 KRW89,000 지불 후 가능

⑧ CHILD 75 % , INFANT 10 %

중남미 2

◆ **운임 종류 : Y2(Mileage 운임)**

① 적용 : 중남미행 Y OW/RT/CT/OJT 여정

② Season : 없음

③ Stopover : 방향당 1회 허용, 1회 추가 허용 (KRW89000 지불 조건)

④ Transfer : 6회 허용 (방향당 3회 허용)

⑤ 예약 변경 : 제한 없음

유럽 1

◆ **운임 종류 : MPX3M**

① 적용 : 한국 출발 유럽 주요 도시행 Y RT/CT/OJT 여정

② Season : 첫 번째 국제선 탑승일이 Season결정

③ Min / Max Stay : 4일 / 3개월

④ 전 구간 Confirm시 발권

⑤ Stopover : 불가

⑥ Transfer : 방향당 2회 가능

⑦ 예약/여정 변경 : 출발 전, 불가
출발 후, KRW89,000 징수 후 가능(단 In-Bound에 한함)

⑧ Child 75% , Infant 10%

유럽 2

◆ **운임 종류 : KEE6M**

① 적용 : 한국 출발 유럽 주요 도시행 Y RT/CT/OJT 여정

② Season : 첫 번째 국제선 탑승일이 Season결정

③ Min / Max Stay : 4일 / 6개월

④ Stopover : 유럽 내에서 2회 가능
단, FE여정의 경우 아시아로 구분된 러시아(VVO) 에서 2회 허용

⑤ Transfer : 방향당 2회, 국내 - 국제 연결시 방향당 1회 추가
(단, 스칸디나비아행의 경우 국내-국제 연결시 방향당 2회 추가)

⑥ 예약 변경 : 예약, 여정 변경 제한 없음

⑦ Child 75% , Infant 10%

유럽 3

◆ **운임 종류 : MZZ6M (Youth Fare)**

① 적용 : 만 12세 이상 25세 이하 승객
② Season : 첫 번째 국제선 탑승일이 Season결정 / 전 구간 Confirm 후 발권
③ Min / Max Stay : 3 일 / 6개월
④ Stopover : 유럽 내에서 KRW50000 지불로 1회 가능.
⑤ Tranfer : 방향당 1회 씩 총 2회 가능
⑥ 예약/여정 변경 : 출발 전, 불가 / 출발 후 예약·여정 변경 수수료 KRW89000
⑦ Child, Infant 할인 불가
⑧ Restrictions 난에 NONREF/YOUTH

호주

◆ **운임 종류 : MPX1MAU**

① 적용 : 호주 주요 도시행 Y RT/CT/OJT 여정
② Season : 첫 번째 국제선 탑승일이 Season결정
③ Min / Max Stay : 4일 / 1개월
④ Stopover : 불가
⑤ 전 구간 Confirm시 발권 가능
⑥ Transfer : 방향당 1회씩 총 2회 허용(한국, 호주 DOM구간에서 1회 추가 가능)
⑦ 예약 변경/ 여정 변경 : 출발 전, 불가 /
출발 후, O/B 불가, I/B KRW 89,000 지불 후 가능
⑧ Child 75% , Infant 10%

뉴질랜드

◆ **운임 종류 : MPX1M**

① 적용 : 뉴질랜드 주요 도시행 Y RT/CT/OJT여정

② Season : 첫 번째 국제선 탑승일이 Season결정

③ 전 구간 예약 Confirm시 발권

④ Min / Max Stay : 4일 / 1개월(Working Holiday VISA소지시 – 1년)

⑤ Stopover : 불가

⑥ Transfer : 방향당 2회씩 총 4회 가능
(한국, 뉴질랜드 국내선 연결시 1회 추가 가능)

⑦ 예약 변경/여정 변경 : 출발 전 불가
출발 후 예약 변경, 재발행 수수료 KRW89000

⑧ Child 75% , Infant 10%

※ 자료 : 항공사 가격 운영 현황을 토대로 필자 작성.

Ⅱ. 항공운임의 설정

국제선 항공운임은 각국 항공사가 1차 제안 후, IATA(IATA: International Air Transport Association) 운임조정회의의 만장일치 결의를 통해 결정되며, 이를 각국 정부가 인가함으로써 비로소 그 효력이 발생하게 된다. 이에, 항공운임 설정에 필요한 세부적인 과정과 절차를 살펴보고 항공운임 설정에 주요한 역할을 수행하는 IATA의 조정기능, 역할 및 각 정부의 항공운임 인가방식을 살펴본다.

1. 항공운임의 설정 과정 및 절차

항공여객 운송의 경쟁시장에서 운임은 각 노선별, 시간별, 지역별로 끊임없이 변동한다. 예를 들면, 세계 주요 항공사간의 운임정보를 교류하고 결제업무를 전문적으로 수행하는 기관인 ATPCO(Airline Tariff Publishing Company)에 따르면, 오늘날 세계시장에서는 끊임없는 운임의 변경이 이루어지고 있다. 이러한 운임수준에 대한 의사결정은 대부분 단기적이고 전술적인 차원에서 경쟁적으로 이루어진다. ATPCO는 1940년 당시 운임에 대한 정보교류와 공동운항 등에 따른 결제업무를 목적으로 미국 등 세계 30개 항공사들이 공동으로 설립한 결제회사(clearing house)이다. 규제완화 이후 CRS의 보급과 결제업무의 자동화, 수익관리시스템의 보급과 전략적 제휴 등이 확산되면서 그 역할이 크게 증가하였다.

세계시장에서 항공운송이 이루어지는 목적지와 출발지의 모든 운임에 대한 변경사항은 ATPCO에 보고되고 정리되어 CRS를 통해 모든 운송시장에 제공되고 있으며, 연간 약 5천 건이 넘게 보고되고 있다.[5] 항공운임의 설정과정은 항공 협정상 국제선 운임효력 취득 방법에 따라 인가제 또는 허가제로 분류하고, 운임 설정방법에 따라 운임 종류가 구분된다.

5) Wells, A. T., *Air Transportation*, 4th ed. Wadsworth Publishing, 1999, p. 341.

<그림 1-5> 항공운임 설정 과정

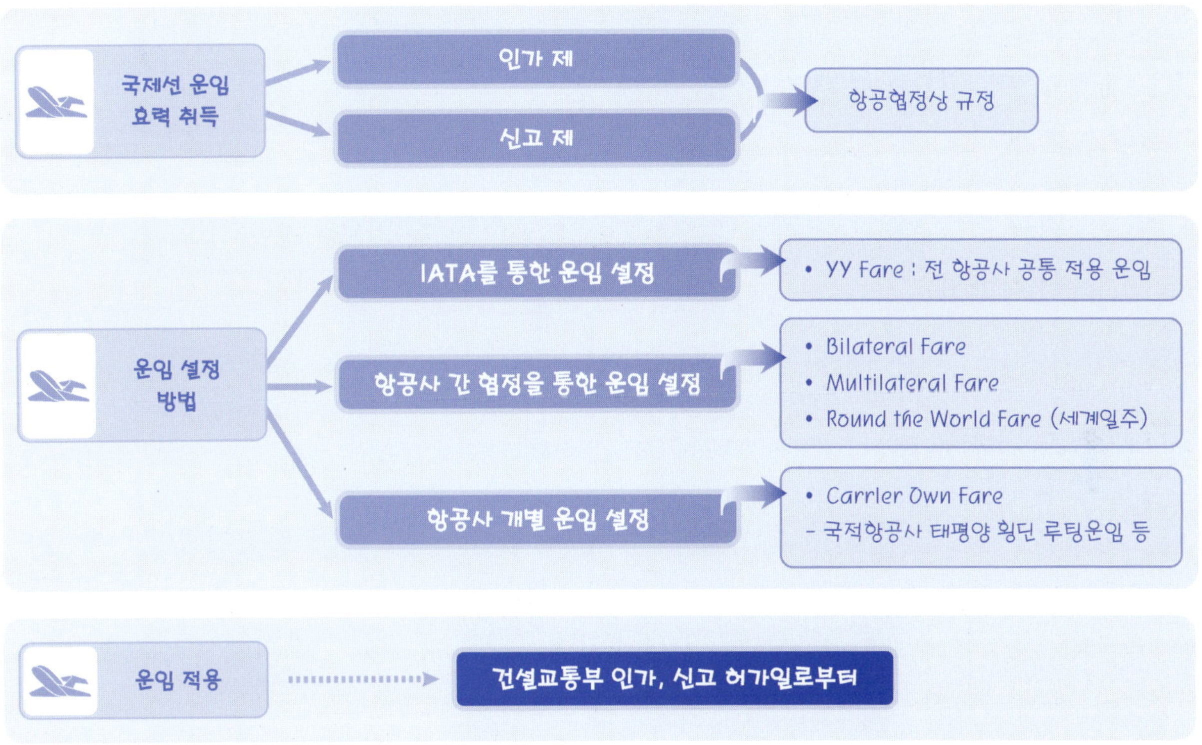

※ 자료 : 항공사 업무 절차를 토대로 필자 작성.

국제선 항공운임 설정절차는 한국국적 항공사의 업무절차를 통해 살펴본다. 국제선 항공운임 설정 절차를 기간별로 살펴보면, 매년 6~7월에 운임 규정 조정과 관련된 유관부서의 요청사항을 접수하여 운임구조 및 규정 검토를 통한 태리프(Tariff) 자체 안건을 작성하고, 7월말~8월초에는 관련된 유관부서 회의를 거쳐 안건을 조정하며, 8월말~11월 사이에 IATA의 해당지역 운임조정회의에 상정·결의한다. IATA 결의가 종료되면 1월~2월에는 정부인가 신청 및 신고 절차를 거쳐 FARE SYSTEM에 반영하고, 1월~3월 사이에 전 점소에 통보하는 절차를 거쳐 정부인가 조건으로, 익년 4월 1일부로 시행하는 것을 원칙으로 한다.

<그림 1-6> 항공사 운임 설정 절차

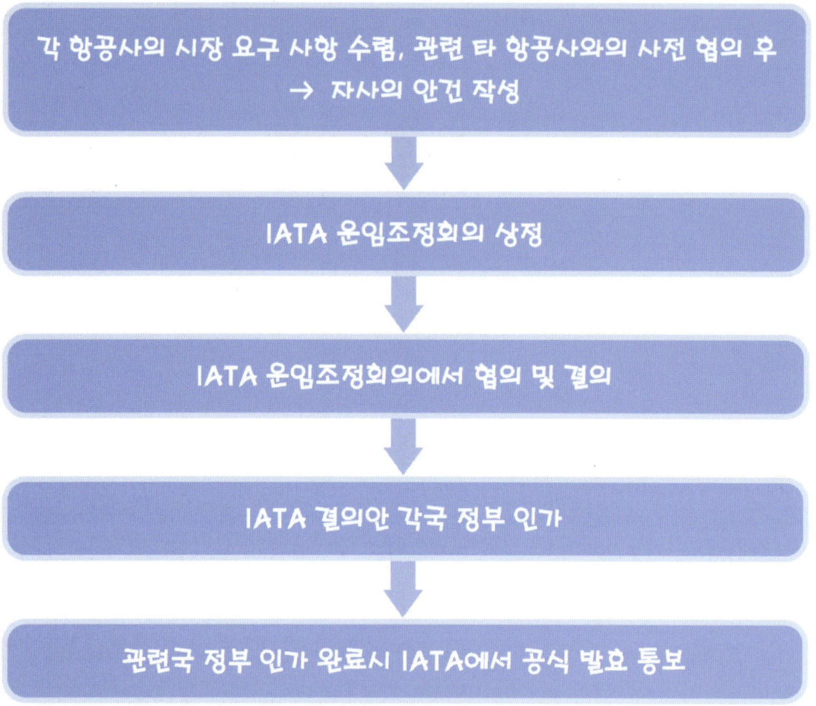

※ 자료 : 항공사 업무 절차를 토대로 필자 작성.

2. IATA 운임조정 회의를 통한 항공운임 설정 과정

2_1 IATA의 기능 및 역할

IATA(IATA: International Air Transport Association)의 가장 중요한 기능은 여객의 운임, 화물의 요율, 기내서비스의 내용 등 운송에 관한 기본 조건들을 결정하는 것이다. 운송조건은 IATA조직의 하나인 운송회의에서 회원사간의 협의에 의해 결정되며,[6] 3개 지역별로 나누어 운영된다. 지역별로는 제1지역은 북미 · 중미 · 남미, 제2지역은 유럽 · 중동 · 아프리카, 제3지역은 동남아 · 극동 · 오스트레일리아 및 남태평양 지역을 관할한다. 운송회의에서 결정된 사항은

6) Taneja, N. K., *The Commercial Airline Industry*, Lexington Books, 1976, p. 59.

회원국 정부의 인가를 얻어 정식으로 발효된다. 특히 양자협정은 관계국의 인가를 국제운임의 발효조건으로 규정하고 있으며, 대부분의 국가가 IATA의 운임결정기능을 정식으로 인정하고 있다. 운임회의(tariff conference)는 영업제도에 관한 협의를 담당한다. 이 회의는 회원의 영업활동을 조정하는 4개의 절차회의(procedure conference)와 선택적으로 참여가 가능한 운임조정회의로 구성되며, 결정사항은 자치권을 갖기 때문에 IATA의 다른 기관이 간섭할 수 없다. 운송회의의 결의는 정회원의 투표로 결정하며 회원사에 대하여 구속력을 갖는다.[7] 협정내용은 크게 첫째, 운임 및 서비스의 조건, 둘째, 운송절차의 규칙, 셋째, 대리점에 대한 규칙 등으로 구분된다. 이들 협정은 각국 정부의 인가를 얻어서 발효된다. 사무국은 제네바에 두고 있으며, 몬트리올, 뉴욕, 싱가포르에 각각 지역사무소를 운영하고 있다.

2_2 IATA 운임조정 활동 내용

국제항공운송협회(IATA: International Air Transport Association) 운임조정회의를 통한 운임 결정은 IATA 산하의 운임조정회의(Tariff Coordinating Conference)에서 참석 회원 항공사 만장일치 결의에 의거, 국제선 운임의 신설·변경이 이루어진다. 설정된 항공운임은 모든 항공사가 적용하여야 하는 기준 운임이 되며, 운송이 다수의 항공사에 의해 수행된 경우, 이 기준 운임에 의해 수입을 정산 배분한다. IATA에서 결정된 운임은 관련 각국 정부의 인가를 받아야만 효력이 발효된다. IATA의 국제선 운임은 운임조정회의(Tariff Coordinating Conference)[8]를 통하여 협의와 결의가 이루어진다. IATA 운임조정 활동의 대상, 운임조정 회의의 종류, 운임조정 회의 내용 및 지역구분 등 IATA 운임조정 활동은 <표 1-2>와 같다.

7) IATA 운송회의에서 합의되어 결의의 형태로 최종적으로 채택된 수는 현재까지 1,000건 이상에 이르고 있다. 이들 결의는 기본운임수준의 규정, 운임의 계산방식, 통관 관계의 여러 규칙, 전세기의 규정, 기내 서비스 및 수하물 관계규정, 항공권, 운송장 등의 서식 및 기입방법 관련규정, 대리점 관련규정 등 항공분야의 전반적인 주요 사항을 포함하고 있다.

8) IATA 운임조정회의 회기 외 운임 설정 : 회기 외 부득이 운임 설정이 필요한 경우, Mail Vote 방식을 통하여 운임 설정한다. 이 경우 Mail Vote 건 당 CHF 1450의 비용이 발생한다.

<표 1-2> IATA 운임조정 활동

구 분		내 용
대 상		국제선 운임 (Multilateral Interlining Fares) 및 규정
운임 조정 회의	통합 회의 (IATA Composite Conference)	- Areawide 문제 결정 위한 전체 회원 항공사 통합 회의 - 안 건 : Fare Construction / Currency / Commission / Service Condition/Baggage Allowance /Excess Baggage Charges 등
	지역 회의 (연례회의, 특별회의)	- IATA Executive Committee에서 결정한 3개Area (TC1, TC2, TC3) 및 Area 산하 Sub-Area별 회의 (22개) - 지역 내 및 지역간 운임조정회의로 구분, 운임 및 규정 협의 및 조정
지역 구분	AREA 1	All of the North and South American continents and the adjacent islands, Greenland, Bermuda, the West Indies and islands of the Caribbean Sea, the Hawaiian islands (including Midway and Palmyra)
	AREA 2	All of the Europe (including that part of Russia in Europe) and the adjacent islands, Iceland, the Azores, all of Africa and the adjacent islands, the part of Asia lying west of and including Iran.
	AREA 3	All of Asia and the adjacent islands except the portion included in Area 2, All of the East Indies, Australia, New Zealand and the islands adjacent thereto, the islands of the Pacific Ocean except those included in Area 1

<표 1-2> IATA 운임조정 활동(계속)

구 분		내 용
운임 조정 회의	회의 개최지	IATA 본부 및 IATA 기구 소재지 - Switzerland Geneva, Canada Montreal, Singapore 등
	회의 기간	회의별로 3일에서 15일 까지 다양함
	발효일	US DOT 인가일 고려 안건별 발효일 부여 - Expedited : 회기 초 가능한 Expedited 발효일 발표 - General : 익년 4월 1일부
국적 항공사의 IATA 가입	K 항공사	- IATA Trade Association : 89년 1월 1일부 가입 - IATA 태리프 Coordinating Conference : 90년 7월부 가입 ※ Cargo 태리프 : 1991년 1월 1일부 가입
	A 항공사	미 가입

※ 자료 : 항공사 업무 현황을 토대로 필자 작성.

3. 정부 인가 방식

대부분 국제 항공운임은 국제항공운송협회(IATA)를 통해 해당 회원국의 동의를 전제로 그 수준이 결정되고 각국 정부를 통해 공지된다. 이때 요금수준은 다자간 협정보다는 노선에 취항하고 있는 항공사간의 합의에 의해 이루어진다. 일단 결정된 운임에 대한 내용은 CRS 등 유통채널을 통해 즉각 세계시장에 전달된다. 한편, 각국 정부는 양자간 협정의 형식으로 항공사간에 체결된 요금을 승인하는 권한을 갖는다. 관련국과의 항공 협정상에 명기된 협정과정에서 정부 인가 형태에 따라 정부인가 방식은 <그림 1-7>과 같이 분류할 수 있다. 그러나 미국 관련 운임 및 규정 변경시 타 정부인가 신청방법은 다른 절차를 밟는다.

<그림 1-7> 정부인가 형태에 따른 정부인가 방식

※ 자료 : 항공사 업무 절차를 토대로 필자 작성.

Ⅲ. 항공운임의 역할

일반적인 교통운임 결정의 경제적, 정책적 원리는 매우 복잡하고 다양할 뿐만 아니라 항공사가 운임을 결정하는 원칙에도 경영목표에 따라 여러 가지 변수가 있기 때문에 규제와 경쟁이 혼재하는 항공운송 시장에서는 항공운임의 구조가 매우 복잡하게 나타난다. 이런 복잡한 항공운임구조를 초래한 원인은 규제 완화된 항공시장에서 생산비에 근거한 원가주의 운임 인가정책이 항공사의 자율적 가격결정제도인 경쟁가격주의로 대체되었다는 사실 외에도 항공운송산업의 특성 중 하나인 단기 한계생산비가 매우 적다는 사실이다.

항공사 국제선 항공운임 정책의 최종목표는 회사수입증대에 기여하는 운임 설정이라고 할 수 있다. 또한 발권업무 효율화를 통한 비용절감 측면도 주요한 목표중의 하나이다. 이와 같은 목표를 달성하기 위해서는 시장 수요 차별화를 통해 수익률을 향상시키고, 대고객의 Needs에 부합하는 상품으로서의 운임정책을 지향해야 하며, 실제 판매가를 현실화함으로써 공시 운임과 시장가(판매가격)의 격차 완화가 필수적이라 할 수 있다. 아울러 타 경쟁 항공사의 새로운 영업정책을 파악하여 이에 대처하며, 운임구조의 합리화로 타 항공사와의 연계운송시 타 항공사 정산가 대비 자사수입 증대를 도모해야 한다. 이러한 목표달성을 위해서는 항공시장의 새로운 흐름을 지속적으로 확인해야 하며, 운임 설정 및 변경에 대한 다음과 같은 다각적인 분석 및 대응이 필수적이다. 첫째, 고객 및 일선 지점, 여행업계와의 유기적이고 체계적인 의견수렴을 통한 고객 지향적인 운임 정책으로 시장의 선도적인 위치를 고수해야 한다. 이를 위해서는 현행 운임 및 규정의 효율성을 지속적으로 확인하는 절차가 필요하며, 제도적인 보완 등 장기적이고 체계적인 운임 정책이 기대된다. 둘째, 운임정책을 통한 회사수입 증대 및 비용절감을 위해서는 적절한 운임규정 정립 및 적용 지침이 수립되어야 하며, IATA 등 국제회의 참여시 회사의 주요 수요 유형에 적극 부합되며, 장래의 가능성을 개발할 수 있는 운임 결의를 도모하여야 한다. 셋째, 타 항공사와의 연계운송 운임(Joint · Bilateral Fare)은 회사의 노선구조를 보완하는 중요한 Marketing Tool이므로, 이를 효과적으로 운영할 필요가 있다. 넷째, 일선 영업소 및 대리점의 효율적인 발권업무 지원을 위해서는 자동발권시스템 등의 지속적인 기능 강화와 홍보가 필요하다.[9]

9) 안광호, "항공계변화에 대응하는 국제선항공운임 설정방안," 인하대학교 석사학위논문, 1992.

항공사는 실질적으로 운임조정회의를 통하여 다음과 같이 공시 운임을 조정하거나 관련 규정의 적용 강화를 통해 수입 제고 효과를 도모한다.

하나, 공시 운임 인상이 판매가 인상으로 반영되거나 할인 없이(No discount) 운임을 판매가격으로 운영하거나 또는 운임에 대한 할인율을 적용할 경우 운임 인상이 곧 수입단가의 제고효과를 가져온다.

둘, 공시 운임 인하를 통하여 연계된 항공사와의 정산가 인하로 수익 제고 효과를 들 수 있다. 공시 운임과 실제 판매가와의 차이가 지나치게 크면서 타 항공사와의 연결 판매가 빈번히 발생하는 경우, 운임을 인하하면 실제 판매 가격은 그대로 유지하면서 타 항공사 정산가를 낮출 수 있으므로 이 경우 간접적인 가격 인상 효과를 볼 수 있다.

셋, 운임 신설을 통한 수요 유치이다. 세분화된 시장별로 운임 및 그 수요 특성에 부합하는 적절한 규정을 설정함으로써 새로운 시장을 개발한다.

넷, 운임 규정 활용을 통해 수입제고가 가능하다. 예를 들면, Seasonality 세분화로 수요·공급 상황에 따른 가격 차별화 여건조성 및 성수기 기간 확대로 수입증대 요인 반영, 규정 적용 강화·조정을 통해 수요가 공급보다 많은 조건하에서 Rule적용의 예외를 줄임으로서(Rule waiver 강화) 수요를 수입 단위가 높은 상위 운임으로 유도하여 간접적인 가격 인상 효과 유발 및 과도한 도중체류(stopover) 횟수를 제한하거나, 각종 Charges 인상을 통한 수입 증대 등이 있다.

<그림 1-8> 항공운임의 역할

운임 역할

Counter 실장님의 말씀

항공운임의 주된 역할은?

수입단가 제고

✓ 공시 운임 인상 → 곧 수입단가 제고효과

- 공시 운임 인상이 판매가 인상으로 반영되거나 할인 없이(No discount) 운임을 판매가격으로 운영

정산가 인하

✓ 공시 운임 인하 → 정산가 인하로 수익 제고 효과

- 공시 운임 인하를 통하여 연계된 항공사와의 정산가 인하로 수익 제고 효과를 들 수 있다.

신(新)수요 유치

✓ 운임 신설 → 새로운 수요 유치

- 세분화된 시장별로 운임 및 그 수요 특성에 부합하는 적절한 규정을 설정함으로써 새로운 시장을 개발

수요 세분화

✓ 운임 규정 조정/강화 → 수요 세분화 통한 수입제고

- Seasonality 세분화로 수요, 공급 상황에 따른 가격 차별화 여건조성 등
- Rule 강화, 조정을 통해 수요를 수입 단위가 높은 상위 운임으로 유도

Ticketing I

제 2 장

항공사 가격

학습목표

- '항공운임'과 '항공사 가격'의 차이점에 대하여 이해한다.
- 고객의 특성에 적합한 판매가격 적용방법을 이해한다.
- 학습내용
  - 항공사 가격의 개요 : 항공사 가격 결정요인, 항공사 가격정책의 종류
  - 항공사 가격 설정 과정 : 가격전략 수립절차, 한국항공사 가격 설정과정
  - 항공사 가격의 역할

제2장 항공사 가격

Ⅰ. 항공사 가격의 개요

항공사 가격은 항공권에 표기되는 항공운임·공시운임을 기준으로, 수요와 공급 현황 및 항공사의 판매정책이 반영된 상품가격, 즉 실제 판매가격을 의미한다. 항공운임과 항공사 가격과의 차이는 항공권에 항공사만의 암호로 비밀리에 표기된다. 엄밀한 의미에서 가격(Price)은 운임(Fare)을 포함하는 개념이다. '항공운임'은 IATA 조정회의를 통하여 세계 전항공사가 공유하는 것으로 출발지-목적지간 동일한 운임을 적용하나, 가격은 자사의 정책에 따라 개별적으로 운영하여 항공사 마다 다르기 때문에 '항공사 가격'으로 분류해야 한다. 항공사의 가격은 항공사의 마케팅 믹스 중 유일하게 수익을 창출시키는 수단이며, 여타의 믹스는 모두 비용을 발생시킨다는 점에서 가격 믹스의 중요성은 매우 크다.[10) 항공사 항공가격의 역할은 이윤을 최대한으로 창출하는 것이지만, 비싼 항공권만을 판매해서는 경쟁시장에서는 판매에 어려움을 겪을 수밖에 없다. 따라서 항공사 가격 믹스의 목적은 승객을 자사로 유인하거나 공석을 줄이기 위하여, 시장수요에 적합한 다양한 가격을 제시하여 시장점유율을 높이는 데 있다.

항공사의 경쟁력 중 가장 강력한 기능을 수행하는 것이 바로 가격정책이며 이를 통해 수익의 증대를 기대 할 수 있다. 또한, 수요를 창출할 수 있는 것도 대부분 가격 정책(pricing policy)에 의해서 가능하다 할 수 있다.[11)]

10) 정익준, 항공운송 관리론, 1997, p. 253.

11) 채원기, 항공사의 효율적인 수익관리에 관한 연구, 경기대학교 석사학위논문, 2002.

<그림 1-9> 항공사 가격이란?

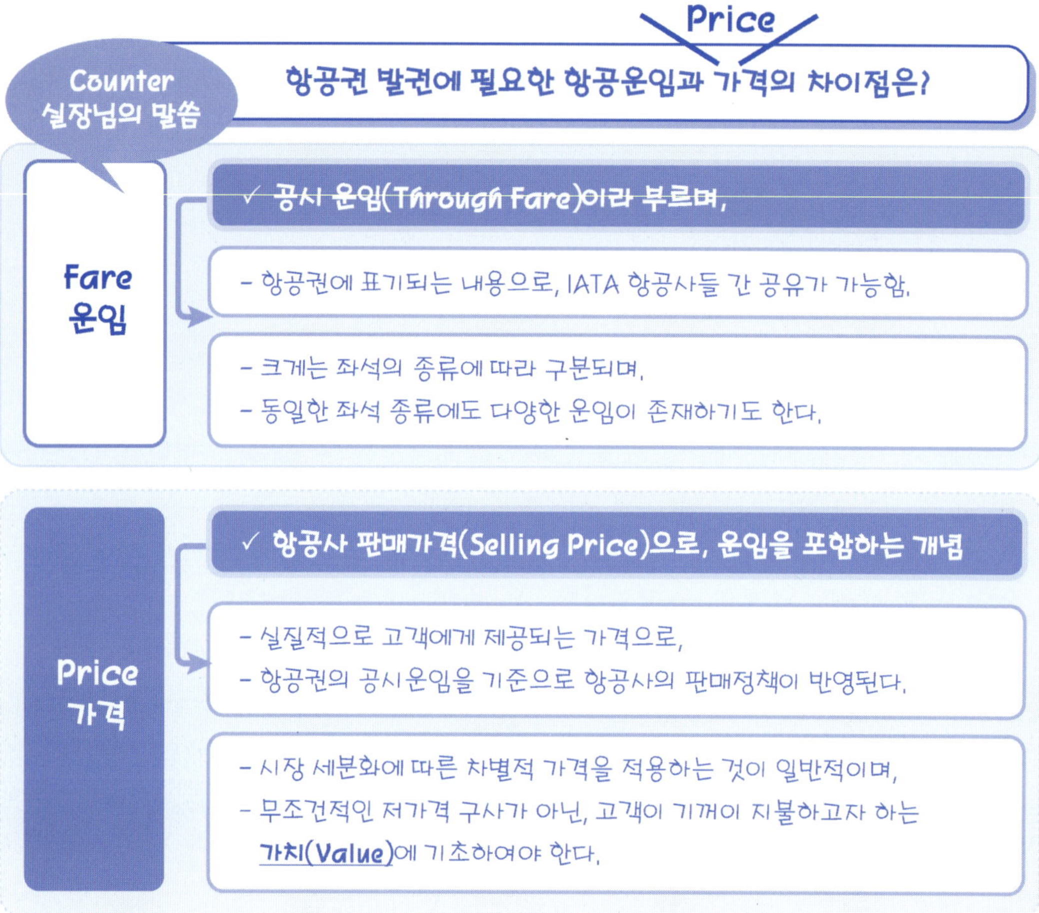

항공여객운송의 시장경쟁이 심해질수록 상품의 수익성은 감소한다. 그리고 경쟁적인 영업환경일수록 가격수준은 무엇보다도 시장의 경쟁력에 의해 결정된다. 이러한 환경에서는 상품의 생산비용이나 소비자가 상품에 대하여 느끼는 경제적 가치 등에 의한 가격의 하한이나 상한이 무의미해질 수도 있다. 예를 들면, 시장의 경쟁이 매우 심할 경우, 가격은 운송비용보다 낮은 수준으로 결정되기도 한다. 이와 반대로 시장의 경쟁이 매우 제한적이거나 아예 경쟁자가 존재하지 않을 경우, 가격수준은 비정상적으로 높게 책정되기도 한다.

항공시장의 자유화와 규제완화가 시작되면서 가장 두드러지게 나타난 시장현상 가운데 하나는 가격의 종류가 매우 다양해졌다는 점이다. 가격에 대한 규제가 제거되면서 항공사들이 시장경쟁의 수단으로 가격을 적극 이용했기 때문이다. 특히 가격의 다양화와 함께 시장에 공급되는 운송력이 크게 증가하면서 세계시장에서는 가격의 할인이 보편화되었다. 현재 대부분의 시장에서는 정상운임보다 할인가격으로 상품이 거래되는 경우가 많다. 미국 국내선의 경우, 할인가격은 더욱 일반화되어 1990년대 정기 항공사를 이용한 여객의 90%가 할인가격으로 여행하였으며, 평균적인 할인율은 약 70%에 이르는 것으로 알려져 있다. 유럽의 경우도 예외는 아니며, 할인요금을 이용하는 여객의 비율이 1980년대 중반의 65%에서 1990년대 중반에는 70%를 상회한 것으로 유럽항공사협회(AEA)는 파악하고 있다.[12)]

1. 항공사 가격결정에 영향을 미치는 요인[13)]

1_1 상품가치(품질)

가격을 결정하는 또 다른 요소는 고객이 상품에 대하여 느끼는 가치이다. 운송 상품의 가치는 일반적으로 스케줄의 편리성, 정시성과 기내의 쾌적성, 강화된 기업의 이미지, 고객우대프로그램 등의 촉진활동 제공 등의 품질로 평가된다. 고객은 자신이 지불하는 가격에 비해 상품으로부터 기대하는 가치가 더 많다고 느낄 때 비로소 상품을 구매하게 된다. 한편, 소비자잉여는 고객이 느끼는 상품의 가치와 상품에 대해 지불하는 가격의 차이를 의미한다. 소비자잉여는 소비자가 얻고자 하는 창출된 가치이며, 이때 소비자잉여가 없다면, 소비자는 구매동기를 느끼지 못한다. 따라서 항공사는 시장에서 경쟁항공사보다는 상대적으로 높은 수준이면서도 가능한 한 소비자잉여를 작게 제공함으로써 판매이익을 극대화 할 수 있다.

12) Holloway, S., op. cit., pp. 376 ~ 377.

13) Holloway, S., op. cit., pp. 370 ~ 383.

<그림 1-10> 항공사 가격 결정 요소

품질	스케줄(Schedule), 운항 빈도(Frequency), 직행여부(Via Point), 기재(Aircraft), 기내/지상 서비스, 단독취항 여부 등
원가	총 비용, 변동비, 고정비 유통비용 (유통 채널에 소비되는 비용 등)
수요와 공급	수요, 공급 상황에 따라 가격 결정 - 세분화된 Seasonality 별로 가격 차별화 가능
외부 환경	소비자 구매력, 신시장 개발 가능성, 정부 통제 등
경쟁사	경쟁사 품질과의 상대적 비교에 따른 가격 설정

1) 상품의 시장지위[14)]

시장 내에서 현재상품이 차지하는 위치에 따라 그 가치가 달라진다. 운송력이 풍부한 시장에서 동일한 등급의 좌석이 충분히 공급되고 있다면, 해당 상품의 시장가치는 상대적으로 낮을 수밖에 없다. 이에 비해 독자적인 상품을 생산하여 고정적인 고객층을 형성하고 있는 경우 시장 내에서 상품이 차지하는 위치는 상대적으로 확고하며, 이 경우에는 고가격전략이 바람직하다.

2) 상품라이프사이클(PLC)의 단계

새로운 노선에 진입하거나 새로운 상품을 시장에 판매하는 경우, 가장 널리 이용되는 가격전략은 할인방식에 의한 촉진가격의 채택이다. 한편 상품이 성숙기에 이르렀다고 판단되는 경우에는 경쟁항공사의 서비스수준과 가격을 비교하여 가격수준을 결정하게 된다. 그러나 PLC단계별

14) 허희영, 전게서, pp. 395 ~ 421.

로 일정한 가격전략을 설정할 수는 없으며, 경쟁항공사의 가격뿐 아니라 상품브랜드의 이미지와 상용고객의 규모와 프로그램 등을 고려하여 상황에 맞도록 가격수준을 조정해 나가야 한다.

1_2 비용

항공사 가격결정에 가장 주요한 영향을 미치는 요소로 들 수 있는 것이 항공운송에 직접적으로 관련이 있는 원가를 들 수 있다. 원가는 항공운송과 판매에 수반되는 비용으로 요약할 수 있는데, 크게는 변동비와 고정비로 분류되는 총비용과 유통비용을 들 수 있다.

수요(Demand)가 가격결정의 상한선(Ceiling)을 제시한다면 제품생산을 위한 비용은 가격결정의 하한(Floor)선을 제시한다. 비용은 크게 변동비와 고정비로 나누어지는데, 변동비는 제품 한 단위당 생산시 추가되는 개념이며, 고정비는 일정수준의 생산량 범위 내에서 동일하게 소요되는 비용을 의미한다. 따라서 고정비와 변동비는 항공사의 전세기(Charter Flight)나 임시편(Extra Flight) 가격 결정에 절대적인 기준이 된다. 한편, 시장의 변화에 적절히 대응하고 일정수준의 수익(Margin)을 확보하는 차원에서 가격을 먼저 결정짓고 이에 따르는 적정수준의 비용을 설정하는 방법도 있다.

가격을 결정하는 다른 한 가지 요소로 유통채널을 들 수 있다. 항공사와 최종소비자 사이에 존재하는 중개기관은 여행시장에 구축된 판매망을 통해 가격수준을 결정하는 대리인의 역할을 한다. 오늘날 유통구조는 항공사가 직접 판매를 담당하는 직접채널과 중개기관이 판매를 대행하는 간접채널을 모두 활용하는 복수유통방식으로 이루어진다. 이같은 유통채널방식은 시장의 활동범위를 극대화하는 동시에 마케팅비용을 절감할 수 있는 이점이 있다. 특히 판매력이 낮은 시장일수록 여행사를 이용하는 것이 비용절감 면에서 유리하며, 이때 판매성과에 대해 지불하는 수수료는 영업비용을 구성한다. 한편 자사의 판매력이 높은 시장일수록 직접 판매의 비중을 높이며, 이때 판매활동에 소요되는 인적·물적 자원은 영업비용을 결정하는 요인이 된다. 한국지역의 국적항공사를 포함하여 세계 항공시장은 여행사를 통한 간접판매 비중이 약 80% 이상을 점유하고 있어 가격 결정시 유통채널의 영향력 비중이 높다고 볼 수 있다.

1_3 경영 전략

항공사의 경영진은 가격과 무관하게 수요에 영향을 주는 매니지먼트 기능을 발휘할 수 있다 예를 들면, 상용고객을 위한 우대프로그램(FFPs)이나 기업의 이미지 구축을 위한 광고전략 등은 일반적인 마케팅 전략들과는 전혀 다른 형태로 시장수요에 영향을 준다. 경영환경에는 매니지먼트에 의해 통제할 수 없는 많은 요소들이 존재하지만, 이들 대부분은 여전히 매니지먼트에 의해 영향을 받는다. 예를 들면, 운항에 소요되는 연료나 항공기의 도입가격 등과 같이 상품생산에 투입되는 비용은 직접 통제할 수 없다. 그러나 매니지먼트는 이를 수매하는 과정에서 보다 유리한 의사결정을 가능케 하거나 인건비 지출을 효과적으로 통제하고, 인적·물적 자원을 보다 생산적으로 활용토록 함으로써 이들 비용에 전반적인 영향을 미친다.

1) 수요와 공급

가격결정은 항공사경영에 있어서 매우 중요한 일이다. 항공수요와 공급이 적절히 대응되도록 하는 과정이 가격결정인데, 항공사의 주된 목표는 충분한 수요를 유발시켜 항공사가 생산한 서비스가 판매되도록 함으로써 적정한 이윤을 획득할 수 있도록 하는 것이라 할 수 있다. 항공사의 가격정책은 항공수요를 조절하기 위한 기능도 있다. 항공수요는 계절은 물론 하루 중에도 시간대에 따라 편차가 있는데 성수기에는 고가격을, 비수기에는 저가격을 적용함으로써 성수기 수요를 비수기로 돌리고 비수기 수요의 개발을 유도하는데 가격은 적절한 수단으로 작용할 수 있다. 항공가격은 신규투자의 지침으로도 활용되어 지는데 만약 어느 특정 노선에서 유통비용과 적정이윤을 포함하는 가격인상에서도 충분한 수요가 있다면 항공사는 그 노선에 공급량을 늘려 더 많은 수입과 이윤을 획득할 수 있다.

2) 외부 환경

대부분의 항공사는 내부의 기업목표에 의해 가격전략을 설정하지만 외부적 환경에 의해 가격정책이 영향을 받을 경우가 있는데 관광진흥을 위한 입국 관광객 수를 늘리기 위한 정부의 정책은 항공사의 비용과 이윤을 무시한 정가 가격정책을 강요받을 수 있다. 다시 말하면 탑승률이 70~80%로 높다고 해도 빈 좌석은 존재하며 빈 좌석에 한 명의 승객을 추가 탑승시켜 운송하는데 추가되는 비용은 매우 작다는 것이다. 게다가 항공서비스는 재고가 불가능하여 생산과 동시에 소비되어야 하는 즉시재로 구매되지 않은 여분의 생산품은 항공기 출발과 동시에 소비되고 마는 특성이 있다. 이러한 특성 때문에 항공사는 가능한 최대의 좌석을 정상가로 판매하고, 남은 좌석은 매우 낮은 가격이라도 판매하기를 원하는데 이로 인해 가격규제가 완화된 시장에서는 다양한 할인가격제가 등장하게 된다.

일부 항공사들은 현재 실현 가능한 이윤에 더 많은 관심을 가지는 반면 장기적인 수익성을 더 중요시하는 항공사도 있다. 즉, 항공가격의 수준은 항공사의 경영목표에 따라서 바뀔 수 있다. 많은 항공사들이 새로운 노선이나 시장 확장을 목표로 설정하고 외형적인 성장을 목표로 하기도 하는데 이를 통해 비용측면의 이점을 누릴 수 있으나, 궁극적인 외형성장의 목표는 수익극대화이다. 즉, 새로운 시장의 개척이나 급속한 성장이 항공사 가격정책의 목표라면 항공사가 채택하는 가격전략은 이러한 목표에 의해서 좌우될 것이다. 새로운 노선이나 시장에서 점유율을 높이려는 신규 항공사들이 저가격 정책을 구사하는 이유도 바로 여기에 있다. 따라서 경쟁사 품질과의 상대적 비교에 따른 가격설정은 가격결정에 있어 주요한 영향요인으로 작용한다.

2. 항공사 가격정책의 종류

가격정책은 마케팅믹스의 관점에서 전략적으로 수립되고, 전술적인 차원에서 단기적인 운영계획을 세워 수행한다. 따라서 전략적 변수로서 상품계획, 마케팅 커뮤니케이션, 유통전략 등을 결합함으로써 상품의 경쟁력을 결정한다. 그리고 경쟁시장에서는 일상적으로 수요변동에 따라 관리해 나가는 전술적 변수이기도 하다. 시장세분화는 궁극적으로 각 세부시장별로 수요특성에 적합한 상품을 제공함으로써 수익을 극대화하려는 데 있으며, 이때 가격은 상품계획의 기본요소이기도 하다. 서비스 차별화는 경쟁항공사보다 높은 수준의 가격을 유지하기 위한 마케팅 전략이다. 이때, 차별화는 고객이 스스로 상품에 대해 느끼는 차별성을 의미하지만 고객에 따라서는 이와 관계없이 가격수준에 따라 반응하는 경우도 많다. 차별화 전략은 경쟁의 영향력을 가능한 한 줄이는 대신 고객이 상품에 대해 느끼는 효용에 따라 가격수준을 결정하려는데 목적이 있다. 시장세분화와 관련한 가격에 대한 가격정책의 유형은 다음과 같다.

2_1 단일가격정책(uniform pricing)

생산되는 모든 상품에 대하여 동일한 가격을 적용하는 가격정책이다. 개별세부시장에 대하 별도의 가격수준을 고려하지 않기 때문에 간단하고, 시행이 용이하지만 실제로 경쟁시장에서 활용하는 데 많은 기회비용을 부담해야 한다. <그림 11>의 (a)는 단일가격 정책의 형태를 나타낸 것이다.

2_2 가격차별화정책(price discrimination)

가격차별화정책은 세분화된 시장별로 각기 다른 가격탄력성을 이용하여 수입을 늘리고, 항공기의 가동률과 탑승률을 극대화하는 가격정책이다. 가격차별화는 동일한 상품에 대하여 고객들이 각기 다른 가격으로 구매하는 경우에 실현된다.

1) 가격차별화의 조건

가격차별화를 위해서는 몇 가지 조건이 먼저 충족되어야 한다. 첫째, 운송시장을 가격탄력성의 차이에 따라 몇 개의 세부시장으로 구분할 수 있어야 한다. 둘째, 세분화된 시장에서 가격수준을 기업이 원하는 대로 결정할 수 있어야 한다. 즉, 세부시장에 대한 가격이 통제 가능해야 한다. 셋째, 차별적인 가격의 적용으로 인해 소비자들이 혼동을 느끼거나 괴리감을 느끼지 않도록 해야 한다. 경쟁적인 시장일수록 차별적 가격정책에 대한 소비자들의 반응이 중요하므로, 특히 거부감이 나타나지 않도록 유의해야 한다. <그림 1-11>의 (b)는 가격차별화정책의 형태를 나타낸 것이다.

2) 가격차별화의 방법

시장에서 가격을 차별화하는 방법은 고객에 대한 차별화변수에 따라 두 가지로 나누어진다.

첫째, 구매자 신분에 의한 차별화방법으로, 구매자의 신분을 어떻게 인식하느냐에 따라 소비자를 세분화하여 각기 다른 가격수준을 적용하는 방법이다. 일반적으로 이용되는 구매자의 유형은 특정한 연령층, 군인 또는 공무원, 특별회원 등으로 구분된다. 특정한 구매자의 유형별로 가격탄력성이 반드시 일치하는 것은 아니지만, 이 같은 식별은 구매자 집단을 쉽게 식별하고 표적시장을 용이하게 설정할 수 있는 장점이 있다.

둘째, 구매자행동에 의한 차별화방법으로, 다양한 소비자들의 가격탄력성을 고려하는 동시에 상대적으로 가격수준이 높은 BTM의 수요를 확보하는 데 유리한 가격정책이다. BTM에서의 구매행동은 예약과 발권이 출발에 앞서 미리 이루어지며, 비수기에도 수요가 지속적으로 발생하고 운항시간의 단축과 정시성 등을 중요시한다. 따라서 이러한 특성을 지닌 고객들을 대상으로 별도의 서비스를 제공함으로써 상품을 차별화하고, 이를 통해 차별적인 가격수준을 적용하는 방법이다. 이밖에 예약의 취소나 환불, 체류조건, 스케줄 조정과 회항, 중간 기착지, 항공권의 양도조건 등 다양한 판매조건을 수반한 가격의 차별화가 가능하다.

〈그림 1-11〉 시장세분화와 가격전략

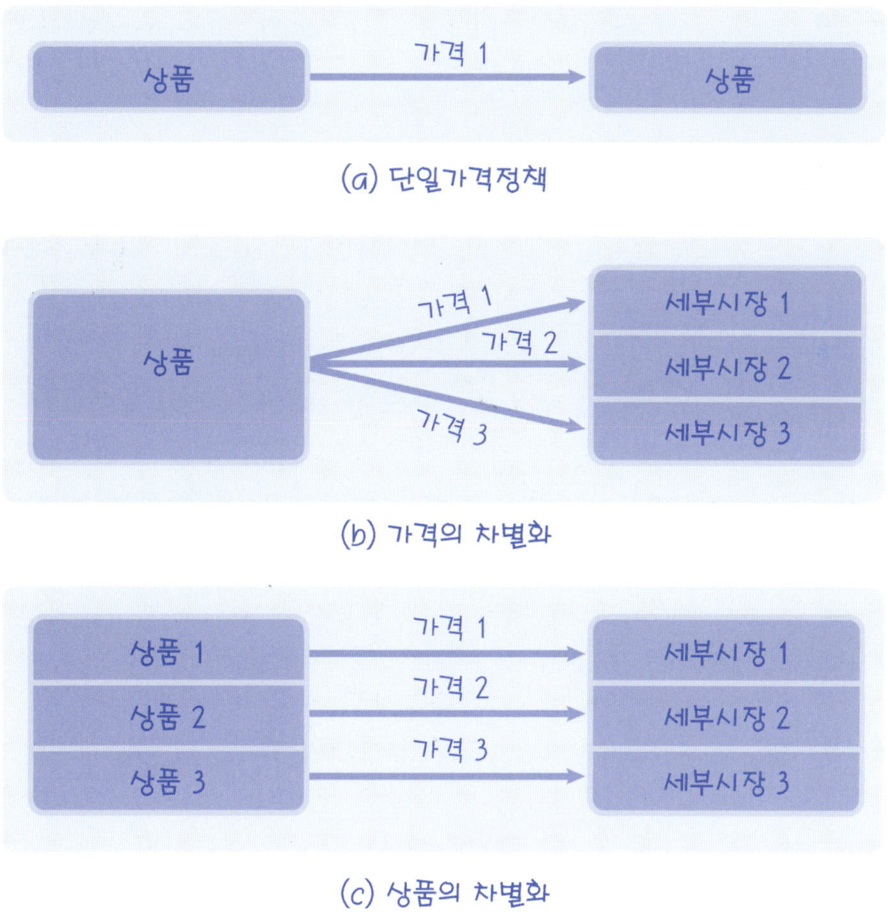

※ 자료 : 김진섭, 관광마케팅, 대왕사, 2004, p. 205.

3) 차별적 가격정책(differential pricing)

시장세분화는 <그림 1-11>의 (c)에서 보는 바와 같이 상품의 가격을 단순히 차별화하는 것뿐만 아니라 세부시장별로 상품을 차별화하는 가격정책이다. 이 경우에 시장의 총수요는 각 세부시장수요의 가격탄력성에 의해서 뿐만 아니라 각 세부시장에 공급되는 상품의 속성에 의해서도 영향을 받는다. 차별적인 가격들은 상품의 속성에 따라 부과된다. 차별적 가격정책의 가장 일반적인 형태는 좌석의 등급을 구분하여 세분화하는 방법이다. 이를 통해 차별적 가격을 적용할 뿐만 아니라 각 세부시장별로 다시 고객의 수요특성을 고려하여 다양한 가격수준으로 각 등급에 따라 상품을 판매하는 가격차별화정책을 이용하고 있다. 이 같은 대표적인 유형의 가격전략으로는 할인석과 일반석 등에 대한 가격차별화를 들 수 있으며, 반대로 고가격 승객의 욕구에 초점을 두는 프리미엄급 객실에 대한 가격차별화전략을 채택하기도 한다.

4) 촉진적 가격정책(promotional pricing)

촉진적 가격정책은 오늘날 운송시장에서 가장 널리 이용되고 있는 가격정책이다. 특히 할인에 의한 촉진적 가격정책은 오늘날 대부분의 항공사들이 적용하고 있다. 1980년대부터 수익관리시스템이 보급되기 시작하면서 운송상품에 대한 가격정책을 시장상황에 따라 보다 탄력적으로 운용할 수 있게 되었으며, 이때 할인은 수익관리시스템의 핵심을 구성하는 기본요소로 이용된다. 그러나 할인은 경쟁시장에서 가장 널리 이용되는 판매기법이지만, 특히 다음과 같은 요건이 전제되어야 한다. 첫째, 가격할인에 따른 수요의 변동을 정확히 예측하고 있어야 한다. 이를 위해서는 무엇보다도 해당 상품의 수요함수와 가격탄력성을 충분히 파악해야 한다. 둘째, 할인율이 다양하게 적용되고 철저히 통제할 수 있어야 한다. 출발 직전까지 시간흐름에 따라 남는 좌석에 대한 가격할인을 다양하게 적용시키되 전체 수입이 감소하지 않아야 한다. 셋째, 경쟁항공사의 반응을 충분히 예상하고 판단하는 것이 필요하다. 과점시장 또는 독점시장 형태로 이루어지는 시장에서 경쟁항공사가 동일한 가격할인방식으로 대응할 것이 예상된다면, 이는 곧 가격전쟁(price war)으로 발전하는 것을 의미한다. 이 경우, 촉진수단으로서의 가격할인이 오히려 경영성과를 악화시키는 결과를 가져올 수도 있다.[15)]

---

15) Philip Kotler, P., Bowen, J. & Makens, J., *Marketing For Hospitality And Tourism*, 1998, pp. 253 ~ 255.

Ⅱ. 항공사 가격 설정

1. 항공사 가격전략 수립과정

오늘날 가격은 단순히 상품의 판매가격이라기 보다는 전략적 변수로 인식된다. 이상적인 가격전략이란 세분화된 시장별로 제공하려고 하는 잠재적 운송서비스와 가격간의 조합들을 대상으로 각각 상품의 가치와 고객의 선호도를 평가하고 최적의 마케팅믹스를 구성하여 시장에 공급하는 것이다. 여기에서는 전략적 변수로서의 가격이 지니는 의미를 살펴보고, 시장에서 어떻게 결정되는가를 알아보고자 한다. 또한 단기적으로 가격의 전술적 측면에서 어떻게 관리하는 것이 가격에 영향을 미치는지 요인별로 살펴보면 다음과 같다.[16]

1_1 전략적 가격의 의미

경쟁시장에서의 상품가격에 대한 영향력은 양과 음의 두 가지 방향에서 모두 작용한다. 특히, 상품의 생산비용은 가격을 인상시키는 요인이 되는 반면에, 시장에 참여하는 경쟁사들의 존재는 가격을 하락시키는 요인으로 작용한다. 따라서 시장에 대한 규제가 제거된 경쟁시장일수록 가격은 매우 유용한 경쟁수단이 된다. 이 같은 환경에서 가격정책은 전략적인 수단으로서 역할을 한다. 또한 경쟁시장에서 가격은 상품의 생산비용이나 시장경쟁의 정도 뿐만 아니라, 동시에 운항시간과 운항빈도, 스케줄과 네트워크, 기내서비스, 상용고객우대제도 등과 같은 비가격요인들을 포함한 상품의 효용과 상품구매로 인한 경제적 희생간의 상충관계로 설명되는 전략적 변수이기도 하다.

1_2 가격전략 수립절차

가격 전략은 서비스상품이 지니는 시장특성으로 인하여 다른 상품의 가격결정에 비해 복잡한 의사결정과정을 필요로 한다.

---

6) Holloway, S., op. cit., 1997.

<그림 1-12> 가격전략 수립 절차

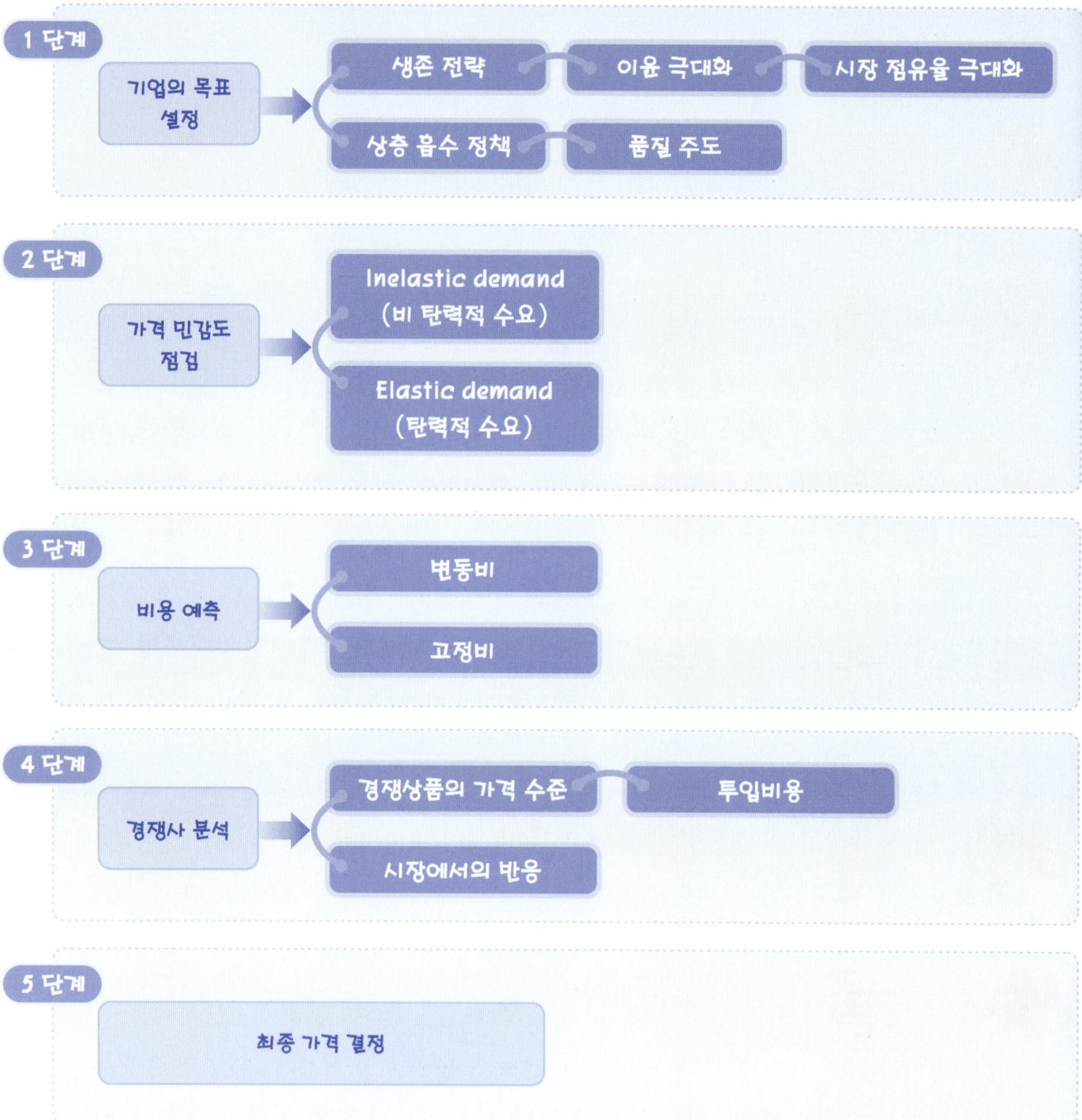

1) 기업의 목표

전략적 가격이란 시장의 기회와 위협요인을 분석하여 단기적으로 해당 시장을 방어하거나 침투하는 데 가장 효과적인 수단이다. 따라서 기업은 판매하고자 하는 상품에 대한 정확한 상황파악(Positioning) 후 기업의 가격정책의 목표를 설정하여야 하며 기업의 목표와 주안점이 무엇에 집중하느냐에 따라 항공사의 가격 전략은 달라져야한다.

■ **생존전략 (Surviving)**

해당상품의 공급이 과잉이거나, 무수한 경쟁상품이 존재하거나, 구매자의 기호가 변화함에 따라 그 상품의 존재의미가 강하지 않을 경우에 고정비를 Cover할 수 있고 최소한의 변동비를 감당할 수 있는 수준에서 해당상품의 가격을 결정하게 되는 상황을 의미한다. 이는 단기적으로 고려되어지는 상황은 될 수 있으나 장기적으로는 소비자의 욕구에 부합하도록 새로운 가치(Value)를 창출하는 신상품의 개발로 선회해야 하는 상황이다.

■ **이윤 극대화 (Maximize Current Profit)**

현재의 이윤을 극대화하는 방향에서 가격을 결정하는 것으로 수요에 대한 정확한 예측과 가격변화의 영향을 확실히 파악한 상황에서 가능한 이 목표는 현실적으로 실현 가능성이 떨어지며 당장의 이익만을 따라감으로써 장기적인 성과를 간과할 우려가 있다.

■ **시장 점유율 극대화 (Maximize Market Share)**

많이 판매하면 할수록 단위당 비용이 내려가고 장기적으로 수익을 극대화할 수 있다고 믿는 상황으로서, 가격 탄력도가 큰 상품에 대하여 가능한 저가격을 구사하는 것으로서, 새로운 시장에 신규 진입하는 경우에 이 전략을 구사한다. 이러한 가격구사가 효과를 발휘하는 상황을 좀더 구체적으로 살펴보면 소비자의 가격 민감도가 매우 크며, 저(低)가격의 구사에도 불구하고 시장의 성장하지 않는 상황이거나 축적된 경험과 노하우를 통해 단위당 생산원가 및 유통비용이 줄어드는 추세에 있거나, 저가격의 구사를 통해 잠재적인 경쟁상품의 진입을 원천적으로 차단할 수 있는 상황에서 그 효과를 발휘한다.

■ **상층흡수 가격정책(Market Skimming)**

신기술의 개발을 통해 고(高)가격을 구사하면서 넘치는 수요를 적정수준에서 걸러내는 효과를 도모하는 전략으로, 충분히 많은 구매자가 존재하여 수요과잉 상태이며, 소량생산에도 불구하고 단위당 원가가 대량생산에 비해 크게 늘어나지 않으며 고가격 구사에도 불구하고 경쟁자가 시장에 유입될 가능성이 낮고, 고가격 자체가 상품의 지위와 품격을 높여주는 효과가 있는 상황에서 구사되는 전략이다.

■ **품질 주도(Product-Quality Leadership)**

고품질(High Quality) 제품을 가지고 고가격으로 판매하는 전략으로써 회사의 브랜드 이미지를 항상 업계 최고로 유지하기 위한 전략이며 제품의 우위성을 항상 확보할 수 있는 경우에만 효과를 발휘할 수 있는 전략이다.

2) 가격민감도 점검

수요의 가격민감도(Price Sensitivity)를 결정하는 것으로서 수요곡선(Demand Curve)를 통해 이해할 수 있다. 수요를 예측하는데 있어서 첫 번째 단계는 가격민감도에 영향을 미치는 요소가 어떠한 것이 있는지 이해하는 것으로서 일반적으로 구매비용 부담이 크거나 빈번하게 구입하는 상품일수록 가격민감도가 높은 것으로 나타난다. 가격민감도가 낮은 상품은 제품자체의 고유한 특성이 타제품과 뚜렷이 구분되며 대체제가 많지 않아 대체제와의 비교가 용이하지 않으며, 총수입에서 차지하는 해당상품 구매비용이 크지 않고 총소비에서 차지하는 비중 또한 작으며, 일상생활에 반드시 필요한 제품이거나 대량구매를 통해 장기간의 보관이 어려운 특징 등을 가지고 있다. 인터넷의 출현은 구매자로 하여금 가격비교를 더욱 용이하게 함에 따라 과거에 가격에 민감하지 않던 구매자나 가격민감도가 낮은 제품도 점차 가격에 민감해지는 경향으로 변모되고 있다.

■ **수요곡선(Demand Curve) 예측 방법**

수요곡선 (Demand Curve) 예측 방법은 크게 세 가지로 정리될 수 있다. 첫 번째 방법은 과거의 영업 관련 통계적 자료(Data), 즉 과거 가격, 판매량 및 관련 자료들을 분석하는 방법으로서 장기간에 걸친 자료축적과 분석에 대한 상당한 기술을 요한다. 두 번째 방법은 가격실험을 통하는 방법으로서 실험대상군별로 각기 상이한 가격을 구사하여 판매한 결과치를 가지고 적정수준을 결정하는 방법이다. 이 방법은 동일한 군(Group)에 대해 상이한 가격을 제공해 봄으로써 가격에 대한 민감도를 측정할 수 있다. 세 번째 방법은 구매자들에게 설문을 통해 적절하다고 판단되는 가격수준에 대한 응답내용을 종합 분석하여 수요곡선을 예측해 보는 것으로서 수요자가 의도적으로 가격을 낮추려는 응답성향을 보이며, 여타 Marketing Mix의 변화에 따라 반응도가 달라지는 단점이 있다.

■ **탄력적/비탄력적 수요(Elastic/Inelastic Demand)**

가격민감도는 가격에 대한 수요의 변화 정도에 따라 탄력적(Elastic)과 비탄력적(Inelastic)으로 나눌 수 있다. 가격 비탄력성(Price Inelastic)의 경우는 대체재나 경쟁업체가 존재하지 않거나, 구매자가 해당 상품에 대해 가격이 비싸지 않다고 느끼고 있거나, 구매자의 구매습관이 일정하여 잘 바뀌지 않거나, 품질의 우수성으로 인해 높은 가격에 대해 충분히 인정하는 경우에 나타나며, 가격탄력성(Price Elastic)의 경우는 그 반대의 상황이 발생하는 것으로 볼 수 있다.

3) 비용 예측

수요(Demand)가 가격결정의 상한선(Ceiling)을 제시한다면 제품생산을 위한 비용은 가격결정의 하한(Floor)선을 제시한다. 비용은 크게 변동비와 고정비로 나누어지는데, 변동비는 제품 한 단위당 생산시 추가되는 개념이며, 고정비는 일정수준의 생산량 범위 내에서 동일하게 소요되는 비용을 의미한다. 따라서 고정비와 변동비는 항공사의 전세기(Charter Flight)나 임시편(Extra Flight) 가격 결정에 절대적인 기준이 된다. 한편, 시장의 변화에 적절히 대응하고 일정수준의 수익(Margin)을 확보하는 차원에서 가격을 먼저 결정짓고 이에 따르는 적정수준의 비용을 설정하는 방법도 있다.

4) 경쟁사 분석

경쟁상품의 가격수준, 투입비용 및 시장에서의 반응 정도 등도 반드시 확인하고 분석하여야 할 부분이다. 이 방법은 시장에서 경쟁이 치열하거나 선두업체가 존재할 때 많이 사용된다. 경쟁사 기반의 가격결정에는 경쟁사보다 낮은 가격으로 결정하는 방식, 경쟁사보다 높은 가격으로 결정하는 방식과 경쟁사와 동일한 가격으로 결정하는 방식이 있다. 3가지 방식 모두 핵심은 동일하거나 유사한 상품을 경쟁사보다 높은 경쟁가치로 제공하는데 있다.

1_3 가격 변경 전략

가격수준의 결정은 일상적인 시장수요의 변동, 공급되는 운송력 그리고 마케팅믹스전략 등에 따라 일상적으로 끊임없이 이루어진다.

1) 가격의 인하

가격의 인하는 주로 운송력 공급이 과잉상태인 경우 또는 시장 확대를 위한 전략적 목적으로 이루어진다. 그러나 경쟁시장에서 가격의 인하는 대부분 경쟁항공사의 대응을 유발시킨다. 오늘날 세계시장은 높은 성장률에도 불구하고, 지속적인 가격경쟁은 국제노선에서 불황요인으로 작용하고 있다. 공급과잉에 따라 촉진전략의 일환으로 이루어지는 할인가격은 재고가 불가능한 운송 상품의 특성을 고려할 때, 새로운 고객을 창출하는 추가적인 수입원이 된다. 그러나 가격의 할인은 단기적으로 수익을 증대시키는 효과는 있지만, 생산과 관련한 비용이 충분히 파악되지 않을 경우, 여유좌석의 판매수입과 이에 따른 직·간접비용을 정확히 파악할 수 없으므로 실질적인 손실을 가져올 수도 있다.

가격인하정책은 몇 가지 유의해야 할 점들이 있다. 첫째로 가격의 인하는 자칫 소비자로 하여금 품질이 하락된 것으로 인식될 수 있으며, 가격하락으로 달성된 시장점유율 증가는 충성도가 높은 고객에 의해 조성된 결과가 아님에 따라 언제든지 여타 저가격을 구사하는 업체에 의해 잠식당할 수 있다. 또한 가격을 낮춤으로 인해 수입과 비용의 간격이 줄어들게 됨에 따라 향후 가격을 활용한 정책의 구사 여력이 급격히 줄어들게 되어 운신의 폭이 좁아지게 된다.

<그림 1-13> 가격인하 요인과 전략

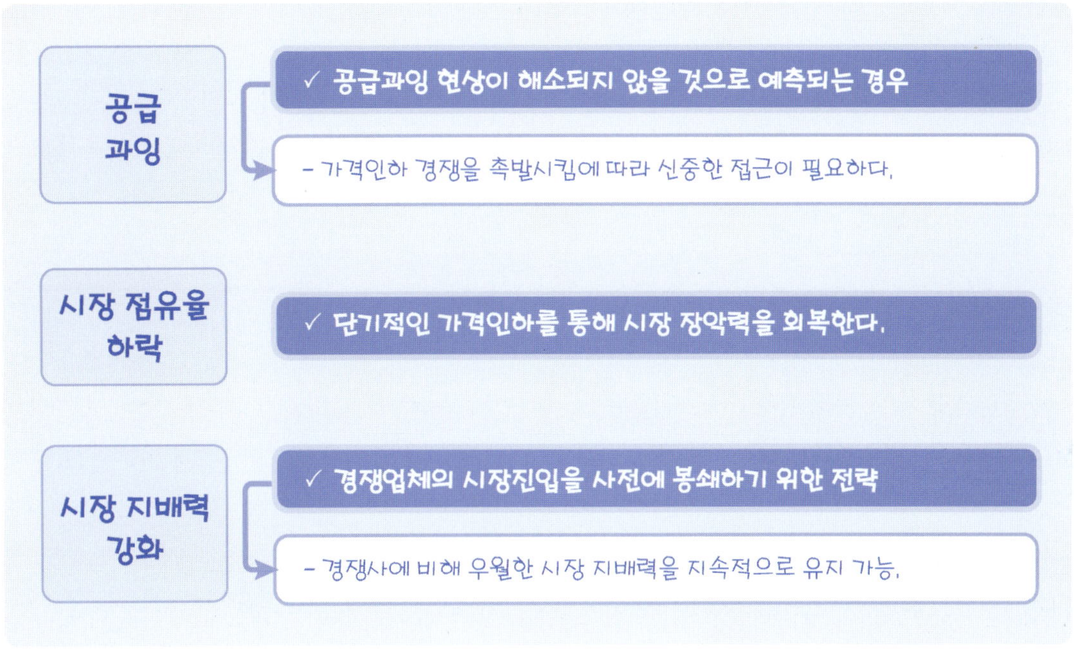

2) 가격의 인상

특정 시장이나 시간대에 흔히 발생하는 과잉수요, 촉진가격의 적용 후 가격수준의 회복, 상품 이미지의 강화, 생산비용의 증가 등은 대표적인 가격 인상요인들이다. 뿐만 아니라 가격인상을 유발하는 가장 대표적인 요인은 비용의 증가에 기인한다. 흔히 기업은 향후 비용 상승이 예상되는 경우나 정부의 가격통제가 예상되는 경우에 비용 상승 예상치보다 높게 가격을 인상하는 경향이 있다.

가격인상을 결정하는 경우에는 첫째, 소비자에게 가격인상 전에 인상사유의 불가피성에 대해 충분한 사전고지를 하여 소비자가 수긍하는 환경을 우선 조성하여야 한다. 두 번째로는 가격인상을 눈에 띄게 진행하지 않고 다른 방법을 통해 우회적으로 하는 방식으로서, 할인가격을 폐지하거나, 할인가격으로 구매할 수 있는 물량을 줄이거나, 수익성이 낮은 상품의 판매를 중단하는 방법 등이 있을 수 있다. 따라서 가격의 인상요인이 시장 전반에 해당되지 않고 개별항공사에만 한정되어 영향을 주는 경우에는 가격의 인상은 상품의 수요만을 감소시키게 된다. 그리고 오늘날과 같이 할인가격이 보편화된 경쟁시장에서는 가격인상이 매우 제한될 수밖에 없다. 대부분의 경우 가격인상과 함께 한시적인 할인 가격정책이나 상용고객에 대한 보너스 등의 인센티브 기타 서비스프로그램 등이 동시에 제공된다.

<그림 1-14> 가격인상 요인과 전략

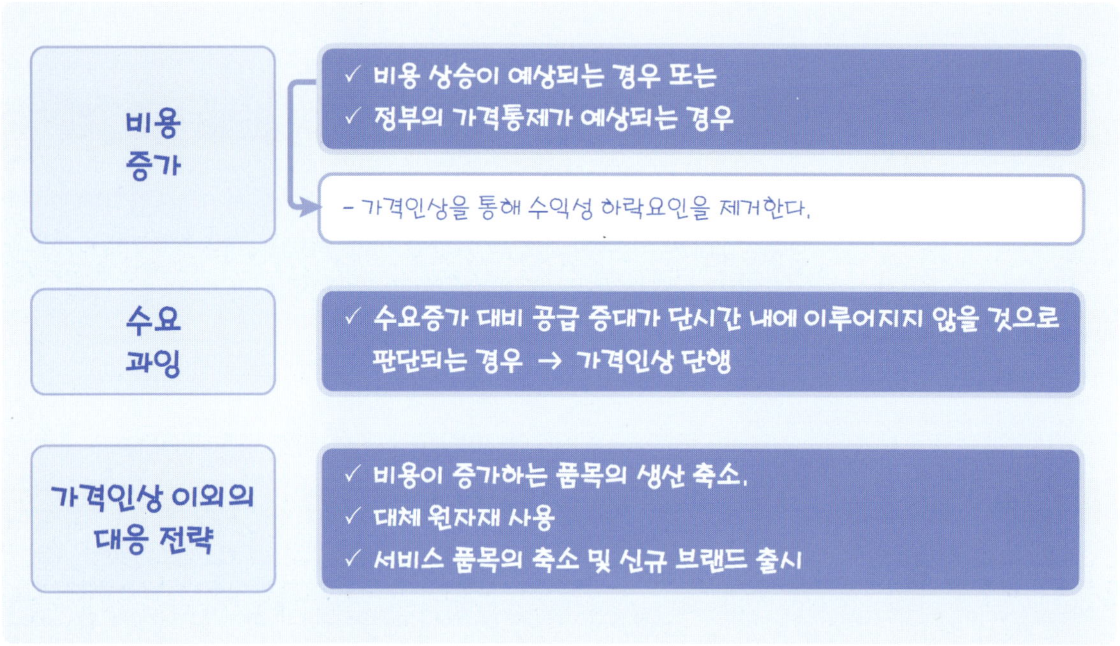

3) 경쟁항공사에 대한 가격조정

경쟁항공사의 가격변경은 시장의 수요구조에 직접적인 충격을 가져오기 때문에 언제나 그 원인과 효과를 분석해야 한다. 가격조정이 전략적인지 또는 전술적 차원으로 단기적으로 이루어진 것인지, 아니면 또 다른 경쟁항공사의 가격전략에 대한 대응인지를 파악해야 하며, 예상되는 시장점유율의 변화, 만일 대응하지 않을 경우 예상되는 기대이익의 변화 등 다각적인 검토가 필요하다. 경쟁항공사의 가격변경에 대한 가장 일반적인 대응은 상황론적으로 접근하는 방법이다. 경쟁항공사의 가격수준이 충분한 시간을 두고 결정되는데 비해, 전술적인 대응은 비교적 짧은 시간 동안 탄력적으로 의사결정을 해야 하기 때문이다. 특히 가격에 대해 수요가 비탄력적인 시장일수록 경쟁항공사의 가격인상이 있을 경우, 이에 대한 대응은 어려운 문제일 수밖에 없다. 대체로 해당시장의 가격탄력성을 파악하고 각각의 대안적인 가격수준에 대한 수요를 예측하고, 수입의 규모를 추정하는 절차에 따라 가격전략을 수립하는 것이 바람직하다. 경쟁항공사가 가격을 인하하는 경우 역시 이와 마찬가지로 대응전략이 필요하다.

<그림 1-15> 경쟁사의 가격인하에 대한 대응방법

대응방법	내용
가격 유지	✓ 동일 수준으로 가격을 인하했을 때 - 수익 유실분이 크거나, - 시장 점유율의 하락이 크지 않거나 - 언제라도 시장점유 유실분을 회복할 수 있는 경우 → - 현재 가격을 유지하는 전략을 선택한다.
가격유지 및 품질 향상	✓ 가격인하로 인한 수익 손실분에 비해 가격을 유지한 차원에서 품질의 향상으로 소요되는 비용이 적게 들어감에 따라 결과적으로 수익유실의 폭을 줄일 수 있다고 판단되는 경우 선택
가격 인하	✓ 해당 제품이 매우 강한 가격 탄력성을 가지고 있어 시장 점유율 하락 폭이 매우 클 것으로 예상되거나 유실된 시장을 회복하기 쉽지 않은 경우 선택
대응제품 출시	✓ 경쟁사의 인하된 가격 제품에 대응할 수 있는 새로운 제품을 출시하는 방법
제품 차별화	✓ 확실한 제품 차별화를 통해 더 이상 가격경쟁의 대상이 되지 않게 하는 전략

2. 한국지역 항공사 가격 현황

2_1 한국 국적항공사 가격 설정 과정

한국지역 항공사들의 항공운임·판매가격 전략은 장기·단기 전략으로 구분할 수 있다. 항공운임은 운임의 인상·인하, 적용 계절의 변화, 운임 규정변경·조정 등 필요한 전략에 대해 국제항공 운송협회(IATA: International Air Transport Association) 운임조정회의의 결의를 미치고 한국 정부인가를 득하는데 까지 최소한 1년의 기간이 소요되므로 장기적인 전략으로 분류할 수 있다. 또한 한국지역 항공사들의 판매 가격은 동·하계 각 6개월 단위 또는 1년 단위로 판매가격을 공시하므로 장기 전략으로, 공시된 판매가격 중 갑작스러운 국내외 정치, 경제, 기후, 사회적인 사건 등의 환경요인 등 시장 상황을 반영하여 수시로 판매가격 인상·인하 조치에 의해 수송 증대를 추진하는 노선별 특별가격 정책은 단기 전략으로 분류할 수 있다.

항공사의 가격 즉 판매가격 수립과정은 항공시장의 세분화 및 차별화를 반영하는데, 대상 수요를 파악하고, 파악된 수요(시장)를 세분화하고, 세분시장에 맞게 상품을 차별화하고 차별화된 상품에 대하여 차별화된 가격 전략을 수립한다.

<그림 1-16> 국적 항공사 판매가격 수립과정

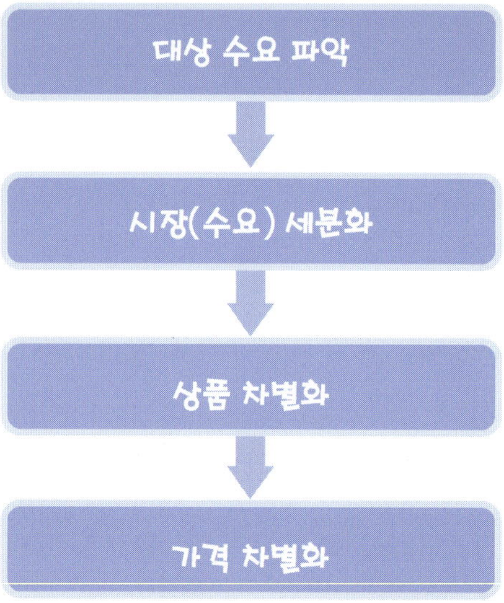

한국을 출발하는 항공사 가격을 설정할 때 고려요인으로는 소비자 물가지수 등을 포함한 경제 동향, 출입국 통계자료에 의거한 내국인 출국자 수요 전망 등의 예상 수요, 노선별 타 항공사의 공급 및 자사의 공급계획을 비교한 공급 점유비 및 경쟁사인 타항공사들의 동향 등을 들 수 있다.

<그림 1-17> 국적 항공사 가격 수립 구체적 절차

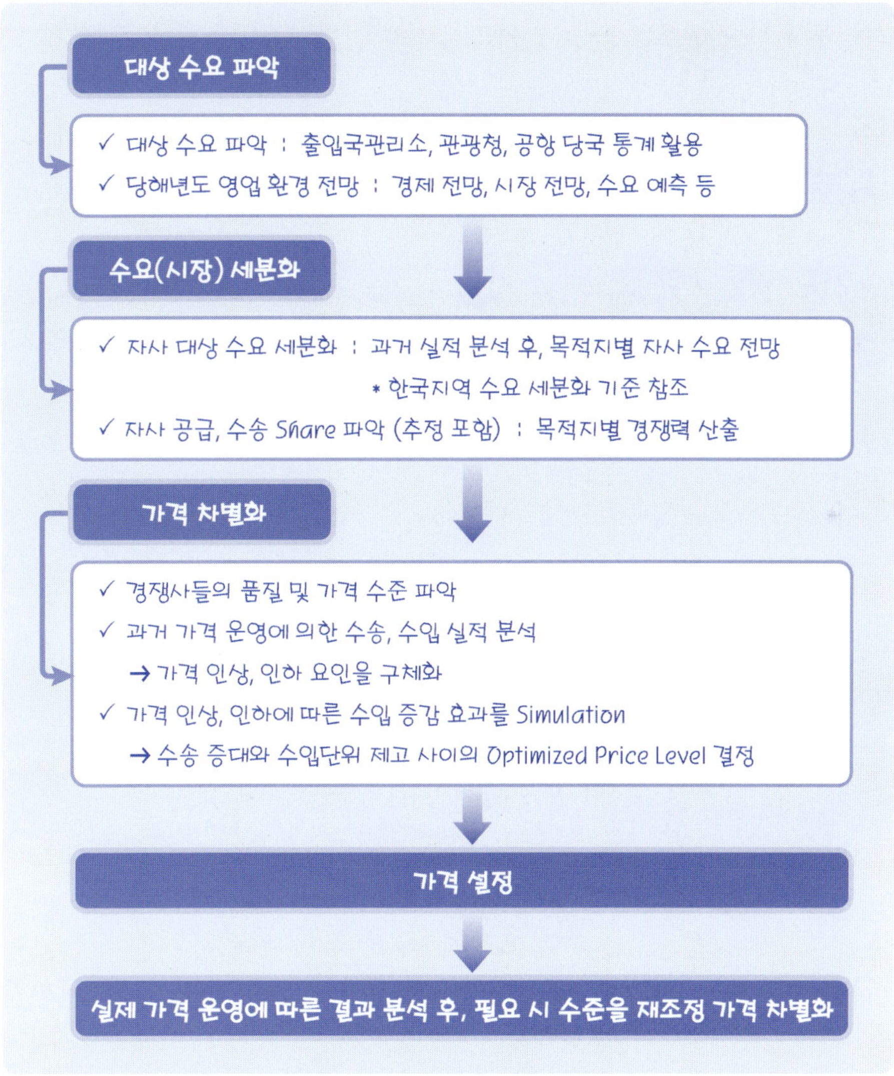

※ 자료 : 항공사 업무 절차를 토대로 필자 작성.

한국 출발 가격 설정시 고려하는 항공시장 세분화 기준은, 세분화된 시장별로 가격 차별화를 적용하여 각 수요의 조합을 통한 평균 수입의 제고, 나아가서는 총 수입의 증대를 도모한다. 그 차별화 유형은 정상·특별운임별 차별, 성수기·비수기 기간별 차별 및 주중·주말, 동일일자 시간대별 Flight별 차별가격 적용을 통해 수입제고를 도모한다.

<그림 1-18> 한국지역 항공수요 세분화 기준

기 준	세부 내용
Class 별	✓ 일등석, 비즈니스석, 일반석
수요 성격별, 직업별	✓ 상용 : 사업, 문화, 체육, 공무, 언론, 기술자
	✓ 관광 : Package, Incentive
	✓ 특수 : 유학, 선원, Spouse, Silver
수요 규모별	✓ 개인, 단체
인구 통계적	✓ 유아, 소아, 노년, 부부, 성별, 소득, 교육, 종교 등

※ 자료 : 항공사 업무 현황을 토대로 필자 작성.

2_2 한국지역 항공사 가격현황

한국의 국적항공사는 GPD(General Pricing Directory)를 가격 운영에 관한 일반적 기준으로 삼는다. GPD는 가격 운영지침을 지칭하며, GPD의 목적은 회사의 국제선 여객 영업상 총체적 판매 신장과 수익성 제고를 위하여 시장의 특성과 노선 여건에 부합하는 가격 운영에 관한 일반적 기준을 정하고자 함에 있다. 실제로 한국지역 점소 및 간접 판매업체인 여행사에서 판매되고 있는 판매가격은 점소장의 최대 재량운영이 허용되는 가격 수준, 즉 MSP(Minimum Selling Price : 최저판매가격)라고 칭한다.

한국 출발 가격은 일년에 두 번에 걸쳐 MSP를 결정・공표하는 장기적인 가격 운영과 MSP 운영기간 중에 시장 상황을 고려하여 1~2개월 전 시점에 주로 인하에 속하는 재조정 즉 단기적 가격운영으로 구분할 수 있다.

1) 장기적 가격 운영

한국 출발 노선별 판매 가격 설정과정 중 장기가격 운영 방법, 현황과 포함내용을 요약하면 <표 1-3>과 같다.

<표 1-3> 한국 국적항공사 장기가격 운영내용

구 분	내 용
가격 결정・공표	• 연 1 회에 걸쳐, 운영 기간 약 2개월 전 운영 가격 설정(매년 2월 공표)
운영 기간	• 당해 연도 4월 ~ 익년 3월 (1년간) 하계 : 당해연도 4월 ~ 10월 동계 : 당해연도 11월 ~ 익년 3월 ※전 항공사 Seasonal Schedule[17] 운영기간 기준으로 연 2회 특별가 발표
포함 내용	• 노선별, Season별 (Low, Shoulder, High, High Peak), Fare Type 별 판매 가격 • 포괄 운영지침: 각 Fare Type에 해당하는 운임규정 준수 지침과 필요시 자사의 경쟁력을 고려하여 판매증대 목적의 waiver 지침 등을 포함한다.

※ 자료 : 항공사 업무 현황을 토대로 필자 작성.

17) 하계는 4월부터 10월까지(3월 마지막 주 일요일부터 시작), 동계는 11월부터 3월까지(10월 마지막 주 일요일부터 시작)

2) 단기적 가격조정

단기적인 가격조정은 공시된 판매가격 중 갑작스러운 국내외 정치, 경제, 기후, 사회적인 사건 등의 환경요인 등 시장 상황을 반영하여 수시로 판매가격 인상·인하 조치에 의해 수송 증대를 추진하는 노선별 특별가격을 의미한다. 단기적 가격조정 내용은 Ⅱ, 1, 3) 가격 변경전략에서 살펴본 가격의 인하, 가격의 인상과 경쟁항공사에 대한 가격조정 내용이 포함된다.

3) 한국지역 노선별 판매가격 현황

한국의 국적 항공사는 한국출발 판매가격이 설정된 후, 판매의 대부분을 차지하는 유통채널인 여행사를 대상으로 공표하는데, 공표 방법으로 자사의 인터넷 사이트를 운영하고 있다(대한항공 : www.kalmate.co.kr / 아시아나항공 : www.airoz.com).

■ 대한항공

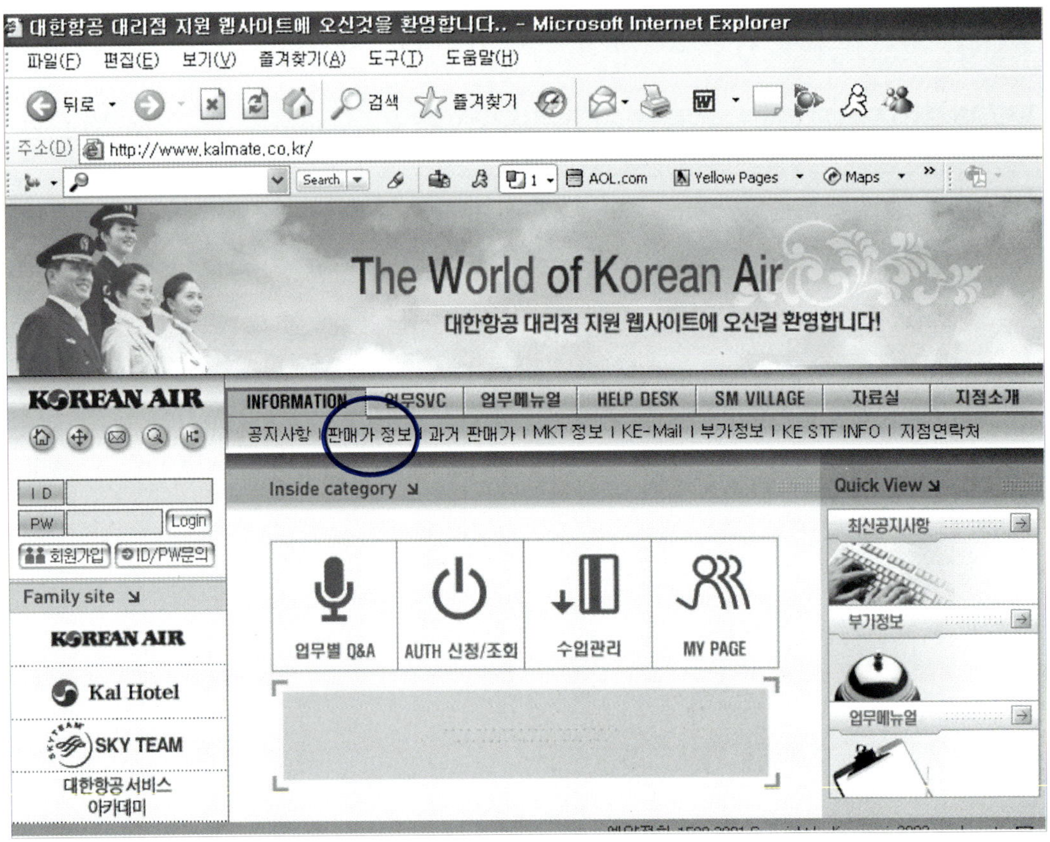

■ 노선별 판매가 조회

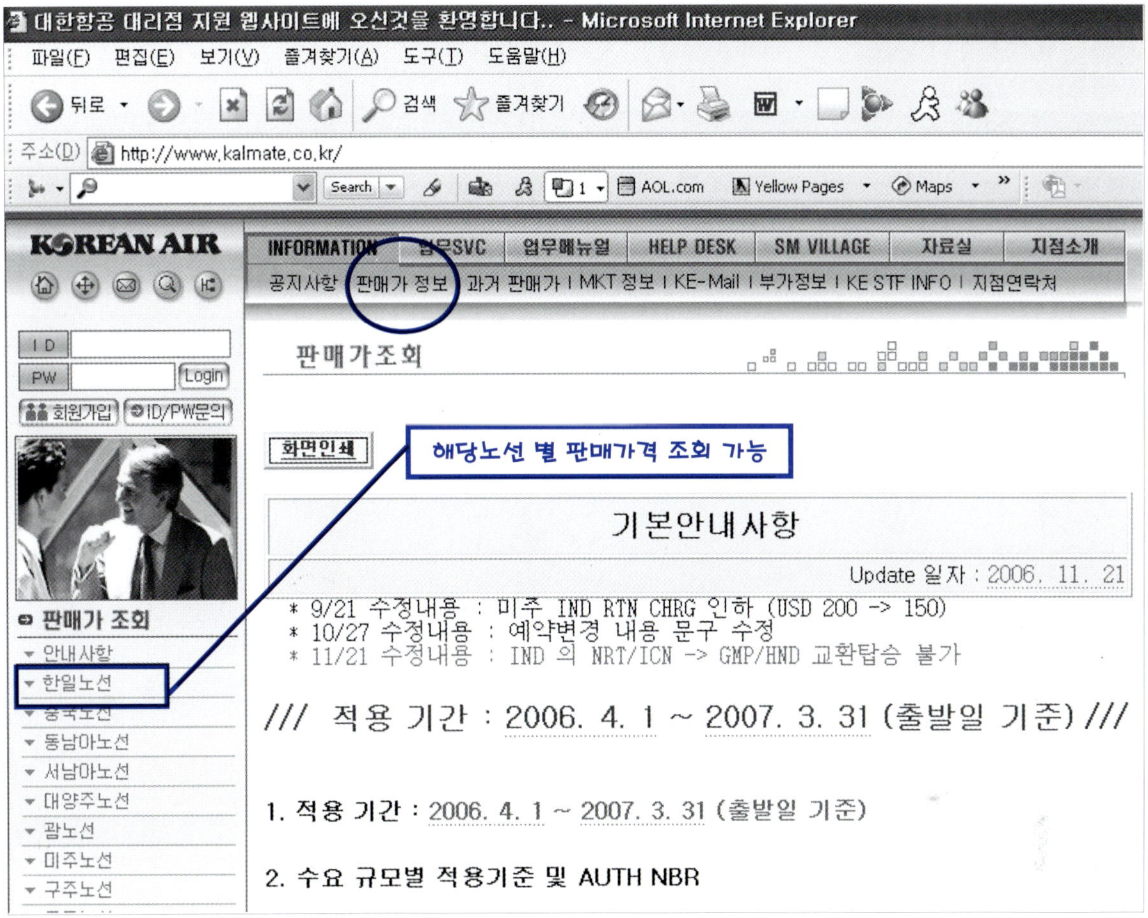
대한항공 대리점 지원 웹사이트에 오신것을 환영합니다.. - Microsoft Internet Explorer
http://www.kalmate.co.kr/
KOREAN AIR
INFORMATION
업무SVC
업무매뉴얼
HELP DESK
SM VILLAGE
자료실
지점소개
공지사항 | 판매가 정보 | 과거 판매가 | MKT 정보 | KE-Mail | 부가정보 | KE STF INFO | 지점연락처
판매가조회
화면인쇄
해당노선 별 판매가격 조회 가능
기본안내사항
Update 일자 : 2006. 11. 21
* 9/21 수정내용 : 미주 IND RTN CHRG 인하 (USD 200 -> 150)
* 10/27 수정내용 : 예약변경 내용 문구 수정
* 11/21 수정내용 : IND 의 NRT/ICN -> GMP/HND 교환탑승 불가
/// 적용 기간 : 2006. 4. 1 ~ 2007. 3. 31 (출발일 기준) ///
1. 적용 기간 : 2006. 4. 1 ~ 2007. 3. 31 (출발일 기준)
2. 수요 규모별 적용기준 및 AUTH NBR
판매가 조회
안내사항
한일노선
동남아노선
서남아노선
대양주노선
괌노선
미주노선
구주노선

■ 아시아나 항공

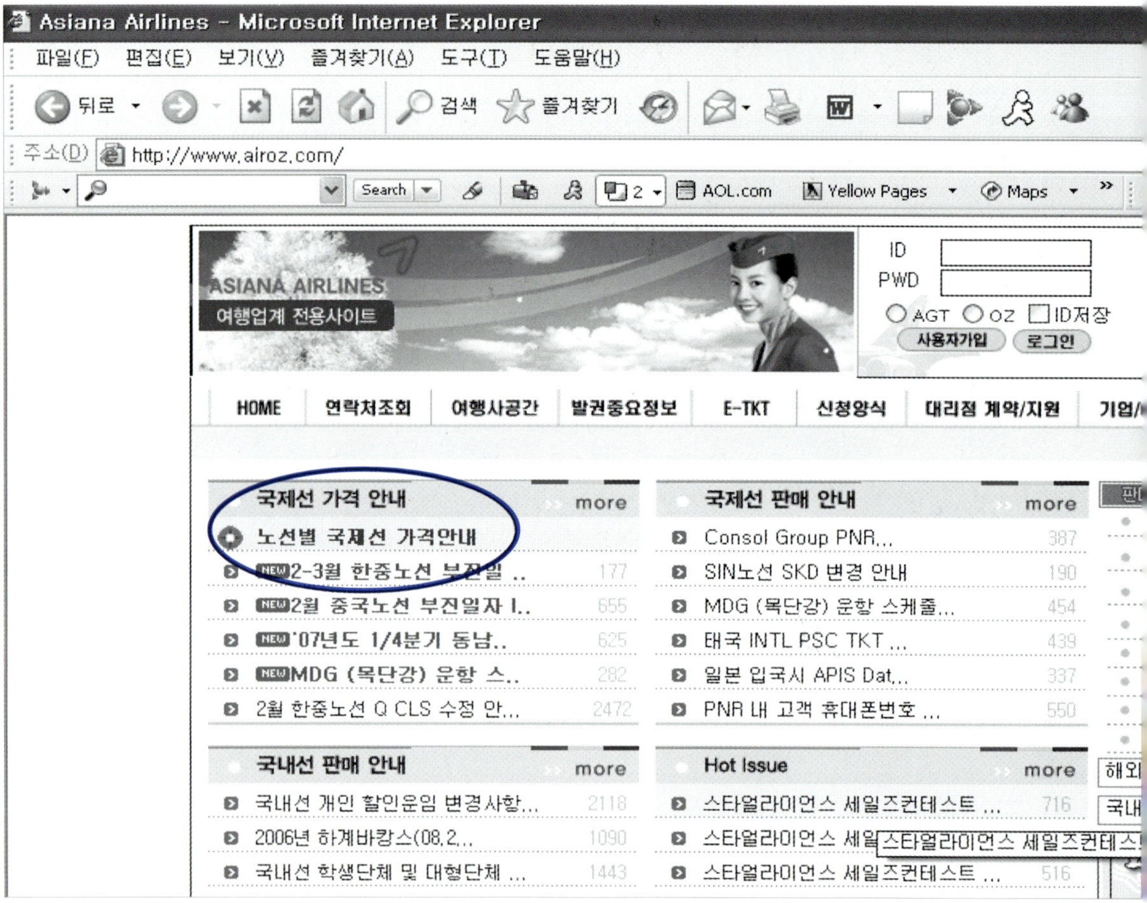
Asiana Airlines - Microsoft Internet Explorer
파일(F) 편집(E) 보기(V) 즐겨찾기(A) 도구(T) 도움말(H)
http://www.airoz.com/
ASIANA AIRLINES
여행업계 전용사이트
ID
PWD
AGT OZ ID저장
사용자가입 로그인
HOME 연락처조회 여행사공간 발권중요정보 E-TKT 신청양식 대리점 계약/지원
국제선 가격 안내 more
노선별 국제선 가격안내
2-3월 한중노선 부진일 .. 177
2월 중국노선 부진일자 I.. 655
'07년도 1/4분기 동남.. 625
MDG (목단강) 운항 스.. 282
2월 한중노선 Q CLS 수정 안... 2472
국제선 판매 안내 more
Consol Group PNR... 387
SIN노선 SKD 변경 안내 190
MDG (목단강) 운항 스케줄... 454
태국 INTL PSC TKT ... 439
일본 입국시 APIS Dat... 337
PNR 내 고객 휴대폰번호 ... 550
국내선 판매 안내 more
국내선 개인 할인운임 변경사항... 2118
2006년 하계바캉스(08.2... 1090
국내선 학생단체 및 대형단체 ... 1443
Hot Issue more
스타얼라이언스 세일즈컨테스트 ... 716
스타얼라이언스 세일즈컨테스트 ... 516

■ 노선별 가격 조회

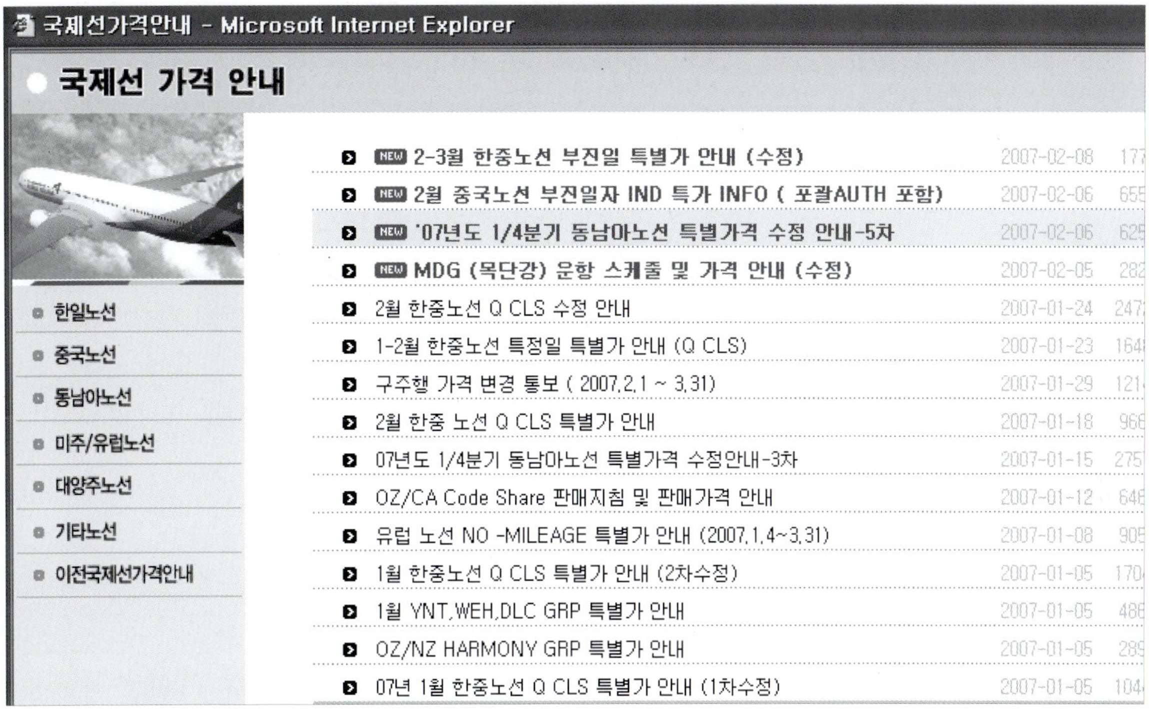
국제선가격안내 - Microsoft Internet Explorer
국제선 가격 안내
한일노선
중국노선
동남아노선
미주/유럽노선
대양주노선
기타노선
이전국제선가격안내
NEW 2-3월 한중노선 부진일 특별가 안내 (수정) 2007-02-08
NEW 2월 중국노선 부진일자 IND 특가 INFO (포괄AUTH 포함) 2007-02-06
NEW '07년도 1/4분기 동남아노선 특별가격 수정 안내-5차 2007-02-06
NEW MDG (목단강) 운항 스케줄 및 가격 안내 (수정) 2007-02-05
2월 한중노선 Q CLS 수정 안내 2007-01-24
1-2월 한중노선 특정일 특별가 안내 (Q CLS) 2007-01-23
구주행 가격 변경 통보 (2007.2.1 ~ 3.31) 2007-01-29
2월 한중 노선 Q CLS 특별가 안내 2007-01-18
07년도 1/4분기 동남아노선 특별가격 수정안내-3차 2007-01-15
OZ/CA Code Share 판매지침 및 판매가격 안내 2007-01-12
유럽 노선 NO -MILEAGE 특별가 안내 (2007.1.4~3.31) 2007-01-08
1월 한중노선 Q CLS 특별가 안내 (2차수정) 2007-01-05
1월 YNT.WEH.DLC GRP 특별가 안내 2007-01-05
OZ/NZ HARMONY GRP 특별가 안내 2007-01-05
07년 1월 한중노선 Q CLS 특별가 안내 (1차수정) 2007-01-05

Ⅲ. 항공사 가격의 역할

항공사 가격의 역할은 이윤을 최대한으로 창출하는 것이지만, 비싼 항공권만을 판매해서는 경쟁시장에서 판매에 어려움을 겪을 수밖에 없다. 따라서 항공가격 믹스의 목적은 승객을 자사로 유인하거나 공석을 줄이기 위한 시장수요에 맞는 다양한 가격을 제시하여 시장점유율을 높이는 데 있다. 따라서 가격전략의 목적은 한마디로 보유자원을 최적으로 할당하여 새로운 자원에 투자함으로써 비용을 초과하는 수준에서 매출을 극대화하는 것이다. 그러나 전략적으로 결정되는 가격은 대부분 기업의 경영전략 차원에서 결정되므로 서로 분리될 수 없는 경우가 대부분이다. 따라서 넓은 의미에서 보면, 가격전략의 목적과 역할에는 다음과 같은 사항들이 모두 포함된다.[18)]

- 이윤극대화
- 시장점유율의 확대 및 수요확대로 인한 고정비용의 분산
- 경쟁항공사의 시장진입에 대한 방어
- 과도한 가격경쟁의 회피를 통한 시장안정
- 유동성 확보를 위한 최적의 현금유입
- 운송력을 고려한 탑승률 목표의 달성
- 상품에 대한 포지셔닝 전략의 수단 등.

18) Holloway, S., op. cit., p. 384.

MEMO

Part 2

국제선 항공권 발권 실무

Ticketing I

제 1 장

항공권 기재사항

1. 항공권 기재사항 판독
2. 항공 운송 증표의 종류
3. 항공권의 종류
4. 국제선 항공권의 구성
5. 항공권의 일반 사항

학습목표

- 항공권의 종류와 양식에 대한 학습을 통하여 항공권을 판독할 수 있는 기본적인 능력을 향상시킨다.
- 학습내용
  - 항공권 기재사항 판독 : 항공권의 세부 기재내용 이해, 실제 항공권 판독
  - 항공운송 증표의 종류 : 여객 항공 운송에 사용되는 운송증표 종류 학습
  - 항공권의 종류 : 항공권 종류 파악
  - 항공권 쿠폰의 구성요소
  - 항공권 일반 사항

제1장 항공권 기재사항

1. 항공권 기재사항 판독

Counter 실장님의 말씀

항공권 판독이란?	• 국제선 항공권 발권(Ticketing)에 관련된 내용을 학습하기 전에, 항권권에 기재된 내용을 숙지하면 앞으로 공부하는데 도움이 된다. - 도대체 어떤 내용이? 어디에? 어떻게? 기재되는지 알아보죠.
항공권에 기재되는 내용의 근거는?	• 고객의 항공예약 상황이 포함된 예약기록(PNR : Passenger Name Record)의 내용이 주를 이룬다. - '정확한 PNR 작성이'이 매우 중요하다는 의미죠.
항공권에 기재되는 내용은?	• **예약 기록** : 승객 이름, 여정(항공편, 출발일자/시간, 좌석등급) 예약번호, 여정/예약에 대한 제한사항 • **운임종류(Fare Basis)** : 정상/할인/판촉운임, 계절성, 유효기간 • **가격** : 운임 계산 내역, 지불내역(Remittance), 지불수단 • **기타** : 출발지/목적지, 소아/유아의 생년월일, 환불/이양의 제한 무료수하물, Not Valid Before/After 등

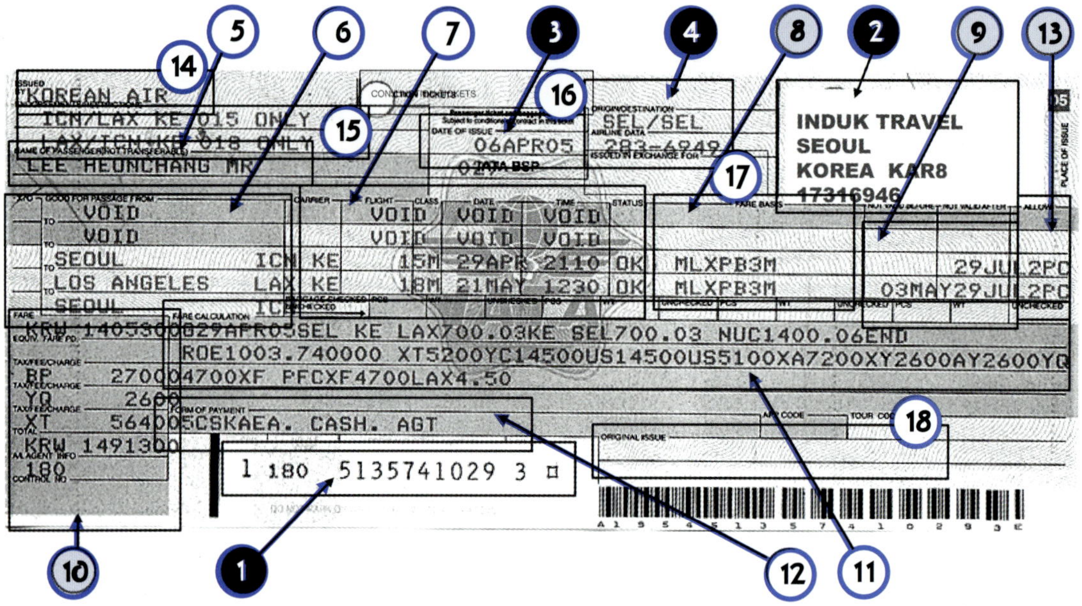

1_1 항공권 발권 관련 기본 내역 : ❶ ~ ❹

❶ 항공권 번호 (Ticket Number)

항공권 번호는 항공사의 고유번호(예: 180 –대한항공의 Code), 10개의 일련의 숫자와 1개의 Check Digit, 총 14개의 숫자로 구성된다.

❶ 항공권 번호(Ticket Number)

T·I·P 항공사 별 고유번호

➔ 180 KE (대한항공), 057 AF (에어프랑스), 006 DL (델타항공)
055 AZ (알리탈리아), 139 AM (아에로멕시코),
064 OK (체코항공), 988 OZ (아시아나항공), 160 UA (유나이티드)

② 발권 점소(PLACE OF ISSUE)

발권 점소 명(항공사 또는 여행사), 소재지 도시/국가, 할인율 코드, 점소 SINE CODE와 점소의 IATA Number (국가코드 포함, 여행사 고유번호)

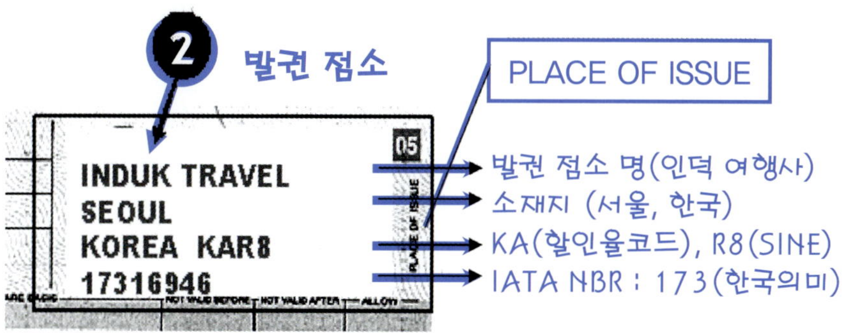

③ 발권 일자(DATE OF ISSUE)

06APR05 : 2005년 4월 6일에 발권되었음을 의미한다.

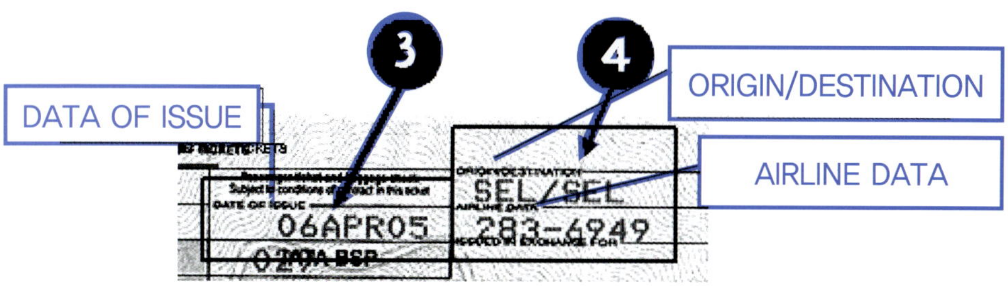

❹ 출발지/목적지(ORIGIN/DESTINATION)

SEL/SEL : 서울을 출발하여 서울로 다시 돌아오는 여정의 항공권 의미.

❹ 예약번호(AIRLINE DATA)

283-6949 : PNR(Passenger Name Record)을 기록한다.

1_2 승객 정보 - 예약기록(PNR) 포함 내역 : ❺ ~ ❼

❺ 승객 이름(NAME OF PASSENGER)

- PNR 작성할 때 입력한 승객 이름이 성(Last Name), 이름(First Name), 호칭(Title) 순서대로 표기되는데, 성과 이름 사이에 입력된 구분선(/)은 생략된다.
- 예약 작성할 때와 마찬가지로 승객의 이름은 여권에 기재된 영어 Spelling과 동일해야 한다.
- 발행된 항공권은 타인에게 양도가 불가하며, 항공권에 관한 권한은 이 Name of Passenger에게 주어진다.

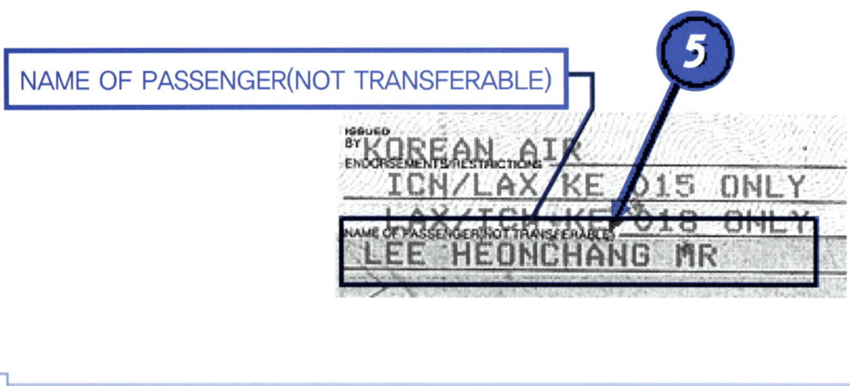

T·I·P 비동반 소아(UM : Unaccompanied Minor) 이름 기재 방법

→ 성 이름 Title (UM 나이) ☞ 예) HONG GILSOON MISS (UM11)

6 여정(ITINERARY)

- X/O : **도중 체류 여부**
  - 도중 체류하지 않는 도시 앞에 'X'를 기재한다.
  - 적용된 운임의 규정상 도중체류가 허용되지 않는 도시 앞에 'X'를 기재하여 머무르지 않음을 표시한다.
  - 예약기록의 해당도시에 NO Stopover (X) 표시한 것이 항공권에 'X'로 기재된다.
- NOT GOOD FOR PASSAGE : **승객의 여정**
  - 출발지부터 순서대로 기재하며, 남은 쿠폰(Coupon)은 'VOID'로 기재된다.
  - 도시명은 Full Spelling으로 기재하고, 승객이 실제로 이용하는 해당도시의 '공항 코드'를 오른쪽에 기재한다.

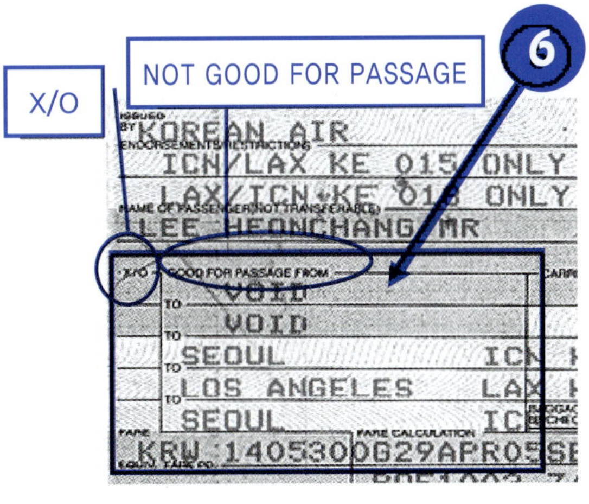

7 예약 상황

항공편명 / Booking Class / 출발일자 / 출발시간 / 예약 상태코드로 기재된다.

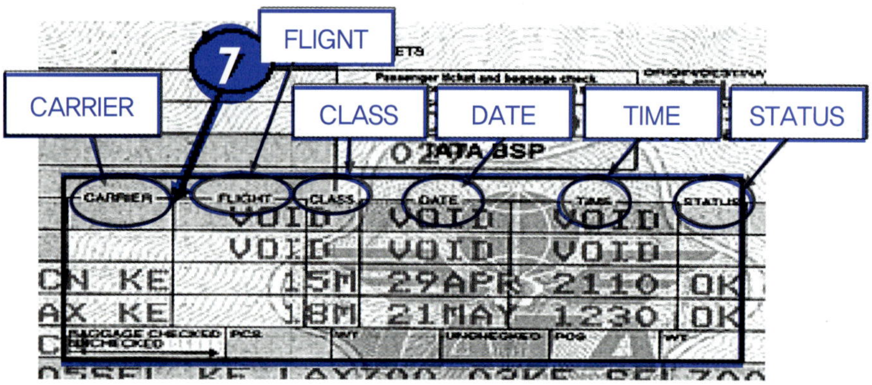

- Carrier / Flight
  - 승객이 예약된 항공사의 Two Letter Code와 항공편 명을 기재한다.
  - Carrier란이 공란으로 비어 있는 경우는 어느 항공사나 이용이 가능하다. 즉, 예약할 때 항공사 Code 대신 'YY'를 입력하는 것을 의미한다.
  - 적용운임의 규정상 탑승 항공사가 제한되는 구간은 예약이 되어 있지 않은, OPEN 경우에도 항공사 CODE를 기재해야 한다.
- Class
  - 예약 등급 (Booking Class)을 기재한다.
  - 해당 항공사에 따라 여러 가지 다른 Code들이 사용되므로 해당항공사에서 요구하는 정확한 등급을 예약/기재하여야 한다.
  - 예약등급은, 승객이 지불해야 하는 운임/가격의 기준이 되므로 중요하다.

T·I·P 예약등급의 종류 (대한항공 기준)

➜ P : Premium First Class / Cocoon Seat

F : First Class

C : Business Class

W : Economy Class (Normal, 한국 출발 기준)

K : Economy Class (Excursion)

M : Economy Class (Promotional)

G : Group Class (10명 이상 단체)

- Date/Time
  - 예약 일자기준 : 출발 일자와 출발시간을 현지시각 기준으로 기재한다.
  - 출발시간은 24시 기준으로 기재하여 혼선을 방지한다(예, 오후 3시: 1500).
- Status : 예약 상태 Code를 의미한다.

T·I·P 예약상태 Code의 의미

➜ OK : 예약이 확약된 경우

➜ RQ : 대기자 명단에 있거나, 예약을 신청하였으나 아직 확정되지않은 경우

➜ NS : 좌석을 점유하지 않는 유아 승객의 경우 (No Seat)

➜ SA : 사전 예약이 불가하고, 잔여 좌석이 있는 경우에만 탑승이 가능. 일반적으로 항공사 직원용 SUBLO 항공권에 사용된다.

1_3 운임 종류, 가격, 지불수단 관련 : ❽ ~ ⓭

❽ 운임 종류 (FARE BASIS)

항공권에 적용된 운임의 유형 및 Class, 계절별 운임수준, 유효기간 등을 나타낸다.

Counter 실장님의 말씀

FARE BASIS에는...

- 운임의 종류인 FARE BASIS에는 많은 내용이 포함되어 있죠.

- Booking Class, 비/성수기, 주중/주말, 유효기간(최대체류기간) 운임의 특성(Type), 고객특성(Type), 할인율 등이 포함되어 있다.

예) MLXPB3M

M	L	X	PB	3M
예약등급	비수기	주중	운임 Type	유효기간
M CLS 예약	Low Season	Weekday	특별할인왕복운임	3개월

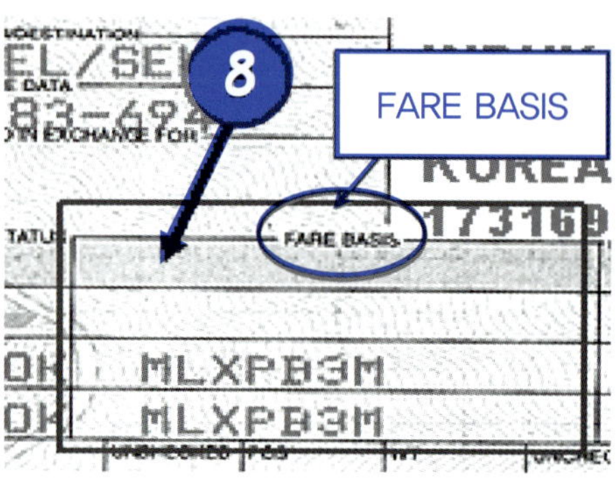

T·I·P

1. 계절성 Code (Seasonal Code)

→ **H** : High Season, 성수기

→ **K** : Shoulder Season, 평수기

→ **L** : Low Season, 비수기

T·I·P

2. 주중 / 주말 구분 Code

→ **X** : Weekday, 주중

→ **W** : Weekend, 주말

T·I·P

3. 운임 특성 (Fare Type Code)

유효기간이 1년이 아닌 경우 다음 Code뒤에 유효기간을 기재한다.

→ **EE**(Excursion Fare) : 특별할인 왕복운임으로 유효기간 등의 제한 사항 있음

→ **PX / PB**(Instant Purchase Excursion) : 특별할인 왕복운임으로 유효기간 뿐만 아니라 예약 변경, 도중 체류 등의 제한 사항이 있음

→ **AP**(Advance Purchase Excursion) : 사전 구매조건이 있는 특별할인 왕복운임으로 유효기간, 예약 변경, 도중 체류 등의 제한 사항이 있음

→ **ZZ**(Youth Fare) : 청소년 특별할인 왕복운임으로 유효기간, 예약변경, 도중 체류 등의 제한 사항이 있음

4. 고객 특성 (Passenger Type Code)

다음 Code뒤에는 일반적으로 할인율이 기재 된다.

→ **CH** : Child, 소아 할인 / CH25

→ **IN** : Infant, 유아 할인 / IN90

→ **AD** : Agent, 여행사 직원 할인 / AD75

→ **SD** : Student, 학생 할인 / SD25

→ **SC** : Ship's crew, 개인 선원 할인 / SC25

→ **CG** : Tour Conductor, / CG50 or CG00

→ **ID** : 항공사 직원 할인 / ID75 or ID90

→ 기타 : GV (Group Inclusive Tour, 10명이상 단체)

5. 유효 기간

→ **15** : 최대 체류기간 15일

→ **1M** : 최대체류기간 1달

→ **3M** : 최대체류기간 3달

T·I·P 6. FARE BASIS 의 예

- ➔ **Y/SD25** : Economy Class Student Fare, 유효기간 1년, 할인율 25%
- ➔ **MHPX3M/IN90** : Economy Class Instant Purchase Fare for Infant Passenger, 유효기간3개월, 할인율 90%
- ➔ **GHGV10** : Economy Class High Season Group Fare, 최소 단체구성원 10명
- ➔ **MLXPB3M** : Economy Class Low Season Weekday Instant Purchase Excursion Fare, 유효기간 3개월
- ➔ **Y/AD75** : Economy Class Agent Discount, 할인율 75%

9 최소/최대 체류기간(Not Valid Before/ Not Valid After)

- 항공권의 정확한 유효기간에 대하여 일자로 표시하는 부분이다.
- 정상적으로 1년의 유효기간을 가진 항공권은 연결 항공권이나 재발행 항공권이 아닌 경우 본 란을 기재하지 않아도 무방하다.

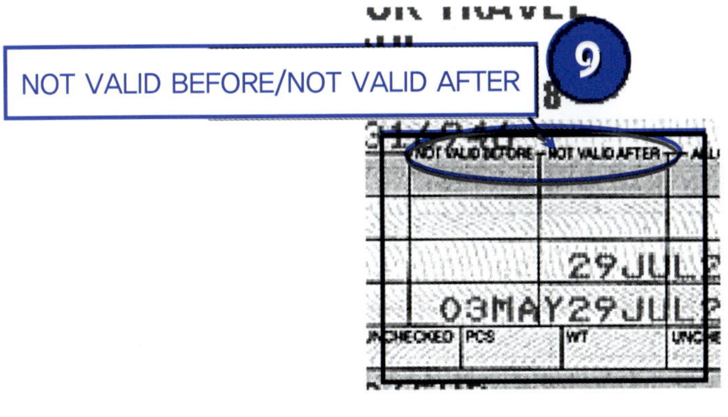

- **유효기간을 제한하는 특별운임의 경우,** 최소 체류의무기간(Minimum Stay)과 최대 체류허용 기간(Maximum Stay)이 각각 정해져 있다.
  - "NOT VALID BEFORE"란은 최소 체류의무기간(MINIMUM STAY)을 규정.
  - "NOT VALID AFTER"란은 최대 체류허용기간 (MAXIMUM STAY)을 제한.

T·I·P SEL/LAX/SEL (적용된 FARE BASIS : MLXPB3M)

1. SEL/LAX 사이에 설정되어 있는 Budgit Fare의 최소 체류의무기간은 4일, 최대 체류허용기간은 3개월이다.
2. 최초 출발일(29APR)로부터 4일이 경과되기 전에는 마지막 도중체류 지점인 LAX에서 ICN으로 돌아오는 여정을 개시할 수 없으며,
3. 최초 출발일로부터 3개월 이후에 나머지 Coupon은 사용할 수 없다.

➔ 따라서 LAX/ICN Coupon을 사용할 수 있는 기간은 03MAY로부터 29JUL 까지이다.

⑩ 운임 내역(FARE)

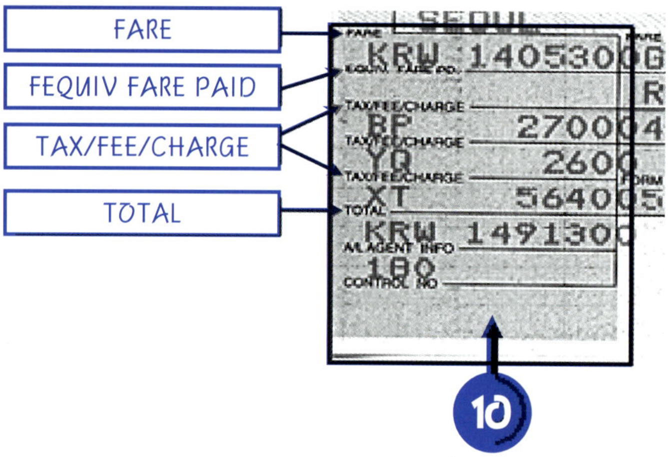

- Fare : 최초 여행출발 국가의 통화로 된 운임을 통화 Code와 함께 기재한다.
- Equiv Fare Paid : Fare난에 기재된 최초 출발지국 통화 이외의 다른 통화로 지불하는 경우, 운임을 지불통화금액으로 환산하여 통화 Code와 함께 기재한다.
- TAX/FEE/CHARGE : 승객으로부터 항공권 발권시 징수한 각국의 TAX 금액을 실제 지불통화로 기재하며, TAX Code를 함께 기재한다.
- Total : Fare와 Tax(또는 Equiv Fare와 Tax) 합계 금액을 기재한다.

⑪ 운임계산 내역(Fare Calculation)

- 승객의 여정에 대해 적용된 운임의 계산내역을 보여주며, 운임 및 여정 변경, 항공사간의 정산 등에 참조된다.

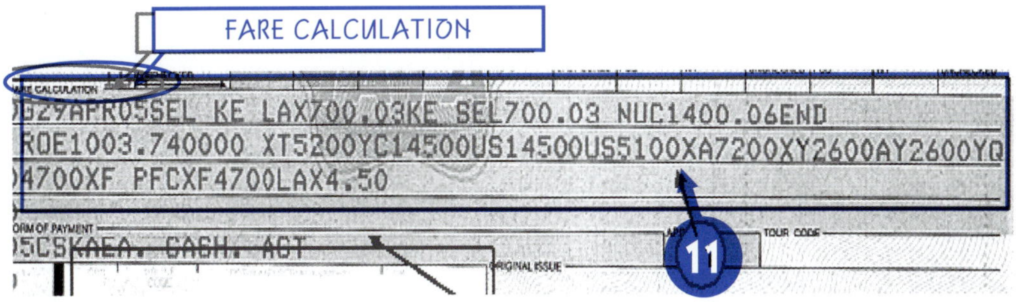

⑫ 지불 수단(Form of Payment)

- 운임의 지불 수단을 표시하는 란이며, 재발행시 최초 항공권 구입시의 지불수단을 재발행되는 항공권에 반드시 표기하여야 한다.
- 항공권 환불시에 중요하다.(ex : 카드 지불시- 카드계좌로만 환불 가능)

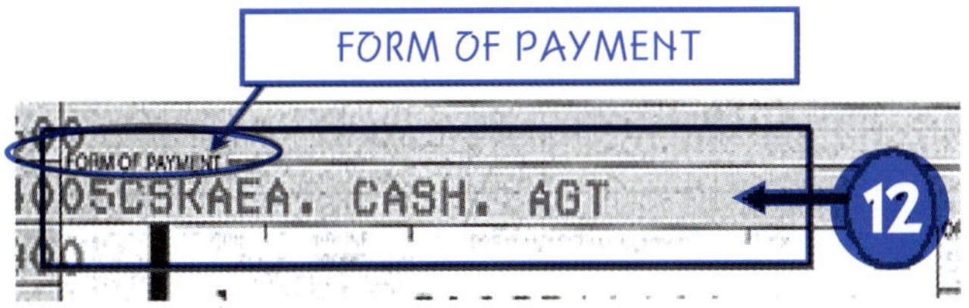

T·I·P 지불수단별 표기 방법

- ➜ 현금/여행자 수표 : CASH
- ➜ 현금(여행사에서 발권) : CASH/AGT (AGT = AGENT, 여행사 의미)
- ➜ Credit Card : VI 4599001234012345/0412/E00
- ➜ PTA : PT/CASH
- ➜ 환불에 대한 제한 사항 : NON/REF

⑬ 무료 수하물 허용량 (Allowance)

해당구간의 무료 수하물 허용량을 표시한다.

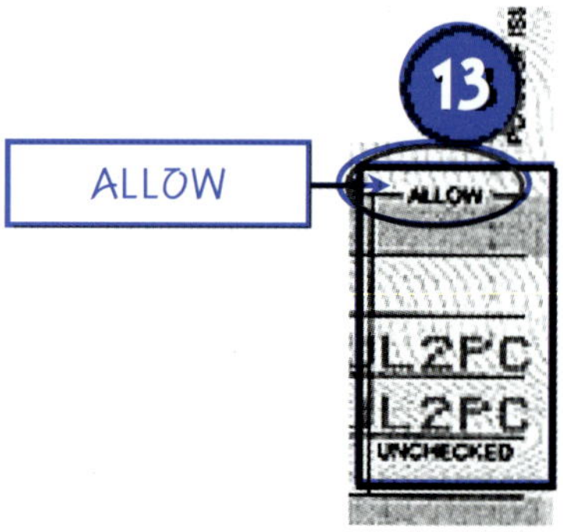

T·I·P 운송편 무료수하물 허용량

- ➜ Piece System : 미주 관련 구간에 적용, 모든 좌석등급 2PC
- ➜ Weight System : 기타 구간에 적용
  - F / 일등석, 40KG
  - C / 비즈니스 석, 30KG
  - Y / 일반석, 20KG

1_4 기타 : ⑭ ~ ⑮

⑭ 발행 항공사(ISSUED BY)

해당 항공사의 이름이 기재된다.

⑮ 양도/제한 사항(Restrictions/Endorsements)

승객이 해당 항공권을 사용하는데 있어 제한사항이나 알아두어야 할 주의사항을 Free Format으로 기재하는 난이다.

T·I·P 지불수단 별 표기 방법

→ 다른 항공사로 양도 불가	: NON-ENDS
→ 예약 변경이 불가한 항공권	: RSVN CHANGE NOT PERMITTED
→ 여정변경 / 환불 불가 항공권	: NON-RRT / NON- RFND
→ 재발행 수수료 KRW89000지불	: RRT CHARGE KRW89000 APPLID
→ 소아/유아운임 적용시 생년월일	: DOB 20MAY99 DOB (Date of Birth)

⑯ 연결 항공권 번호(CONJ .TKT. NO : Conjunction Ticket Number)

- 1매 이상의 항공권이 연결되어 발행되는 경우(여행구간이 4구간 이상 등)에 기재
- 소아(Child) 또는 유아(Infant) 항공권에 동반 보호자의 항공권번호를 기재하는데 사용

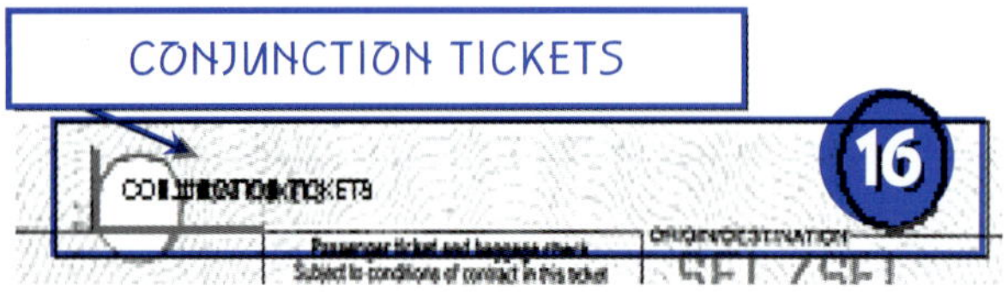

⑰ - ⑱ 최초 발행 항공권/교환 항공권(Original Issue/Issued in Exchange For)

- Rerouting 등의 이유로 항공권을 재발행하는 경우에 교환 항공권 번호와 최초 발행 항공권 번호, 최초 발행일자, 최초 발행 장소를 기재하는데 사용된다.

2. 항공 운송 증표의 종류

Counter 실장님의 말씀

운송 증표란?

- 승객이 항공운송을 이용할 때 사용하는 항공권 등의 Ticket 의미
  - 여객 항공권, 추가 수하물 요금 징수용, 추가금액 징수용 등
- 여행자 및 항공사 간에 성립된 계약 내용을 표시하고, 항공사의 운송 약관 및 기타 약정에 의하여 여객운송이 이루어짐을 표시하는 증서이다.
- 일부 운송 증표류는 항공사간에 상호 정산이 가능하도록, IATA에서 정한 표준 양식을 사용하도록 되어 있다.

2_1 Passenger Ticket and Baggage Check

- 발행된 각각의 구간에 관련하여 승객의 운송 및 해당 승객의 위탁 수하물의 수송에 대한 증표류

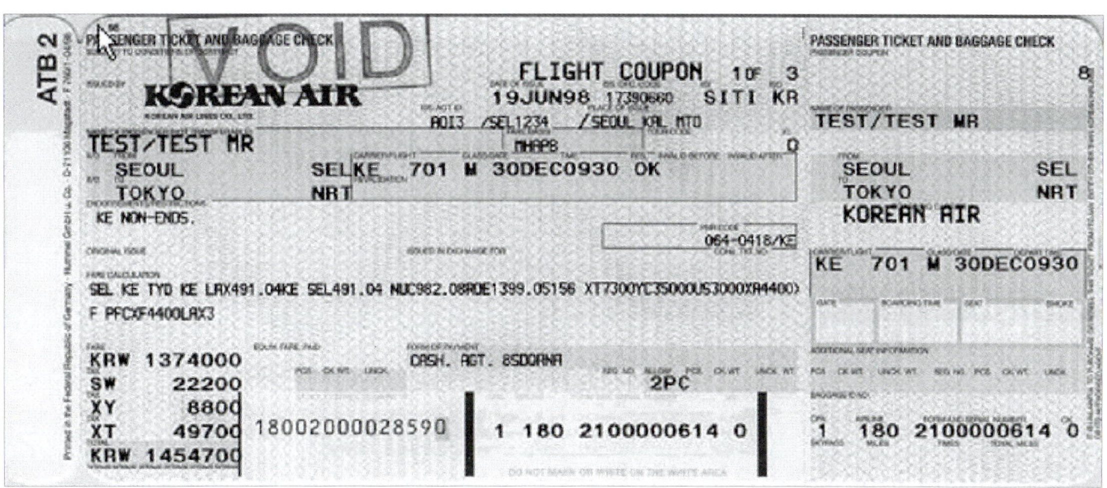
ATB 2
PASSENGER TICKET AND BAGGAGE CHECK
VOID
FLIGHT COUPON 1 OF 3
KOREAN AIR
19JUN98 17390660 SITI KR
AOI3 /SEL1234 /SEOUL KAL MTO
TEST/TEST MR
MHAPB
SEOUL SEL KE 701 M 30DEC0930 OK
TOKYO NRT
KE NON-ENDS.
064-0418/KE
SEL KE TYO KE LAX491.04KE SEL491.04 NUC982.08ROE1399.05156 XT7300YC3500US3000XA4400)
F PFCXF4400LAX3
KRW 1374000
SW 22200
XY 8800
XT 49700
KRW 1454700
CASH. AGT. 8SDOANA
2PC
18002000028590
1 180 2100000614 0
DO NOT MARK OR WRITE ON THE WHITE AREA
PASSENGER TICKET AND BAGGAGE CHECK
8
TEST/TEST MR
SEOUL SEL
TOKYO NRT
KOREAN AIR
KE 701 M 30DEC0930
1 180 2100000614 0

2_2 Miscellaneous Charges Order(MCO)

- 추후 발행될 항공권의 운임 또는 해당 승객의 항공 여행 중 부대 Service Charge를 선 징수한 경우 등에 발행되는 지불 증표로 항공사에서만 사용된다.

- BSP 여행사에서는 동일한 용도로 MPD(Manual Neutral Carbonized Multiple Purpose Document)를 사용하고 있다. 주 사용 용도로는,

① PTA(Prepaid Ticket Advice)
② 추가금액 징수 등의 용도(Specified Miscellaneous Charges Order)
③ 항공권 재발행 관련 환불처리 용도(Agent Refund Voucher)

2_3 Excess Baggage Ticket

- 승객으로부터 징수된 초과 수하물 요금에 대하여 발행되는 영수증표

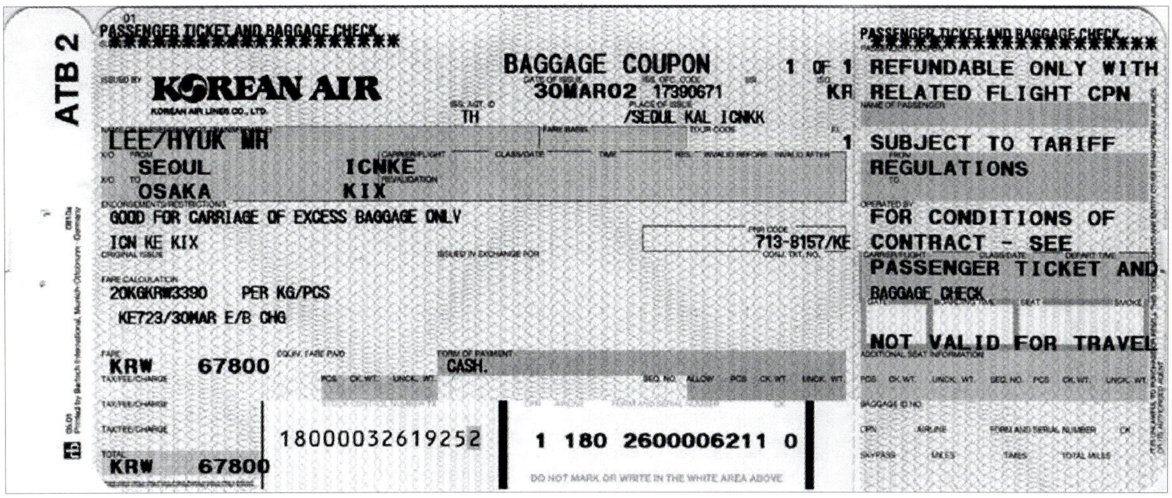

2_4 Collective Ticket for Passenger and Baggage

- 특정 그룹 및 규모가 큰 단체를 위한 전세기 등의 운송계약에 관하여 발행되는 항공사와 여행사간의 계약관련 운송 증표류이다.

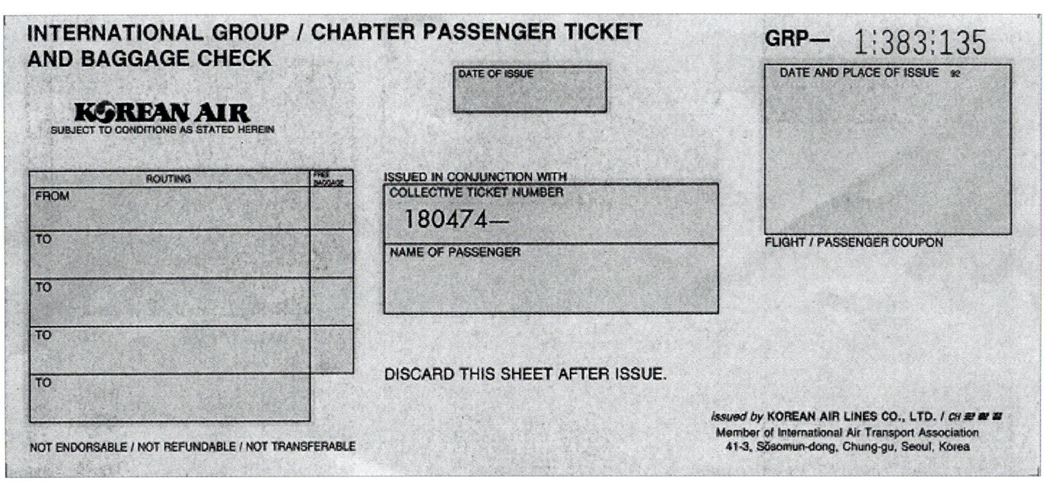

3. 항공권의 종류

Counter 실장님의 말씀

항공권 종류란?

- 운송증표 중 여객의 항공기 탑승에 이용되는 항공권은 발권방법에 따라 다양한 종류가 있다.
  - 수기 항공권
  - 전산 항공권
  - ATB2 항공권
  - 전자 항공권 (E-TICKET)

3_1 수기 항공권 (MIT : Manually Issued Ticket)

- 기재 내용을 직접 손으로 기입하여 발행하는 항공권으로, Flight Coupon이 2매인 항공권과 4매인 항공권으로 구분된다.
- 발행시에는 영문 인쇄체 대문자를 사용하여 기재하며, 진하게 눌러 기재함으로써 마지막 Coupon까지 기재 내용이 명확히 나타나도록 해야 한다.

※ 한국에서는 항공사에서만 사용하며 여행사에서는 보유/사용하지 않는다.

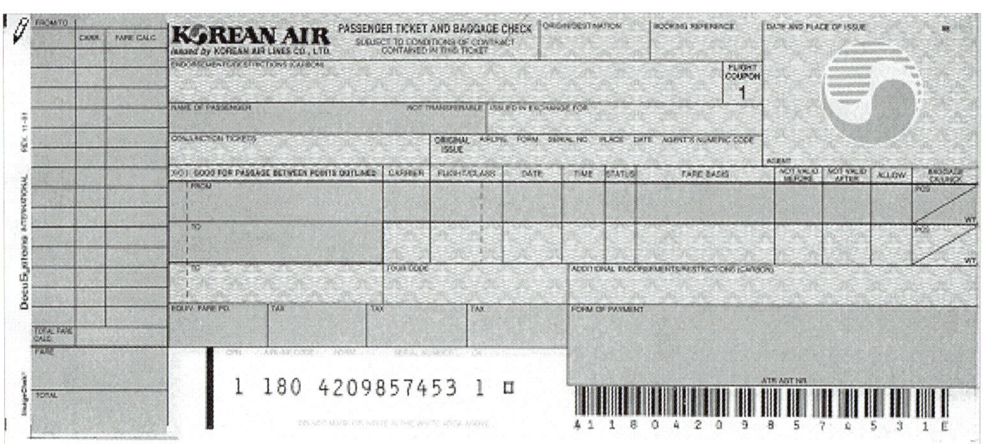

3_2 전산 항공권(TAT : Transitional Automated Ticket)

- 전산 System을 이용하여 승객 PNR상의 예약 및 발권 Data를 이용하여 발행되는 항공권으로 일체의 수기가 불필요한 항공권이다.
- 항공권 발행시에는 매표 보고서가 자동 생산된다.
- 항공사 전산 항공권(TAT)과 BSP 전산 항공권(OPTAT) 두 가지가 있다.

■ 항공사 전산 항공권

■ BSP(Billing and Settlement Plan) 전산 항공권

- 여행사용 항공권으로 항공사명 및 항공사 코드가 사전 인쇄되어 있지 않으며, 항공권 발행 시점에 발행 항공사명과 번호를 항공권에 인쇄하게 된다.
- 동 항공권 이용시는 기 설정된 대금 결제은행을 통해 대금결제 및 판매 수수료의 정산업무가 이루어진다.

발권 전에는 공란으로 있으며,
발행되는 항공사의 번호가 인쇄된다.

3_3 ATB 2 항공권(Automated Ticket & Boarding Pass Version 2)

- 탑승권 겸용 항공권으로서 항공권 뒷면의 Magnetic Stripe에 항공권 관련 정보가 입력되며, Void Coupon없이 실제 항공권만 발행된다.

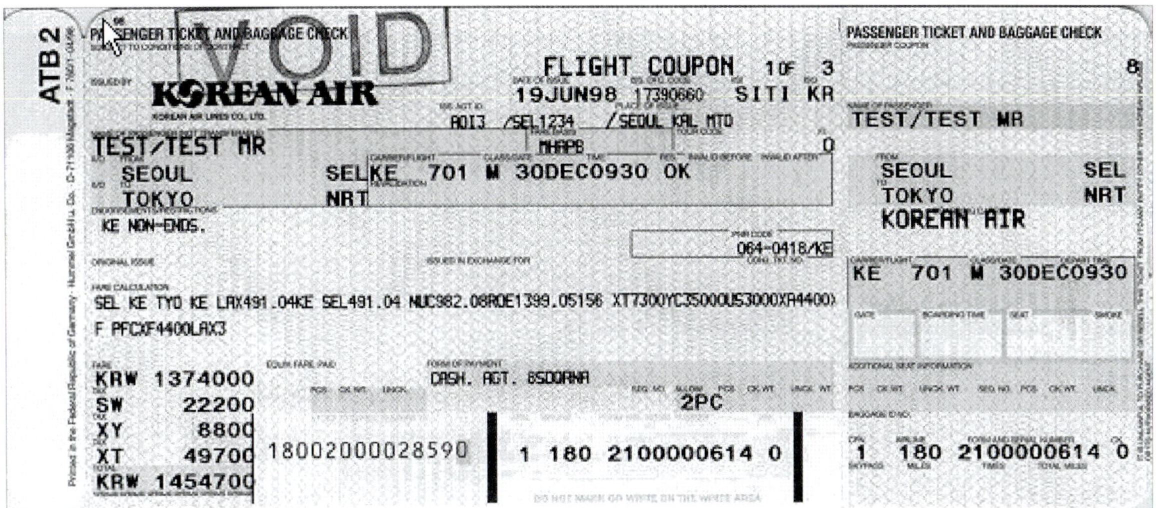

3_4 E-Ticket(Electronic Ticket)

- 항공권 발행 항공사의 E-Ticket Database에 항공권 발행 내역이 저장되어 항공권의 사용, 환불, 재발행 등을 전산으로 조회, 처리할 수 있다.
- 항공권 발권시 유가증권 형태의 항공권 대신 구매확인증(Itinerary & Receipt : 국제협약에 의거 Paper Ticket과 동일한 내용을 포함)을 발행한다.

e-Ticket Itinerary & Receipt(전자항공권 발행확인서)

공항에서 탑승 수속 시 신분 확인 절차에 적극적인 협조 부탁 드립니다.
항공사의 운송 및 기타 서비스는 운송 약관 및 관련 규정의 적용을 받습니다.
전자 항공권 발행 확인서 (e-Ticket Itinerary & Receipt)는 탑승 수속 시, 입 출국/세관 통과 시 제시하도록 요구될 수 있으므로 반드시 전 여행 기간 동안 소지 하시기 바랍니다. 발행 확인서의 이름과 여권상의 이름은 반드시 일치해야 합니다.
여행의 최종 목적지나 경유지가 출발 국가 이외의 타국일 경우, 승객의 사망이나 상해 및 수하물 분실 또는 손상에 대한 운송인의 책임을 통상적으로 제한하는 '바르샤바 협약'의 적용을 받을 수 있습니다.
* 신용카드로 구매하신 고객은 탑승 수속 시 항공사에 따라서 신용카드를 제시하셔야 하는 경우가 있을 수 있습니다.

Booking Reference	: 175-2173
e-Ticket Issue Date/Agent	: 24OCT05 / 토파스여행정보(주)
Passenger Name	: KIM/EUNJUMS
e-Ticket Number	: 1802220056060
Frequent Flyer Number	:

ITINERARY

Departure Arrival		Flight	Class	Date	Local Time	Status	Fare Basis	Not Valid Before	Not Valid After	Baggage Allowance
INCHEON (SEOUL) HEATHROW (LONDON)	ICN LHR	KE 907	K	10NOV05 10NOV05	13:15 16:25	OK	KLEE6M		10MAY	20K
HEATHROW (LONDON) INCHEON (SEOUL)	LHR ICN	KE 908	K	22NOV05 23NOV05	20:05 16:10	OK	KLEE6M	14NOV	10MAY	20K
		TERMINAL 3								

RECEIPT

Restrictions	: NON ENDS
Conj.Ticket NO.	:
Fare Calculation	: G*SEL KE LON Q30.00 962.87KE SEL Q30.00 962.87 NUC1985.74END ROE1025.940000
Fare Amount	: KRW 2037300
Equiv.Fare Paid	:
Tax	: KRW 5400YQ 27000BP 37400GB 22300UB
Total Amount	: KRW 2129400
Form of Payment	: CC VI*************0000/****/E00. AGT

TICKETING OFFICE : 12345675 / 02-999-9900

* 법적고지문은 반드시 확인하시기 바랍니다. **법적고지문 보기**

4. 국제선 항공권의 구성

4_1 Wallet 또는 Jacket

- 승객과 항공사 사이에 성립된 운송 계약의 내용 및 조건을 승객에게 안내하기 위한 사항이 기재된다.
- 항공권을 보관하는 자켓(Jacket)의 기능 뿐 아니라 승객에게 고지해야 하는 안내사항을 포함하고 있으므로, 항공권과 함께 승객에게 제공하여야 한다.

T·I·P Wallet / Jacket 표지 포함내용

→ 여행 안내 : 여행 구비 서류, 탑승수속, 기내 휴대수하물

→ 알림 / 계약 조건

→ 국제선 여객에 대한 책임 제한에 관한 고지

→ 수하물 배상 책임 한도

→ 여객 배상책임에 관한 특별 고지

→ 정부 부과 세금, 이용료 및 요금 안내

→ 예약 재확인, 적용운임/요금, 환불, 특별운임 제한 사항

→ 탑승용 쿠폰 사용 순서, 운송금지품목, 항공편의 초과예약, 초과예약으로 인한 탑승 불가

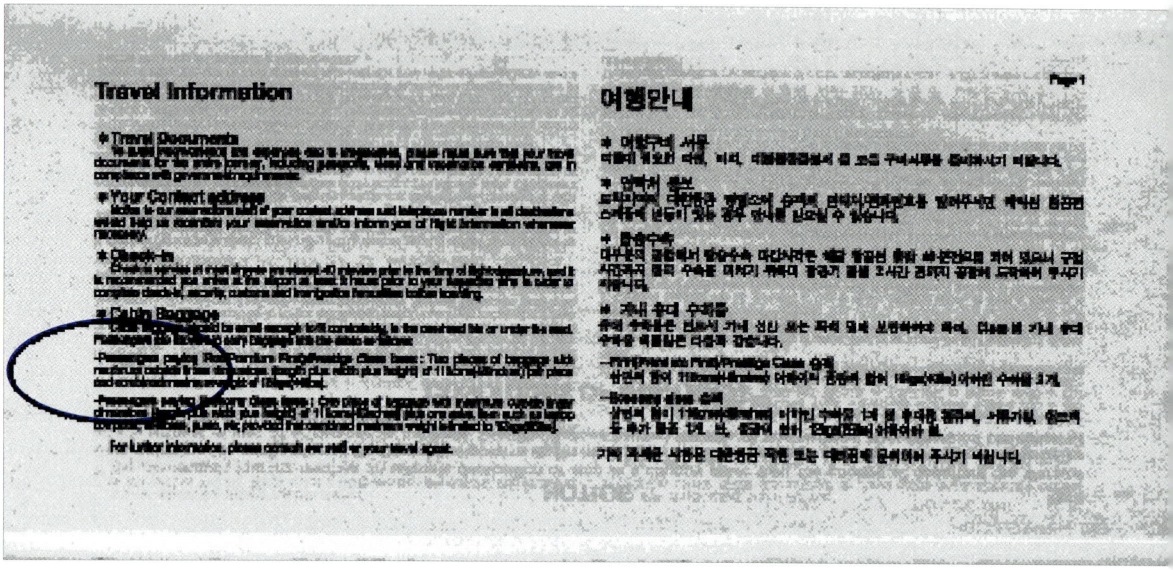

Travel Information

여행안내

4_2 항공권 Coupons의 구성

■ Agent Coupon(발행 지점 보관용 쿠폰)

발행 지점의 발권 기록 유지를 위하여 발권 후 절취하여 발행 지점에서 보관하는 Coupon이다.

■ Flight Coupon(탑승용 쿠폰)

표시된 구간의 항공편을 탑승하기 위해 Check-In시 제출하여 Boarding Pass와 교환하며 여객용 쿠폰에 명시된 출발지부터 순서대로 사용하여야 한다.

■ 여행하는 구간의 수만큼 쿠폰을 발행한다.

SEL/LAX/NYC/SEL의 경우 3구간을 여행하므로, 탑승용 쿠폰 3개를 발행.

■ Passenger Coupon (승객용 쿠폰)

- 항공권상에 명시된 전 여정을 여행하는 동안 승객이 소지하는 Coupon으로 Check-In 시점에 Flight Coupon과 함께 제시되어야 한다.
- 여행 종료 후에도 고객이 소지하는 영수증(Receipt) 역할을 한다.

5. 항공권의 일반 사항

■ 항공권의 유효기간

Counter 실장님의 말씀

➢ **국제선 항공권의 유효기간은?**

적용 운임에 따라 결정된다.

정상 운임

- 여행 개시일로부터 1년이며,
- 여행이 개시되지 않았을 경우에는 발행일로부터 1년이다.

특별 운임

- 해당 규정에 따라 유효기간이 상이하며,
- 최대/최소 체류 기간을 함께 제한하는 경우가 대부분이다.

■ 항공권 유효기간 계산방법

Counter 실장님의 말씀

➢ **국제선 항공권의 유효기간 계산은?**

유효기간 만료일 자정까지 유효하다.
즉, 마지막 Flight Coupon의 여정을 만료일 자정 이전까지만 개시하면 된다.

일(Day)로 규정된 경우

- 기준일 다음날부터 계산된다.

ex) 유효기간 15일
- 출발 일에 15일을 더한 날이 유효기간이 된다.
- 2APR 출발 : 2APR - 17APR (17APR 까지 유효)

월(Month)로 규정된 경우

- 기준일부터 유효기간 만료 월의 동일 일자까지 유효하다.

ex) 3개월 : 10JAN - 10APR
1개월 : 28/29FEB-31MAR / 3개월 30APR-31JUL
* 기준일이 해당 월의 마지막 일자인 경우, 만료 월의 마지막 일자까지 유효간 것으로 한다.
1개월 : 30JAN-28/29FEB
* 유효기간 만료 월에 해당일자가 존재하지 않을 경우, 만료 월 일자까지 유효한 것으로 한다.

1년(Year)로 규정된 경우

- 기준일부터 다음 해의 동일 일자까지 유효하다.

ex) 10MAY07 - 10MAY08

■ 항공권의 양도

Counter 실장님의 말씀

➢ **제 항공권을 다른 사람에게 줘도 되나요?**

- 어떠한 경우에도 한 번 발행된 항공권은 타인에게 양도가 불가하며,
- 항공권에 관한 모든 권한은 "Name of Passenger" 난에 명시된 승객에게만 주어진다.

■ 항공권에 적용되는 통화 및 운임

Counter 실장님의 말씀

➢ **항공권에 적용되는 운임을 계산하는 화폐단위(통화)는?**

- 최초로 출발하는 국제선 국가의 통화로 계산 및 징수되는 것이 원칙이며,
- 한국 출발 여정의 경우에는 한국화폐인 KRW('95년 4월 1일 부) 사용.

➢ **항공권 판매시 적용운임은 발권일 기준? OR 출발일 기준?**

- 항상 여행의 최초 '출발일'을 기준으로 유효한 운임을 적용하여 판매한다.

항공원 발행 후 요금의 변동이 발생한 경우는?

- 여행 개시 이전 : 인상분은 추징, 인하분은 환급하여야 한다.
- 여행 개시 이후 : 항공권의 유효기간 내에서는 요금변동에 영향을 받지 않는다.

■ FLIGHT Coupon의 사용 순서

> **항공권은 순서대로 사용하지 않아도 되나요?**
>
> Counter 실장님의 말씀
>
> - 모든 Flight Coupon은 반드시 순서대로 사용되어져야 하며,
> - 탑승을 위하여 Flight Coupon을 제출시에는 잔여 구간의 Flight Coupon 및 Passenger Receipt를 동시에 제시하여야 한다.

MEMO

Ticketing I

제 2 장

항공운임의 기초

1. 항공지리
2. 여행의 방향성(GI : Global Indicator)
3. 여정의 종류
4. 운임의 적용
5. 통화 규정
6. 항공운임계산 기본 용어

학습목표

- 항공운임 설정에 기본이 되는 IATA에 의한 항공지리 지역구분을 이해하고, 각 나라별 지역을 구분할 수 있다.
- 항공운임의 방향성(GI)을 이해하고, 여정 별 GI를 판단할 수 있다.
- 여정의 종류(편도, 왕복, 일주, 가위벌린 여정)의 정의를 이해하고, 실제 여정에서 이를 구분할 수 있다.
- 여정 형태에 따른 운임적용 방향을 정하고, 실제 여정의 운임적용 방향을 판단할 수 있다.
- 학습내용
  - 항공지리 : 세계지리에서 항공운임과 관련된 개념을 학습한다.
  - 여행의 방향성
  - 여행의 종류 : 편도, 왕복, 일주, 세계일주 등
  - 운임의 적용 기준
  - 통화 규정

제2장 항공운임의 기초

1. 항공지리

- IATA는 항공운임 및 그와 관련한 운임 규정의 결정을 위해 편의상 세계를 3개 지역(Area 1/Area 2/Area 3)으로 구분하여, 지역별로 운임조정회의(Tariff Coordinating Conference)를 운영하고 있다.
- 각 지역은 Tariff Conference의 약자를 따서 TC 1/TC 2/TC 3 지역으로 호칭되기도 한다.

■ IATA의 항공지역 구분 MAP

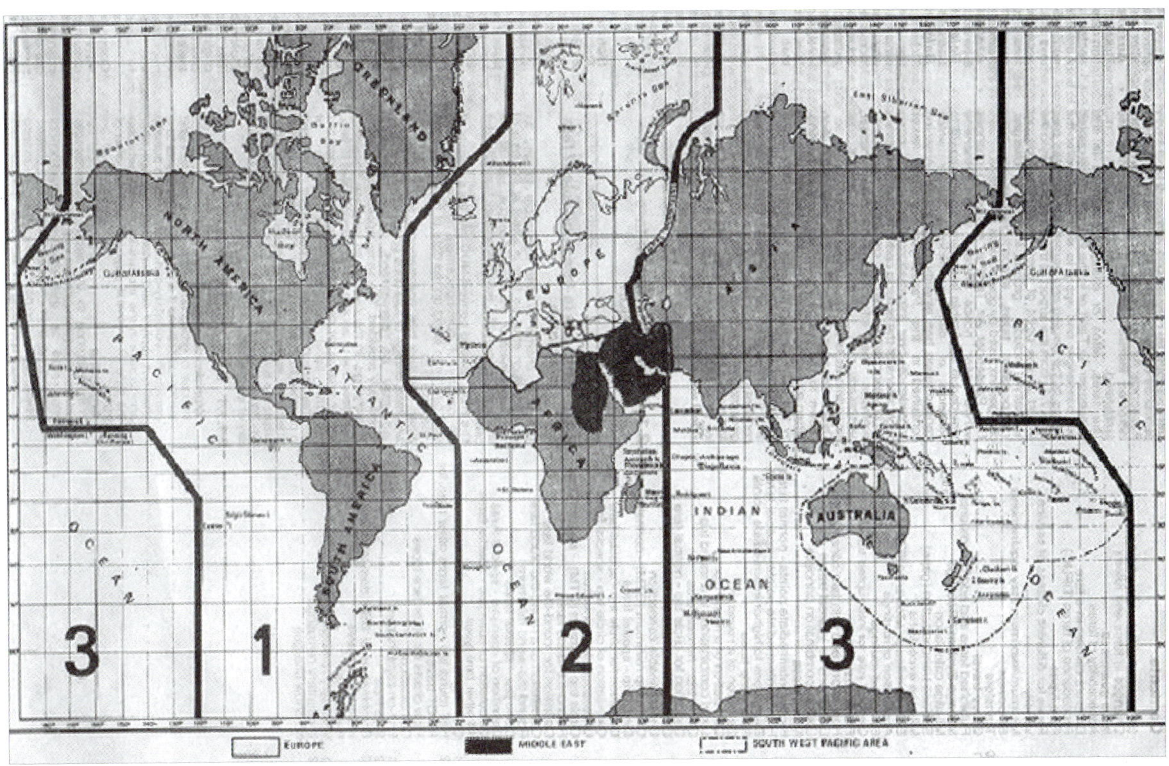

■ 세계 지역 구분 : IATA의 항공지역 구분

- 각각의 IATA Area는 몇 개의Sub Area로 구성되어 있으며 항공운임의 설정 및 운임 적용시 기준이 된다.

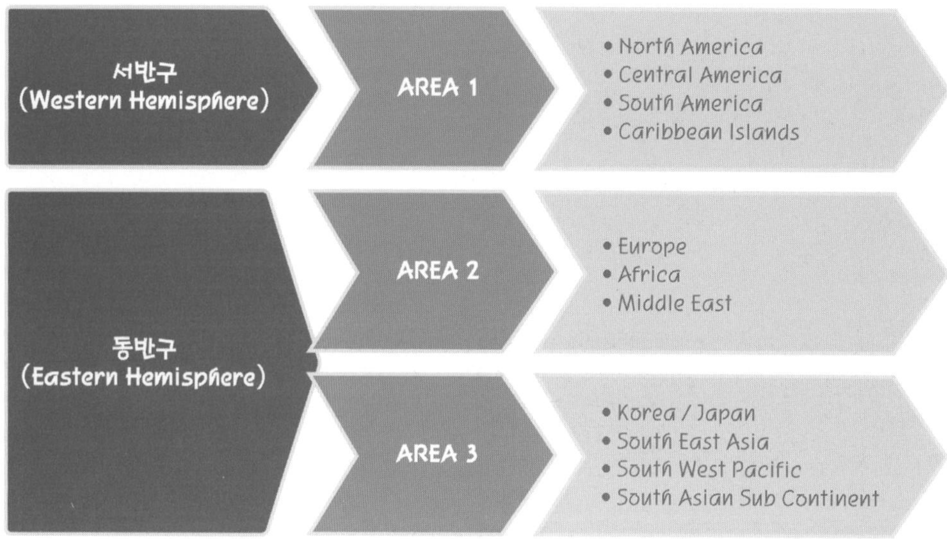

■ IATA 지역별 주요 국가

[AREA 1]

북미 (North America)	Canada, U.S.A, Mexico, St. Pierre & Miquelon
중미 (Central America)	Belize, Costa Rica, El Salvador, Guatemala, Honduras, Nicaragua
남미 (South America)	Argentina, Bolivia, Brazil, Chile, Colombia, Ecuador, French Guiana, Guyana, Panama, Paraguay, Peru, Suriname, Uruguay , Venezuela
Caribbean Islands	Antigua, Aruba, Bahamas, Barbados, Bermuda, Cayman Islands, Cuba, Dominica, Dominican Republic, Haiti, Jamaica, Martinique, Puerto Rico

[AREA 2]

Europe	• EC Member States : Austria, Belgium, Denmark, Finland, France, Germany, Greece, Iceland, Ireland, Italy, Luxembourg, Netherlands, Norway, Portugal, Spain, Sweden, United Kingdom • CIS : Armenia, Estonia, Latvia, Russia - West of the Urals, Ukraine • 기타: Albania, *Algeria*, Andorra, Bosnia, Croatia, Cyprus, Czech, Gibraltar, Hungary, Malta, Monaco, *Morocco*, Poland, Romania, San Marino, Slovenia, Switzerland, *Tunisia*, Turkey, Yugoslavia ※ *Algeria, Morocco, Tunisia* : 아프리카대륙에 소재
중동 (Middle East)	• Bahrain, *Egypt*, Iran, Iraq, Israel, Jordan, Kuwait, Lebanon, Qatar, Saudi Arabia, *Sudan*, Oman, Syria, U.A.E., Yemen ※ *Egypt, Sudan* : 아프리카대륙에 소재
Africa (유럽 3개국, 중동 2개국 제외)	• Central Africa : Malawi, Zambia, Zimbabwe • Eastern Africa : Burundi, Kenya, Tanzania, Djibouti, Rwanda, Uganda, Ethiopia, Somalia • Southern Africa : Botswana, Mozambique, South Africa, Swaziland • Western Africa : Angola, Burkina Faso, Cameroon, Central African Republic, Congo, Cote d'Ivoire, Gabon, Gambia, Ghana, Guinea, Liberia, Mali, Niger, Nigeria, Senegal, Togo, Zaire • Libya, Madagascar, Seychelles, Comoros 등

[AREA 3]

Korea/Japan	
동남아시아 (South East Asia)	Brunei, Cambodia, China, Guam, Hong Kong, Indonesia, Kazakhstan, Kyrgyzstan, Laos, Macau, Malaysia, Micronesia, Mongolia, Myanmar, Philippines, Russian Federation - East of Urals, Singapore, Taiwan, Thailand, Tajikistan, Turkmenistan, Uzbekistan, Viet Nam
남아시아 대륙 (South Asian Subcontinent)	Afghanistan, Bangladesh, Bhutan, India, Nepal, Pakistan, Sri Lanka, Maldives
남서 태평양 (South West Pacific)	Australia, Fiji Islands, New Caledonia, New Zealand, Papua New Guinea등

2. 여행의 방향성(GI : Global Indicator)

여행의 방향성이란?

- **승객의 여행 방향을 의미하는 것으로,**

동일한 두 지점 사이의 여정이라 할지라도 승객이 실제 여행하는 방향에 따라 서로 다른 운임 수준이 적용된다.

(ex) **서울에서 뉴욕을 가는데, 태평양을 횡단할 때와, 유럽을 거쳐 대서양을 횡단할 때의 거리에는 많은 차이가 난다.**

따라서 대서양 횡단 운임은, 태평양 횡단 시 보다 거리가 훨씬 멀기 때문에 운임 수준도 높아야 한다.

GI란?

- **여정 지표(Global Indicator : GI)를 의미한다.**
- **여행의 방향성을 지표화 하는데 사용한다.**

■ GI 종류와 적용 범위

GI	적 용	예 제
PA	Via Pacific Ocean	SEL-LAX-CHI-NYC
	태평양 횡단 여정	
AT	Via Atlantic	SEL-PAR-LON-WAS
	대서양 횡단 여정	
AP	Via Atlantic and Pacific	SEL-NYC-LON-ZRH
	대서양 및 태평양 횡단 여정	
TS	Trans Siberia (Europe-Korea/Japan)	SEL-PAR-ZRH-FRA SYD-SEL-LON
	A3와 A2 사이의 여정 중 Europe과 Japan/Korea 간의 Non-Stop Flights (RU/FE여정 제외)	
EH	Within Eastern Hemisphere	SEL-BKK-ZRH SEL-HKG-KUL
	동반구내 여정 (RU/FE/TS 여정 제외)	
WH	Within Western Hemisphere	LAX-NYC-MIA-SA
	서반구 내의 여정	
RU	Direct Route Between Russia and Korea/J메무	SEL-MOW SYD-SEL-MOW-LED
	러시아연방(유럽)과 A3사이 여정 중 러시아연방과 Korea/Japan사이의 Non-Stop Flight	
FE	Travel Wholly Via Points In Area3 and The Russian Federation West of URALS	SEL-HKG-SIN-MOW
	러시아 연방 (우랄 산맥 서쪽)과 A3 사이의 Non-Stop Flights (RU여정 제외)	

GI 우선순위?

➢ 서로 다른 GI가 합쳐 있을 때는 대양(Ocean) 횡단 GI를 우선으로 적용한다.

➢ 즉 PA, AT, AP의 GI가 우선한다.

(ex) 서울 - 런던 - 뉴욕으로 진행되는 여정의 GI는?

서울 - 런던은 시베리아를 통과하는 TS, 런던 - 뉴욕은 대서양을 횡단하는 AT일 경우 Ocean 횡단이 우선하므로, GI는 'AT'를 적용한다.

3. 여정의 종류

여정의 종류는?	➢ 편도여정, 왕복여정, 일주여정의 3가지 형태로 구분할 수 있다. ➢ 항공 운임 계산 규정은 여정의 형태별로 약간의 차이가 있으므로, 항공 운임을 정확하게 계산하기 위해서는 승객의 여정 형태를 정확히 구별하는 것이 필수적이다.

(ex) 왕복 운임은 항상 편도 운임의 두 배가 아니며,
여정에 따라 적용 가능한 운임과 불가한 운임이 구분된다.

■ 편도 여정 (One Way : OW)

왕복여정과 일주여정을 제외한 모든 여정이 해당된다.

- Origin과 Destination이 각기 다른 국가에 속함.

Ex) SEL
TYO

SEL
BKK
SIN

- Normal Fare이며 Origin 또는 Turnaround지점, 또는 양쪽 모두에 International Surface가 존재

EX) SEL
BKK
X
SIN
SEL

- Normal Fare이며 Domestic Surface가 존재하더라도 국제선 운임마디가 3개 이상인 여정

EX) SEL
LAX
NYC
X
SFO
OSA
SEL

■ 왕복 여정(Round Trip : RT)

- 전 여정에 Surface가 없고(비항공 운송구간을 비행하는 것으로 계산하는 것도 포함됨)
- Origin과 Destination이 동일하며, Out-bound 여정과 In-bound 여정에 동일한 운임이 적용되는 운임마디 2개로 구성.

Ex) SEL
TYO
SEL

SEL
BKK
SIN
SEL

SEL
FRA
X
LON
SEL

■ 일주 여정(Circle Trip : CT)

- 전 여정을 계속 항공편을 이용하여 최초 출발 도시로 다시 돌아오는 여정 중 왕복여정의 개념으로 간주되지 않는 여정이다.

  ＊ 따라서 왕복여정과 일주여정의 구분은 운임계산을 완료하기 이전에는 규정하기 어렵다.
- Normal Fares : 전 여정에 Surface가 없고(비항공 운송구간을 비행하는 것으로 계산하는 것도 포함), Origin과 Destination이 동일하나 Out-bound 여정과 Inbound 여정에 적용된 운임 수준이 동일하지 않거나, 3개 이상의 운임마디로 구성된 여정

Ex)

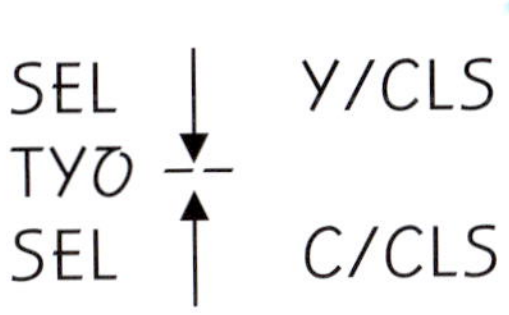

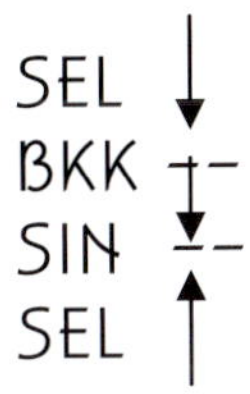

- Special Fares : 전 여정에 Surface가 없고(비항공 운송구간을 비행하는 것으로 계산하는 것도 포함), Origin과 Destination이 동일한 국제선 운임마디 2개로 구성된 여정

Ex)

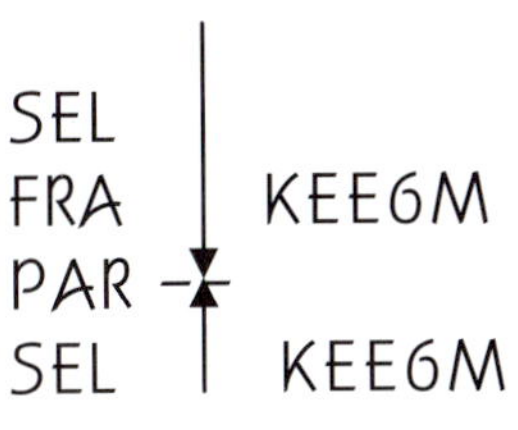

■ 세계 일주 여정(Round The World Trip : RTW)

- 일주여정의 일종으로 일정한 한 방향(동쪽 또는 서쪽)으로 계속적으로 항공여행을 하면서 대서양과 태평양을 모두 횡단하여 최초 출발지점으로 다시 되돌아오는 여정이 해당된다.

예)

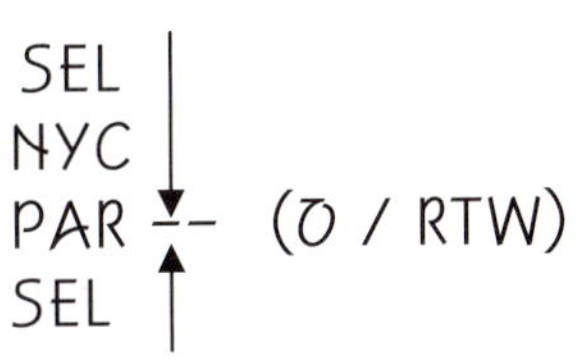

예)

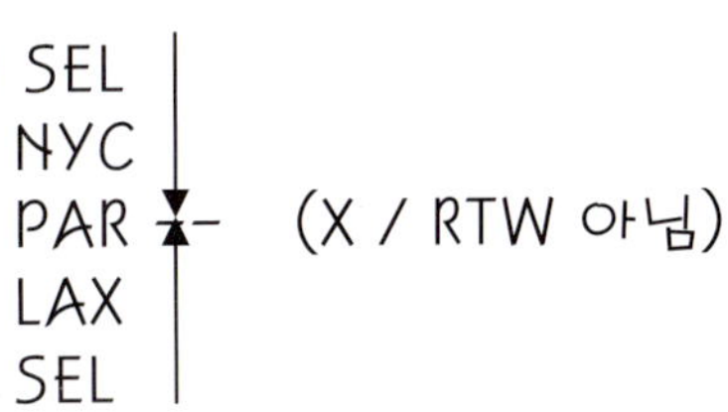

■ 가위 벌린 여정(Open Jaw Trip : OJT)

- 여정의 연속성이 중단된 형태로써, 여정 중단 발생지점에 따라 다시 3가지 Open Jaw로 구분할 수 있다. 가위 벌린 여정은 기본적으로 왕복여정의 성격을 가지고 있으나 원칙적으로 편도여정에 속한다.
- Origin Single Open Jaw Trip(SOJT) : Outbound 여정의 출발지와 Inbound 여정의 도착지가 다른 여정.

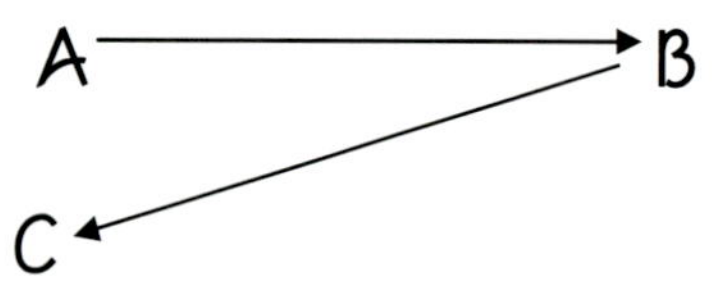

Ex) SEL(A)-OSA(B)-PUS(C)

- Turn Around Single Open Jaw(TSOJT) : Outbound 여정의 도착지가 Inbound 여정의 출발지와 서로 다른 여정.

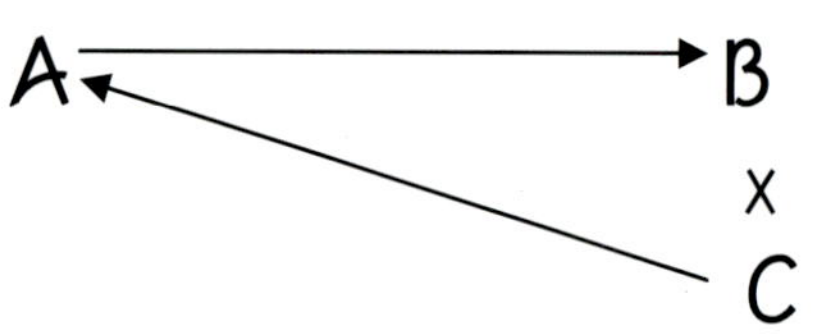

Ex) SEL(A)-OSA(B) X TYO(C)-SEL(A)

- Turn Around Single Open Jaw(TSOJT) : Outbound와 Inbound 여정의 출발지와 목적지가 모두 다른 여정.

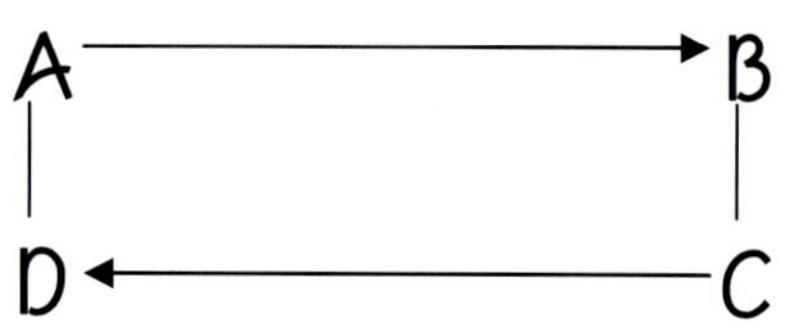

Ex) SEL(A)-OSA(B) X TYO(C)-PUS(D)

4. 운임의 적용

■ 운임 적용 방향이란?

항공운임은 출발지 국가의 통화로 공시되어 있어, 동일 도시간이라 하더라도 여행 방향에 따라 운임이 달라진다. 따라서 항공운임계산시 운임의 적용 방향은 중요한 의미를 가지게 되며, 이에 대한 일반적인 원칙이 필요하다.

(Ex) SEL발 TYO행 일반석 편도 운임이 KRW 268,400인데 비해 TYO발 SEL행 일반석 편도 운임은 JPY 60,700(약 KRW 615,200)로 약 2배 가량 차이가 난다.

운임 마디란?	
	➢ 운임마디는 Fare Component로, 운임 계산시 하나의 단위로 간주되는 구간들의 집합을 뜻하며
	➢ 운임마디를 구분하는 것을 'Fare Break'이라 칭하고 구분 지점을 'Fare Break Point'라 한다.

- 각 운임마디에 대하여 여정 진행 방향대로 적용한다.

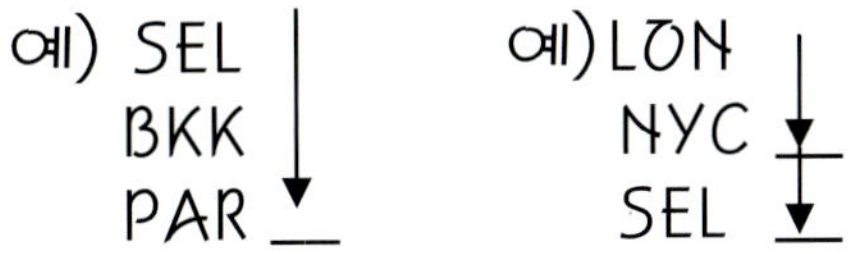

- 출발지국으로 돌아오는 운임마디는 여정 진행의 반대 방향으로 적용.

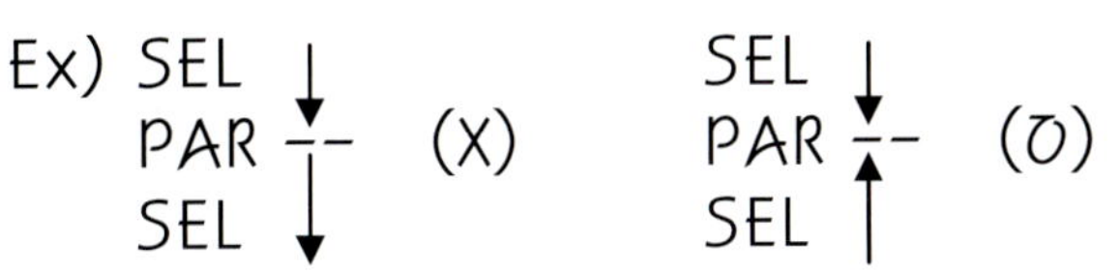

- 동일지점이 Outbound와 Inbound에 운임 결합지점으로 사용된 여정(거울 여정)
  - 여정상에 공통지점이나 공통국가가 있는 경우 하나 이상의 Pricing Unit으로 계산할 수 있으며, 각 Pricing Unit 출발지 국가로 돌아오는 운임마디에 대해서는 여정 진행 반대 방향으로 적용한다.

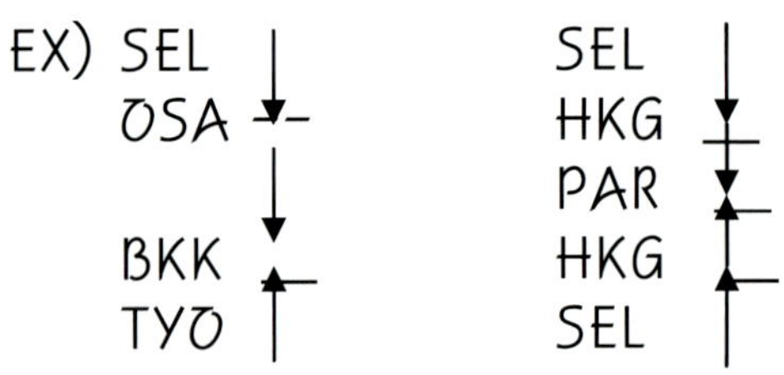

- 미국/캐나다간, 스칸디나비아 내 운임마디는 여정 진행 방향대로 적용한다(단, RT Pricing Unit에서는 예외).

■ 운임 적용(선택)

Tariff 책자에는 대부분 편도운임 (OW 운임) 기준으로 공시되어 있으나, 왕복 운임(RT 운임)이 별도로 공시되어 있는 경우도 있다. 왕복운임의 적용시에는 해당 운임마디에 그 절반 운임(1/2 RT운임)을 적용하게 된다.

※ 운임마디에 편도운임 (OW 운임)을 적용하느냐, 왕복의 절반운임(1/2 RT 운임)을 적용하느냐 여부는 운임마디를 반영한 전체 여정의 형태에 따라 결정된다.

▶ 1/2 RT 운임 적용 여정

- 왕복 여정 (RT),
- 일주 여정 (CT),
- Normal Fare Open Jaw Trip : 국제선 운임마디가 2개이고, 비항공 운송구간이 국내선 구간인 OJT 여정.

예)

```
OSA |    1/2 RT
SEL -
OSA |    1/2 RT
```

```
SEL |   1/2 RT
BKK -
SEL |   1/2 RT
```

```
SEL |    1/2 RT
TYO  -
BKK  -   1/2 RT
SEL |    1/2 RT
```

```
OSA
TYO  |  1/2 RT
HKG -
OSA  |  1/2 RT
```

```
SEL   | 1/2 RT
FRA   --
x
MUC   --
PAR   |  1/2 RT
SEL
```

```
SEL   | 1/2 RT
LON  -
PAR
FRA   | 1/2 RT
PUS
```

```
SEL  |   1/2 RT
FRA -
x
ZRH
PAR  |    1/2 RT
SEL
```

```
SEL         1/2 RT
LAX _
NYC
   x        1/2 RT
WAS  -
TYO  -     1/2 RT
SEL        1/2 RT
```

▶ OW 운임 적용 여정

1/2 RT 운임을 적용하지 않는 기타 모든 여정

```
(예) SEL  |  OW            TYO  |  OW
     TYO -↓-               ZRH -↓-
     BKK  ↓  OW            x
                           FRA --
                           TYO  ↑  OW

     SEL  |  OW            SEL  | OW
     PAR -↓-               AKL -↓-
     x                     DEL _↓_
     NCE --                x
     LON  |                BOM _
     TYO  ↓  OW            HKG  ↑
                           SEL  |  OW
```

예외 사항!

- ➢ 운임 적용을 위하여 출발지국 및 Surface를 구분할 때, 미국과 캐나다 간 / 스칸디나비아 3국(Denmark, Norway, Sweden) 간은 동일 국가로 간주한다.
- ➢ 단, 상기 국가 간 만으로 구성된 여정인 경우는 예외로 한다.

5. 통화 규정

Counter 실장님의 말씀

➢ 통화 규정? 전화 통화?

항공 운임에 적용되는 화폐단위(Currency)의 규정 의미.

항공 운임 적용 통화는?

- 원칙적으로 '출발지국 통화'를 기준으로 하여 공시되어 있다.

통화 규정의 역할은?

- 통화 규정(Currency Regulation)
  - 운임을 서로 비교하거나 결합할 필요가 있는 여러 구간으로 구성된 여정인 경우, 운임 산출을 위해 공통적인 단위로 운임을 환산할 필요가 생긴다. 이 환산 작업을 위해 설정됨
  - Passenger Air Tariff의 Fare Book에 공시되어 있다.

T·I·P

Currency 표기에 따른 구분

➜ Hard Currency: 자국의 화폐가 아닌 US Dollar로 표기

- 콜럼비아, 네팔, 인도네시아, 베트남 등

➜ Soft Currency : 원칙대로 자국의 통화로 표기

* 한국은 1995년 4월부로, USD에서 KRW표기로 변경.

■ NUC(Neutral Unit of Construction)

- 정 의 : 가상의 중립적인 통화 단위
- Why? : 승객의 여정이 단순편도 또는 단순왕복이라면 공시된 출발지국 통화운임으로 직접 징수할 수 있으나, 출발지와 최종 목적지까지의 여정 중 어떤 지점들을 경유하여 여행하는 경우라면 합리적인 운임 산출을 위해 공통적인 단위로 운임을 환산할 필요가 있다.
- 용 도 : 항공운임의 결합 및 비교 등의 경우에 사용한다.

■ ROE(Rate of Exchange)

Counter 실장님의 말씀

➤ ROE가 뭐지?

환전할 때 사용하는 '환율'과 유사한 것으로 이해하면 되죠.

- 출발지국 통화로 되어 있는 운임을 NUC로 환산시 사용되는 ROE는 IATA에 의해 '1년에 4회(JAN/APR/JUL/OCT) 고지'되며, 각 3개월 간 동결 적용함을 원칙으로 한다.

- 3개월 간 동결 사용 기간 중 상당한 통화 가치의 변동이 발생하는 경우에는 변경 고지 될 수 있다.

- ROE는 '항공권 발행일'을 기준으로 적용하게 되며, 여정이 개시된 후 항공권을 재발행시에는 최초 발행 항공권의 ROE를 그대로 적용한다. 단, 전체 미사용 항공권의 재발행시는 재발행일의 ROE를 적용한다.

■ 환산 공식

Counter
실장님의 말씀

➢ 출발지국 통화 운임과 NUC 표시 운임 간은 어떻게 계산하지?
(= Local Currency)

- NUC = 출발지국 통화운임 ÷ ROE
- 출발지국 통화운임 = NUC × ROE

Counter
실장님의 말씀

➢ 환산 후 끝자리 처리는 어떻게?

- NUC : 소수 둘째 자리까지 표시한다.
- 출발지국 통화운임 : 각 통화마다 정해진 단위로 표시한다.

■ 주요국가의 통화 Code 및 Rounding Unit

국 가	통 화 명	통화 Code	R/U	비 고
Australia	Australian Dollar	AUD	1	
Bahrain	Bahraini Dinar	BHD	1	
Canada	Canadian Dollar	CAD	1	반올림
China	Yuan Renminbi	CNY	10	
Denmark	Danish Krone	DKK	5	
Hong Kong	HongKong Dollar	HKD	10	
India	Rupee	INR	5	
Japan	Yen	JPY	100	
Malaysia	MY Ringgit	MYR	1	
New Zealand	Newzealand Dollar	NZD	1	
Norway	Norwegian Krone	NOK	5	
Saudi Arabia	Saudi Riyal	SAR	1	
Singapore	Singapore Dollar	SGD	1	
Sweden	Swedish Krone	SEK	5	
Switzerland	Swiss Franc	CHF	1	
Taiwan	New Taiwan Dollar	TWD	1	
Thailand	Thai Baht	THB	5	
United Kingdom	Pound Sterling	GBP	1	반올림
U. S. A.	US Dollar	USD	1	반올림
Austria	Euro	EUR	1	
Belgium	Euro	EUR	1	
Finland	Euro	EUR	1	
France	Euro	EUR	1	
Germany	Euro	EUR	1	
Greece	Euro	EUR	1	
Italy	Euro	EUR	1	
Netherlands	Euro	EUR	1	
Portugal	Euro	EUR	1	
Spain	Euro	EUR	1	

R/U?

- R/U = Rounding Unit
- 즉, 끝자리 처리 기준을 의미한다.

■ 출발지국 통화운임 표기시 끝자리 처리 방법 실례

Ex 1) NUC 345.67을 한국의 통화로 환산(KRW)
- KRW의 ROE : 920.430
- KRW의 R/U : 100

345.67 X 920.43 = 318165.0381

☞ 100단위 R/U 이므로 KRW318200

Ex 2) NUC 690.01을 프랑스의 통화로 환산(EUR)
- EUR 의 ROE : 0.749947
- EUR 의 R/U : 1.00

690.01 X 0.749947 = 517.47

☞ 1단위 R/U 이므로 EUR 518.00

Ex 3) NUC 715.49를 미국의 통화로 환산
- USD 의 ROE : 1.00
- USD 의 R/U : 1.00

715.49 X 1 = 715.49

☞ 1단위 '반올림' 이므로 USD 715.00

6. 항공운임계산 기본 용어

(1) JOURNEY

최초 출발지부터 도착지까지 항공권상에 표기되는 전체 여정.

(2) PRICING UNIT

운임이 계되어 따로 발권할 수 있는 전체 또는 일부 여정.

(3) ORIGIN

항공권상에 표기되는 전체 여정의 출발지.

(4) DESTINATION

항공권상에 표기되는 전체 여정의 도착지.

(5) FARE COMPONENT

운임마디, 운임계산시 하나의 운임을 적용하는 단위.

(6) FARE BREAK POINT (= Fare Construction Point)

운임 분리(결합)지점, 운임 결합지점.

(7) SURFACE FACTOR

비 항공운송구간, 항공 이외 운송수단 이용 구간.

(8) POINT of TURNAROUND

여행의 방향이 바뀌는 지점 또는 여정상의 첫 도시인 Origin으로부터 가장 지리적으로 멀리 떨려져 있는 지점.

(9) STOPOVER

승객이 중간지점에 도착한 후, 24시간 이내에 출발하지 않는 일정인 경우 Stopover로 간주된다.

(10) TRANSFER

승객이 여정을 계속하기 위해 동일한 항공사 또는 다른 항공사의 항공편으로 갈아타는 것을 의미한다.

(11) 거리제도(Mileage System)

승객의 여행거리에 따라 운임을 계산하는 방식으로 승객이 중간 지점을 경유하여 여행할 때 다음의 3가지 요소를 비교하여 운임을 산출하는 방식이다.

- MPM (Maximum Permitted Mileage) : 최대허용거리
  두 지점간의 공시운임으로 여행할 수 있는 최대허용거리로서 실제 거리보다 15~20% 많게 설정되어 있으므로, 중간 지점의 경유를 가능하게 한다.
- TPM (Ticketed Point Mileage) : 발권구간거리
  승객이 여행하는 구간별 실제 거리로서 항공편이 취항하는 구간에만 설정되어 있다.
- EMS (Excess Mileage Surcharge) : 초과거리할증
  승객이 실제로 여행한 거리(Total TPM)가 출발지에서 목적지 간의 최대허용거리(MPM) 보다 클 경우, 초과하는 비율을 계산하여, 출발지에서 목적지까지의 운임을 단계별로 할증하게 된다.

(12) 여정제도(Routing System)

- 여정제도는 거리제도와는 달리 운임과 함께 일정한 Route를 공시하고 승객의 여정이 미리 공시된 Route와 일치하면 해당 운임을 적용하는 방식이다.
- 공시된 Route에는 해당도시와 운송항공사 및 Booking Class가 지정되어 있어 Routing Fare 적용시에는 반드시 이를 준수해야 한다.

연습문제

■ 해당하는 여정 지표(GI)를 기재하시오(1 ~ 14).

1. SEL – HKG – BKK – PAR (　　　　)
2. SEL – LON – FRA – ZRH (　　　　)
3. SEL – LAX – NYC – WAS (　　　　)
4. SEL – LAX – CHI – LON (　　　　)
5. SEL – PAR – NYC – WAS (　　　　)
6. SEL – OSA – TPE – JKT (　　　　)
7. SEL – HKG – LON – FRA (　　　　)
8. SEL – PAR – FRA – MOW (　　　　)
9. SEL – MOW – ZRH – ROM (　　　　)
10. OSA – SEL – BKK – FRA (　　　　)
11. TYO – PAR – LON – FRA (　　　　)
12. SEL – SIN – LON – ATH (　　　　)
13. SEL – BJS – MOW – LED (　　　　)
14. BNE – SEL – PAR – LON (　　　　)

■ **다음 여정에 적절한 운임 적용방향 및 적용운임 (OW or 1/2 RT)을 주어진 운임 분리지점을 반영하여 표시하시오(15 ~ 22).**

15. SEL
PAR
ZRH ----
LON
SEL

16. SEL
HKG
BKK -----
TYO

17. SEL
HKG
SIN ---------
TYO
PUS

18. TYO
SEL -----
X
PUS ----
OSA

19. TYO
LON
PAR ------
X
ZRH -----
FRA
OSA

20. TYO
HKG ----
OSA ----
PUS

21. TYO
BKK
FRA ------
X
HAM -----
LON
SEL

22. SEL
HKG ----
LAX
NYC ----
SEL

■ **다음 여정에 대하여 물음에 답하시오(23 ~ 24).**

23. SEL
LON -- 1453.87 YRT
FRA
HKG M
SEL -- 1453.87 YRT

✔ Origin City는? ( )
✔ Destination City는? ( )
✔ Fare Component 개수는? ( )
✔ Fare Break Point 는? ( )

24. SEL
LAX
CHI -- 1453.87 YRT
X
NYC --
SEL -- 1453.87 YRT

✔ Origin City는? ( )
✔ Destination City는? ( )
✔ Fare Component 개수는? ( )
✔ Fare Break Point는? ( )

■ **다음 출발지국 운임은 NUC로, NUC는 출발지국 통화로 환산하시오. (25 ~ 30)**

25. KRW 458700 ( ) ROE 940.43

26. EUR 5717 ( ) ROE 0.84967

27. HKD 4750 ( ) ROE 7.78321

28. NUC 975.43 (KRW) ROE 940.43 / R/U 100

29. NUC 727.31 (USD) ROE 1 / R/U 1

30. NUC 542.23 (GBP) ROE 1.31057 / R/U 1

MEMO

/

Ticketing I

제 3 장

Fare System 활용

1. Fare Display
2. Fare Rule 조회(FQN)
3. General TAX Information 조회(FQNTAX)
4. Routing Information 조회(FQR)
5. Mileage 조회(FQM)
6. Currency 변환(FQC)
7. IATA ROE 조회(FQA)
8. Excess Baggage Change 조회(FQX)
9. 도시정보 조회(FQI)

학습목표

- 항공운임을 조회하고, Fare Rule을 참조하여 승객의 여정에 적합한 항공운임을 적용할 수 있다.
- 여정 내 운임마디 별로 마일리지를 확인할 수 있으며, Fare System을 이용하여 NUC와 Local Currency를 환산할 수 있다.
- 학습내용
  - Fare Display
  - Fare Rule 조회
  - General TAX Information 조회
  - Routing/Mileage 조회
  - Currency 변환/ROE 조회 등

제3장 Fare System 활용

TOPAS의 Fare 및 Ticketing 관련기능 변천

- 운임 참조기능, Fare Display 기능 도입 : 1983
- 국제선 자동발권 기능 도입 : 1984년
- 국내선 자동발권 기능이 여행사 업무에 적용 : 1988년
- 운임의 자동계산 가능(TOPAS-BA System 연결) : 1990년
- AMADEUS Fare System 사용 : 2000년

1. Fare Display

기본 Entry

- FQD SEL HKG

FQD	SEL	HKG
운임조회 지시어	출발지	목적지

- 기본조회는 항공사/날짜를 지정하지 않은 기본 조회이므로 KE 항공사, 조회하는 일자에 해당하는 운임을 보여주며 출발지국 통화 단위인 KRW를 기준으로 보여 준다.
- 운임은 낮은 운임에서 높은 운임순으로 보여준다.

■ 기본 Entry : FQDSELHKG

```
Terminal NO : 301701
>FQDSELHKG
>FQDSELHKG
ROE 920.43 UP TO 100.00 KRW
15JAN07**15JAN07/KE SELHKG/NSP;EH/TPM  1292/MPM  1550
LN FARE BASIS    OW     KRW   RT     B PEN  DATES/DAYS   AP  MIN  MAX  R
01 MHXPX15                   678800 + +      -    1234+  + 3+   15  M
                                          S15DEC  28FEB
02 MHWPX15                   719600 + +      -     567+  + 3+   15  M
                                          S15DEC  28FEB
03 KHXEE1M                   836600 + -      -    1234+  -  3+  1M+M
                                          S15DEC  28FEB
04 KHWEE1M                   886800 + -      -     567+  -  3+  1M+M
                                          S15DEC  28FEB
05 Y              472300     944600 + -      -      -    -  -    -  M
06 C              693300    1386600 C -      -      -    -  -    -  M
07 F              831400    1662800 F -      -      -    -  -    -  M

15JAN07**15JAN07/YY SELHKG/NSP;EH/TPM  1292/MPM  1550
*SURCHARGE OF HKD33 OR EQUIV IN NUC MAY APPLY DEPARTURE HKG*
08 YHXPX15                   678800 + +      -    1234+  + 3+   15  M
                                          S15DEC  28FEB
)                                                PAGE  1/ 2
```

① Header Line 포함 내용

코 드	의미 설명
LN	Line Number, ex) 02 MHWPX15 719600
FARE BASIS	운임 종류
OW RT	OW : One Way, 편도 운임 RT : Round Trip, 왕복 운임
B	Booking Class : 예약 등급
PEN	Penalty : 범칙금 조항
DATES/DAYS	DATES : Seasonality, 운임 적용(유효) 기간 DAYS : 운임 적용 요일, ex) 567 : 금,토,일 출발 운임
AP	AP : Advance Purchase, 사전 구입 기간

코 드	의미 설명
MIN MAX	MIN : Minimum, 최소 체류기간 MAX : Maximum, 최대 체류기간
R	Routing Information M : MPM Fare R : Routing Fare
기 타	+ : Plus Sign(+)은 제한사항이 더 있음을 나타낸다. - : Minus Sign(-)은 적용되지 않음을 나타낸다.

❷ Line Number 3의 내용

Code	내 용	설 명
Line Number	03	3번 Fare line number
Fare basis	KHXEE1M	운임 종류
OW RT	- 836600	OW 운임 없음 왕복 836600 원
B	+	Booking Class 제한 있음. 해당 운임의 note/rule 확인한다.
PEN	-	Penalty가 적용되지 않는다.
DATES/DAYS	1234 S15DEC 28FEB	월, 화, 수, 목요일 출발 시 적용 가능 출발일이 12/15 ~ 2/28 사이일 경우 적용가능
AP	-	사전구입제한 없음
MIN	3	최소체류기간은 3일
MAX	1M	최대체류기간이 1개월
R	M	Mileage운임

■ Entry 변환(단축 Entry)

Fare Display시 다음의 단축 Entry를 이용하면 쉽게 변환가능.

Entry	내용 설명
FQDN	NUC로 운임조회(현재 Local Currency에서 NUC로 변경 조회)
FQDL	출발지국 통화(Local Currency)로 변경되어 조회
FQDR	역방향 운임 조회
FQDC	/Option 사용하여 변환(예, FQDC/AKE/D10APR)
FCA	운임화면을 예약 가능편(Availability) 화면으로 변환
FCST	운임화면을 Schedule Timetable 화면으로 변환
ACF	예약 가능편(Availability) 화면을 운임화면으로 변환
STCF	Schedule Timetable 화면을 운임화면으로 변환
ACF1	예약가능편(Availability) 화면상의 1번 Line을 운임화면으로 변환
FQD*	Redisplay. 다시 한번 최초의 응답화면 조회

■ LOCAL Currency 운임화면을 NUC운임으로 전환 Entry

FQDSELHKG -> FQDN

```
Terminal NO : 301701
>FQDSELHKG
ROE 920.43 UP TO 100.00 KRW
17JAN07**17JAN07/KE SELHKG/NSP;EH/TPM  1292/MPM  1550
LN FARE BASIS     OW   KRW  RT   B PEN  DATES/DAYS   AP MIN MAX R
01 MHXPX15               678800 +  +     -      1234+  + 3+  15 M
                                     S15DEC  28FEB
02 MHWPX15               719600 +  +     -       567+  + 3+  15 M
                                     S15DEC  28FEB
>FQDN
>FQDN
ROE 920.43 UP TO 100.00 KRW
17JAN07**17JAN07/KE SELHKG/NSP;EH/TPM  1292/MPM  1550
LN FARE BASIS     OW   NUC  RT   B PEN  DATES/DAYS   AP MIN MAX R
01 MHXPX15               737.48 +  +     -      1234+  + 3+  15 M
                                     S15DEC  28FEB
02 MHWPX15               781.80 +  +     -       567+  + 3+  15 M
                                     S15DEC  28FEB
```

■ 좌석 예약가능편 조회 후, 운임 화면으로 전환

A10APRSELLON -> ACF1

```
Terminal NO : 301701
>A10APRSELLON
10APR TUE    1200 SEL - LON LONDON.GB                       NTE
 1 ICN LHR 1315 1655  P9 A9 C9 R9 I9 D5 W9 Y9  KE 907*744 0
                      O9 K9 M9 T9 H9 L9 S9 Q9
                      V9 X0 GR U9
 2 ICN FRA 1315 1735  P9 A2 C9 R9 I9 D0 W9 Y9  KE 905*744 0
                      O9 K9 M9 T9 H9 L9 S9 Q9
                      V9
>ACF1
>FQDSELLHR/D10APR/AKE
ROE 920.43 UP TO 100.00 KRW
10APR07**10APR07/KE SELLON/NSP;TS/TPM  5652/MPM  8374
LN FARE BASIS    OW    KRW  RT    B PEN  DATES/DAYS   AP MIN MAX R
01 MHZZ6M                1571800 M NRF S01APR  31OCT  + 4+  6M M
02 MHPX3M                1755500 M  +  S01APR  31OCT  + 4+  3M M
03 KHEE6M                2074500 K  -  S01APR  31OCT  -  4+  6M M
04 YRT                   3020200 Y  -    -       -    -  -   - M
05 YOW         1585700           Y  -    -       -    -  -   - M
06 CRT                   5618200 C  -    -       -    -  -   - M
07 COW         2949600           C  -    -       -    -  -   - M
```

A	C	F	1
Availability	Change	Fare	Line Number

■ 선택사항 지정 Entry

여러 가지 Option을 사용하여 운임을 조회할 수 있다.

Entry	내용 설명
FQDSELBKK/ATG	특정항공사와 YY 운임 조회
FQDSELBKK/ATG,KE,CX	복수항공사 지정(최대 3까지 가능)
FQDSELBKK/D10MAY	미래날짜 (5월 10일) 지정 운임조회
FQDSELBKK/D11MAR06	과거날짜 지정 (연도까지 지정 필수)
FQDSELBKK/DMAY	3개월간 운임 조회 (5월 1일부터)
FQDSELBKK/D1MAY*12MAY	정확한 OUT/IN-Bound 날짜 지정
FQDSELBKK/CM	특정 Booking Class (M) 지정
FQDSELBKK/ATG/KF	Cabin Position 지정
FQDSELPAR/VTS	GI를 지정(TS)한 운임조회
FQDSELBKK/X	높은 운임부터 낮은 운임순으로 조회
FQDSELBKK/OW FQDSELBKK/RT FQDSELBKK/NUC/2	편도운임 조회 왕복운임 조회 1/2RT 운임조회
FQDSELBKK/G	단체(Group) 운임 조회
FQDSELBKK/S	Shopper display
FQDSELLAX/R,-CH-IN-SD	* 승객 Type 지정 조회 (최대 3개까지) CH(Child), IN(Infant), SD(Student)
FQDSELBKK/R,AT	모든 TAX 포함 조회

Entry	내용 설명
FQDSELSEL/AKE/VRW	세계일주 운임 조회
FQDNYCWAS/AUS/R,VA	VUSA(Visit USA) Fare 조회

※ Option의 결합 순서

- 각 option은 slash(/)로 구분되어야 한다.
- Option간의 순서는 없으나, /R option은 맨 뒤에 와야 한다.

■ 항공사 지정 조회

- 미국과 캐나다 국내선 운임에는 YY 운임이 없으므로, 운임을 찾으려면 반드시 항공사를 지정하여야 한다.

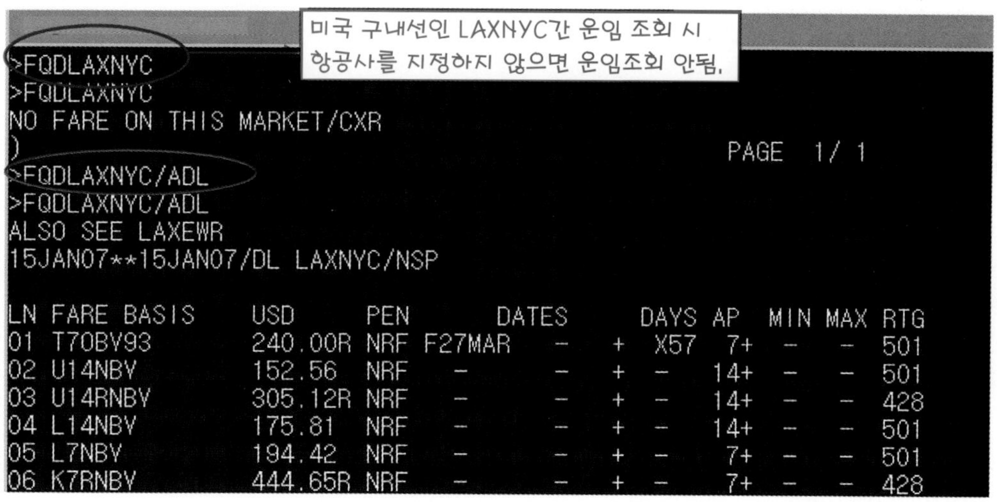

■ Shopper Display

- Shopper Display는 가장 낮은 운임부터 가장 높은 운임까지 보여주는 기능을 가지고 있다.

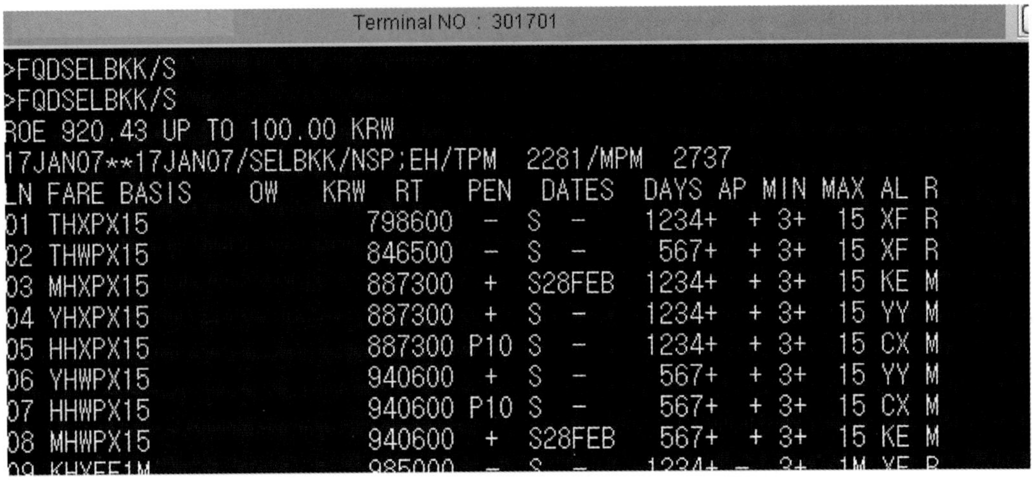

```
Terminal NO : 301701
>FQDSELBKK/S
>FQDSELBKK/S
ROE 920.43 UP TO 100.00 KRW
17JAN07**17JAN07/SELBKK/NSP;EH/TPM  2281/MPM  2737
LN FARE BASIS     OW    KRW  RT    PEN  DATES   DAYS AP MIN MAX AL R
01 THXPX15                 798600  -  S   -     1234+  + 3+  15 XF R
02 THWPX15                 846500  -  S   -      567+  + 3+  15 XF R
03 MHXPX15                 887300  +  S28FEB   1234+  + 3+  15 KE M
04 YHXPX15                 887300  +  S   -     1234+  + 3+  15 YY M
05 HHXPX15                 887300 P10 S   -     1234+  + 3+  15 CX M
06 YHWPX15                 940600  +  S   -      567+  + 3+  15 YY M
07 HHWPX15                 940600 P10 S   -      567+  + 3+  15 CX M
08 MHWPX15                 940600  +  S28FEB    567+  + 3+  15 KE M
```

■ 승객 Type 지정 조회

- Child, Student 지정하여 운임 조회

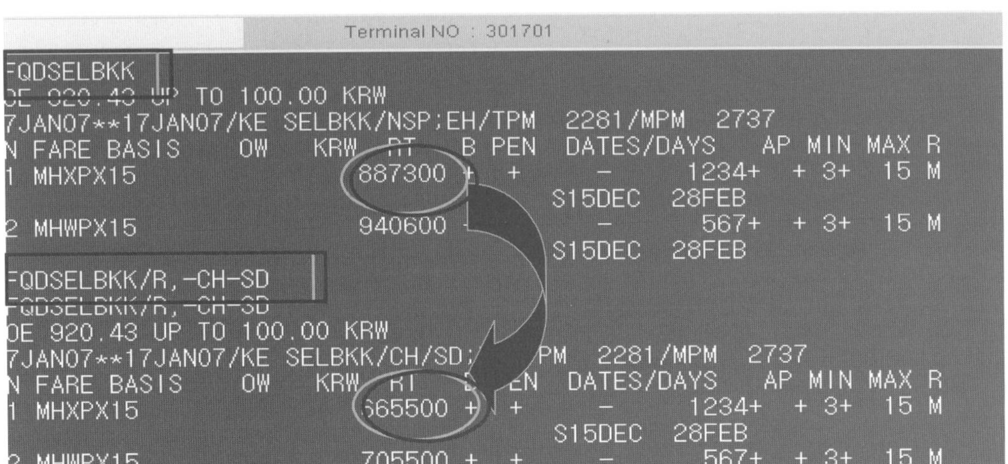

```
Terminal NO : 301701
FQDSELBKK
OE 920.43 UP TO 100.00 KRW
7JAN07**17JAN07/KE SELBKK/NSP;EH/TPM  2281/MPM  2737
N FARE BASIS     OW    KRW  RT    B PEN  DATES/DAYS    AP MIN MAX R
1 MHXPX15                887300 +  +      -       1234+  + 3+  15 M
                                        S15DEC  28FEB
2 MHWPX15                940600 -         -        567+  + 3+  15 M
                                        S15DEC  28FEB
FQDSELBKK/R,-CH-SD
FQDSELBKK/R,-CH-SD
OE 920.43 UP TO 100.00 KRW
7JAN07**17JAN07/KE SELBKK/CH/SD;   PM  2281/MPM  2737
N FARE BASIS     OW    KRW  RT    B PEN  DATES/DAYS    AP MIN MAX R
1 MHXPX15                665500 +  +      -       1234+  + 3+  15 M
                                        S15DEC  28FEB
2 MHWPX15                705500 +  +      -        567+  + 3+  15 M
```

■ 승객 Type별 지정 용어

Entry	내용 설명
CH	Child / 소아
IN	Infant / 유아
UM	Unaccompanied Minor / 비동반 소아
SD	Student / 학생
ZZ	Youth Fare / 26세 미만 청소년
MIL	US Military and Government Fare

2. Fare Rule 조회(FQN)

기본 Entry	1. 운임을 조회 후, 2. FQN1 FQN — Rule 조회 지시어 1 — 1번 Line 운임 Rule 조회

■ FQN1 : SELTYO 운임 중, 1번 Line의 MPX14 운임의 Rule 조회

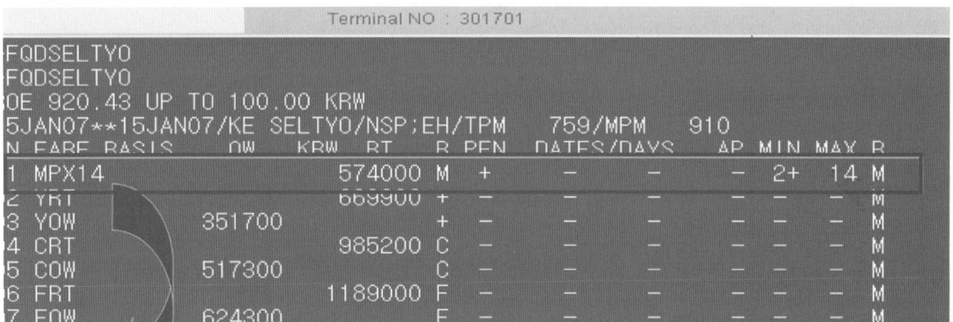

```
Terminal NO : 301701
FQDSELTYO
FQDSELTYO
OE 920.43 UP TO 100.00 KRW
5JAN07**15JAN07/KE SELTYO/NSP;EH/TPM   759/MPM   910
N FARE BASIS      OW    KRW   RT     B PEN  DATES/DAYS     AP MIN MAX R
1 MPX14                    574000 M  +      -       -      -  2+   14 M
2 YRT                      669900 +  -      -       -      -   -    - M
3 YOW            351700           +  -      -       -      -   -    - M
4 CRT                      985200 C  -      -       -      -   -    - M
5 COW            517300           C  -      -       -      -   -    - M
6 FRT                     1189000 F  -      -       -      -   -    - M
7 FOW            624300           F  -      -       -      -   -    - M
```

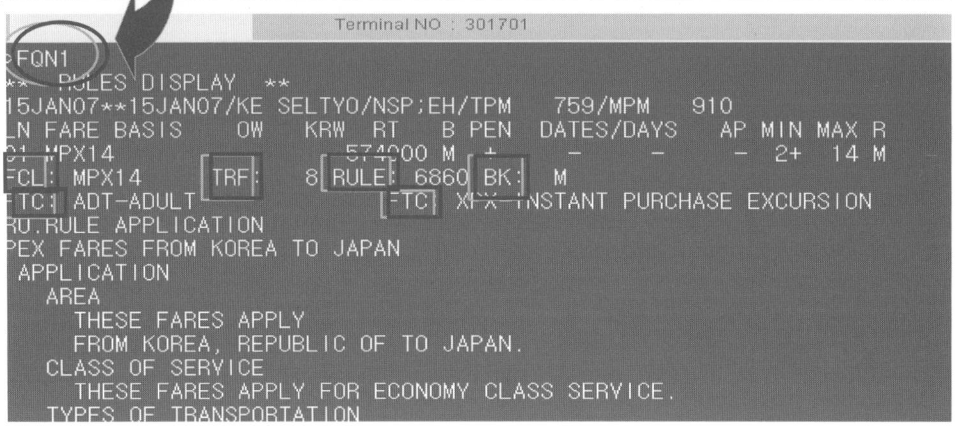

```
Terminal NO : 301701
FQN1
** RULES DISPLAY **
15JAN07**15JAN07/KE SELTYO/NSP;EH/TPM   759/MPM   910
LN FARE BASIS    OW   KRW  RT    B PEN  DATES/DAYS     AP MIN MAX R
01 MPX14                574000 M  +      -       -      -  2+   14 M
FCL: MPX14      TRF:   8 RULE: 6860 BK:  M
FTC: ADT-ADULT              FTC: XPX-INSTANT PURCHASE EXCURSION
RU.RULE APPLICATION
PEX FARES FROM KOREA TO JAPAN
 APPLICATION
   AREA
     THESE FARES APPLY
     FROM KOREA, REPUBLIC OF TO JAPAN.
   CLASS OF SERVICE
     THESE FARES APPLY FOR ECONOMY CLASS SERVICE.
   TYPES OF TRANSPORTATION
```

■ Rule 조회 관련 용어

Code	해 석
FCL	Fare Class / Basis
TRF	Tariff Number
RULE	Rule Number
BK	Booking Class
PTC	Passenger Type Code
FTC	Fare Type Code

■ Option 지정 조회 : 특정 Category를 별도로 지정

Code	내용 설명
FQN5	Fare Display 화면의 5번 Line Rule조회
FQN5//LI, FQN5*LI	Index List 조회
FQN180N	Rule Number180 번 Fare Rule 조회
FQN5//PE,MX or FQN5*PE, MX	PE, MX 조항만 Rule 조회
FQN5//ADVANCE, MINI	Key Words 로 Fare Rule 조회
FQN1//SO	1번 Line의 Stopover 조회

■ 해당 Rule 지정 조회 : MX(Maximum Stay 지정)

```
Terminal NO : 301701
>FQDSELTYO
ROE 920.43 UP TO 100.00 KRW
17JAN07**17JAN07/KE SELTYO/NSP;EH/TPM   759/MPM   910
LN FARE BASIS     OW    KRW   RT    B PEN  DATES/DAYS    AP MIN MAX R
01 MPX14                    574000 M  +      -      -     -  2+  14 M
>FQN1*MX
>FQN1*MX
**  RULES DI
17JAN07**17JAN07/KE SEL   /NSP;EH/TPM   759/MPM   910
LN FARE BASIS     OW    KRW   RT    B PEN  DATES/DAYS    AP MIN MAX R
01 MPX14                    4000 M  +      -      -     -  2+  14 M
FCL: MPX14     T  E:       LE: 6860 BK:   M
PTC: ADT-ADUL               FTC: XPX-INSTANT PURCHASE EXCURSION
MX.MAX STAY

  TRAVEL FROM LAST STOPOVER MUST COMMENCE NO LATER THAN 14
  DAYS AFTER DEPARTURE FROM FARE ORIGIN.
                                                 PAGE   1/ 1
```

■ Rule 지정 용어

용어	의미	용어	의미
RU	Rule Application	MN	Min Stay
MX	Max Stay	SE	Seasons
SR	Sales Restrict	AP	Advance Purchase
CD	Child Discounts	TC	Tour Conductor
AD	Agents Discounts	OD	Other Discounts
SO	Stopovers	PE	Penalties
CO	Combinability		

3. General TAX Information 조회(FQNTAX)

기본 Entry

➢ **FQNTAX**

✓ 국가, 도시 Code 이용 : FQNTAX/KR, FQNTAX/SEL

FQNTAX	**/**	**KR**
TAX 조회 지시어	구분선	국가 Code

✓ TAX Code 이용 : FQNTAX/FI/QU

FQNTAX	**/**	**FI**	**/ QU**
		Finland	TAX Code 지정

■ **국가 Code 이용 TAX 조회**

- 한국의 국가 Code(KR) 이용하여 TAX 조회 : FQNTAX/KR

Terminal NO : 301701

```
>FQNTAX/KR
KR SOUTH KOREA
REPUBLIC OF KOREA TAX INFORMATION

** COLLECTABLE ON TICKET **
** FOR TICKETS SOLD AND ISSUED IN CO, PLS REFER TO INFO-
   NOTE 1A/0001 **

** TAXES COLLECTABLE ON TICKET **
                                              CODE      AMOUNT
1. PASSENGER SERVICE CHARGE (INTL)AND DEPARTURE TAX
                         ICN, GMP             BP       KRW 27000
                         OTHER AIRPORTS                KRW 22000

2. PASSENGER SERVICE CHARGE (DOMESTIC) ICN   DA       KRW  5000
                             OTHER AIRPORTS            KRW  4000
```

■ TAX Code 이용 조회

- Finland 국가 TAX 조회 후, TAX Code별로 조회 가능

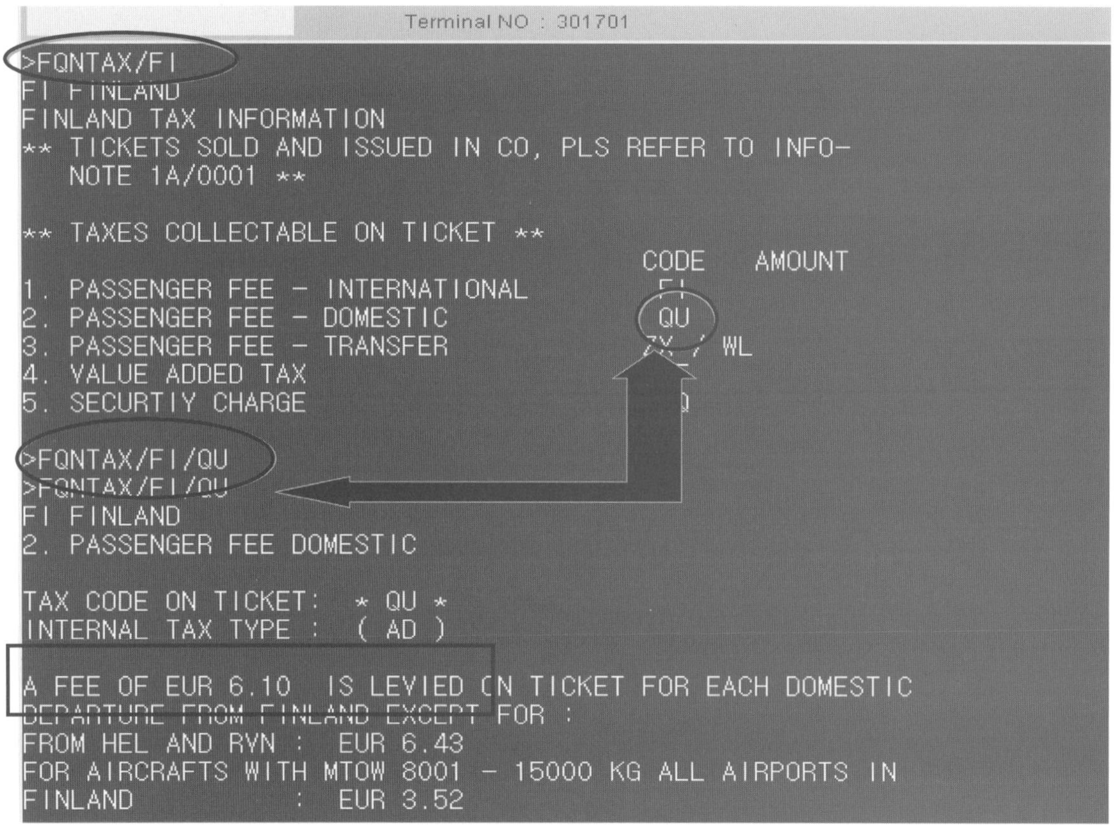

4. Routing Information 조회(FQR)

기본 Entry	1. 운임을 조회 후, 2. **FQR1** **FQR** : Routing 조회 지시어 **1** : 1번 Line 운임 Routing 조회

■ FQR1 : SELBOS 운임 중, 1번 Line MKXPM3M 운임의 Routing 조회

```
Terminal NO : 301701
SELBOS
SELBOS
920.43 UP TO 100.00 KRW
N07**17JAN07/KE SELBOS/NSP;PA/TPM  7038/MPM  8461
ARE BASIS    OW   KRW  RT   B PEN  DATES/DAYS    AP MIN MAX R
KXPB3M             2085800 M  +     -      12345+ -  4+  3M R
                                 S16JAN  22JAN
KWF                2185800 M  +     -         67+ -  4+  3M R
                                 S16JAN  22JAN
KXEE6M             2285800 K  -     -      12345+ -  4+  6M R
                                 S16JAN  22JAN
KWEE6M             2385800 K  -     -         67+ -  4+  6M R
                                 S16JAN  22JAN

920.43 UP TO 100.00 KRW
N07**17JAN07/KE SELBOS/NSP;PA/TPM  7038/MPM  8461
ARE BASIS    OW   KRW  RT   B PEN  DATES/DAYS    AP MIN MAX R
KXPB3M             2085800 M  +     -      12345+ -  4+  3M R
                                 S16JAN  22JAN
N        SPECIFIED  KE0500  ADDON           EFF16NOV06
EANS TRAVEL VIA ANY PARTICIPATING CARRIERS NONSTOP OR
CT SERVICE.
EL MUST BE NON-STOP OR DIRECT BETWEEN POINTS SHOWN.
 TYO AND FUK SURFACE  SECTOR REQUIRED
 TYO AND NGO SURFACE  SECTOR REQUIRED
 TYO AND OSA SURFACE  SECTOR REQUIRED
 TYO AND SPK SURFACE  SECTOR REQUIRED
 SEL AND BKK SURFACE  SECTOR NOT PERMITTED
 SEL AND DPS SURFACE  SECTOR NOT PERMITTED
 SEL AND HAN SURFACE  SECTOR NOT PERMITTED
 SEL AND HKG SURFACE  SECTOR NOT PERMITTED
* SEL-SPK/FUK/NGO/OSA-TYO/HNL-LAX-BOS
* SEL-DFW/LAS/ATL/NYC-BOS
* SEL-SFO-AA/AS/DL/US/UA-BOS
```

- Routing 정보에서 '– (dash)'는 and를 의미하고, '/(slash)'는 or를 의미한다. Routing에 나와 있는 도시를 반드시 경유해야 하는 것은 아니다.

5. Mileage 조회(FQM)

기본 Entry	
	➢ FQM ✓ FQMSELBKKLONPAR
	FQM — Mileage 조회 지시어
	SELBKKLONPAR — 해당도시를 순서대로 입력

■ Mileage 조회 : Origin – SEL, Destination – PAR, 경유도시 – BKK, LON

```
Terminal NO : 301701
LONPAR
   BKK     LON     PAR

1  TPM     CUM     MPM   DC  LVL    (HGL   )LWL     25M   XTRA

2281   2281   2737   EH   OM    456        0    3421       0
5919   8200   8919   EH   OM    719        0   11148       0
 220   8420   8686   EH   OM    266        0   10857       0
                                               PAGE   1/ 1
```

■ 응답화면의 각종 Code 해석

Code	설 명
DC	각 구간별 GI
TPM	구간별 실제 운항거리
CUM	각 구간별 TPM의 합계
MPM	최대 허용거리
DC	전체 여정의 GI
LVL	TPM의 합이 MPM보다 큰 경우, 초과하는 비율을 계산하여 적용운임의 할증이 이루어지며, 운임할증은 5%, 10%, 15%, 20%, 25%의 5단계로 이루어진다.
HGL	다음 단계까지의 Mileage 여유분
LWL	전 단계에서의 Mileage 초과분
25M	최대 할증이 가능한 25%에 해당하는 Mileage
XTRA	TPM의 합계에서 공제된 Mileage 내역 표시

■ 세부 사항 지정(Option) Entry

Option 지시어	설 명
FQMSELBKK/VATNYC	특정구간 GI를 지정하여 Mileage 조회
FQMSELHKG--BOMDEL	HKG-BOM비 항공운송구간 반영 Mileage 조회
FQM*SELAKL	해당구간 Mileage 할증 Table 조회
FQMSELNYC**MSPCHI	해당구간 Mileage 제외(Exclude) 후 조회

■ GI 지정 Mileage 조회

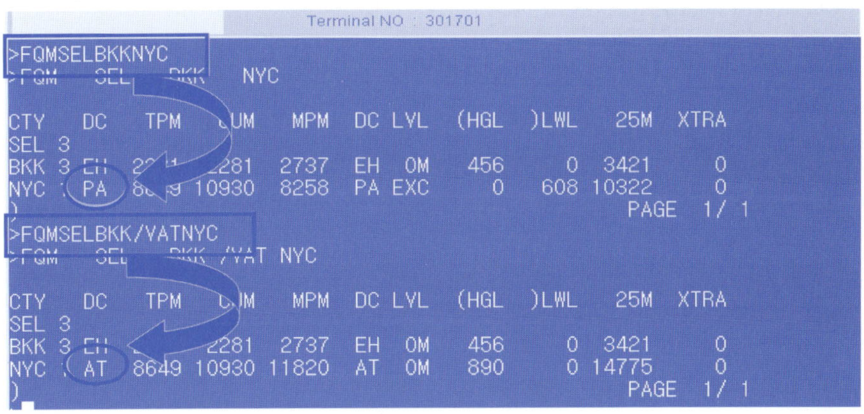

```
Terminal NO : 301701
>FQMSELBKKNYC
>FQM SEL BKK NYC
CTY DC TPM CUM MPM DC LVL (HGL )LWL 25M XTRA
SEL 3
BKK 3 EH 2281 2737 EH OM 456 0 3421 0
NYC 1 PA 10930 8258 PA EXC 0 608 10322 0
PAGE 1/ 1
)
>FQMSELBKK/VATNYC
>FQM SEL BKK /VAT NYC
CTY DC TPM CUM MPM DC LVL (HGL )LWL 25M XTRA
SEL 3
BKK 3 EH 2281 2737 EH OM 456 0 3421 0
NYC AT 8649 10930 11820 AT OM 890 0 14775 0
PAGE 1/ 1
)
```

• 상기 여정에서 GI를 지정하지 않을 경우 PA로 비교되나, GI를 AT로 지정할 경우 다른 결과를 보여준다.

■ Mileage 할증 Table 조회

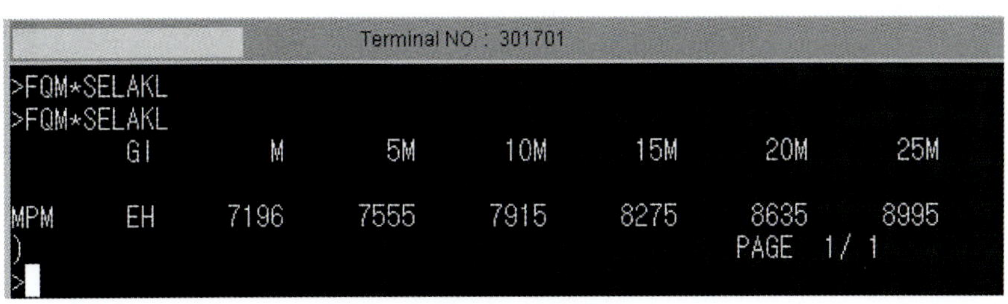

```
Terminal NO : 301701
>FQM*SELAKL
>FQM*SELAKL
GI M 5M 10M 15M 20M 25M

MPM EH 7196 7555 7915 8275 8635 8995
PAGE 1/ 1
)
>
```

6. Currency 변환(FQC)

기본 Entry

> FQC

✓ FQC100USD or FQC100USD/EUR

FQC	100	USD	/	EUR
Currency 변환 지시어	금액	해당 Currency		변환하고자하는 Currency

즉, USD100 달러를 EURO(EUR)로 변환시키라는 지시어

■ FQC100USD

- 별도의 특별한 Currency 지정이 없는 경우 : 터미널이 위치한 도시의 Currency를 기준으로 한 통화의 변환이 이루어진다.
  즉, 서울에서 지시할 경우 FQC100USD/KRW와 동일한 결과 보여줌.

■ 변환하고자 하는 Currency 지정하여 변환 지시

FQC100USD/**KRW** , FQC100USD/**GBP**

USD100을 KRW로 변환, USD100을 GBP로 변환

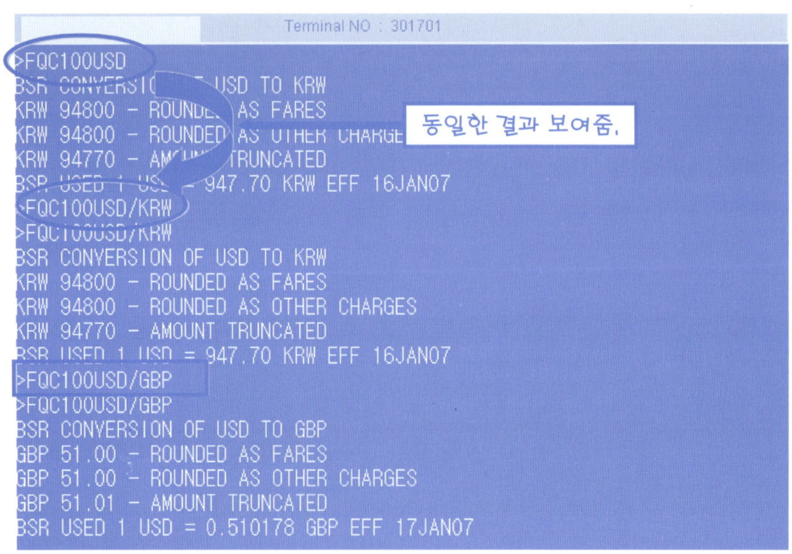

■ Currency Code, 국가 Code, 도시 Code 이용한 변환 지시

FQCGBP, FQC*GB, FQC*LON

- 모두다 영국 Pound와 KRW 간의 Exchange Rate 확인 지시어
- 단, 국가 Code나 도시 Code 이용시에는 *(asterisk)가 포함된다.

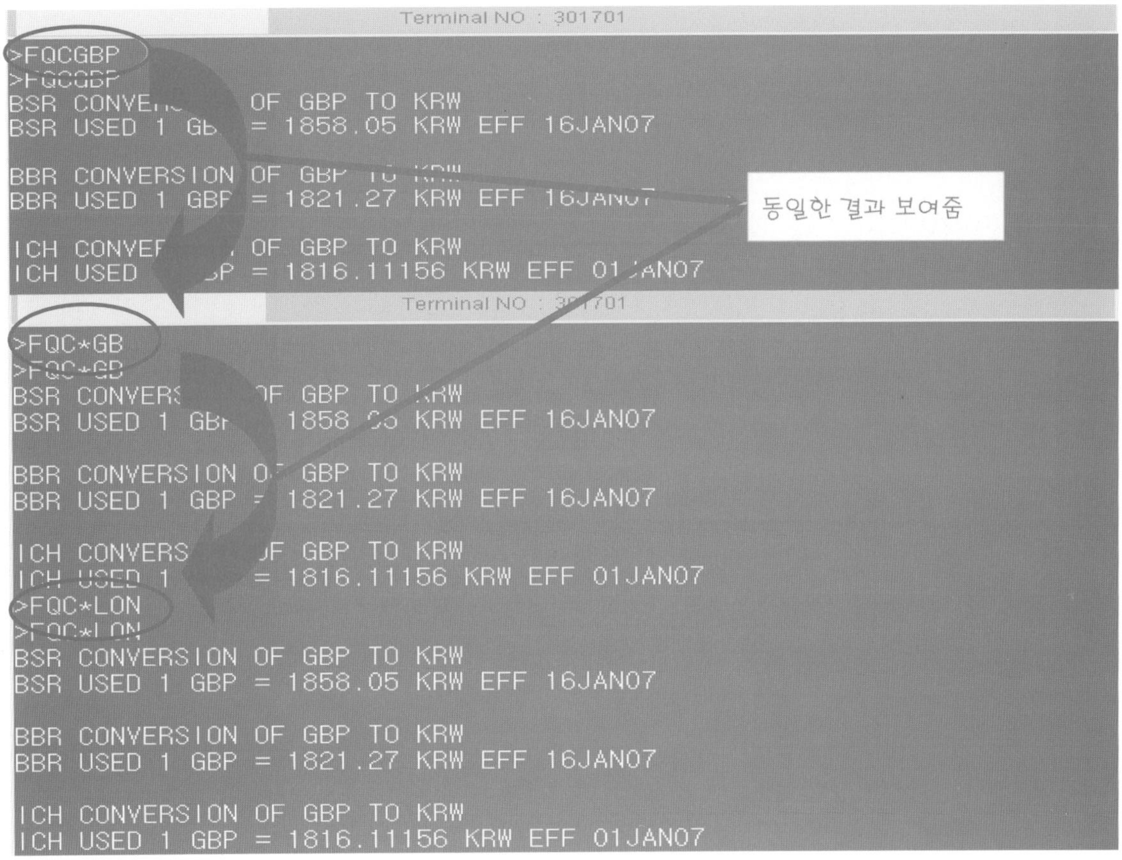

■ 날짜를 지정한 변환 지시

FQCKRW/JPY/24DEC06

- 날짜 지정은 DDMMYY (일자, 월, 연도) 형식으로 지정한다.
- 과거 12개월 전까지 지정 조회가 가능하다.

```
Terminal NO : 301701
CKRW/JPY/24DEC06
CKRW/JPY/24DEC06
 CONVERSION OF KRW TO JPY
 USED 1 KRW = 0.13050 JPY EFF 20DEC06 DISC 26DEC06

 CONVERSION OF KRW TO JPY
 USED 1 KRW = 0.12650 JPY EFF 20DEC06 DISC 26DEC06

 CONVERSION OF KRW TO JPY
 USED 1 KRW = 0.125843 JPY EFF 01DEC06 DISC 31DEC06

NDING OF FARES UP TO 100 JPY
NDING OF OTHER CHARGES UP TO 10 JPY

 - S.KOREAN WON
 - JAPANESE YEN
                                          PAGE   1/ 1
```

7. IATA ROE 조회(FQA)

기본 Entry	➢ FQA ✓ FQAKRW **FQA** 기본 지시어 / **KRW** 조회 요청하는 Currency

■ **기본 지시어**

통화 Code, 국가 Code, 도시 Code 지정하여 조회 가능하다.

- FQAKRW, FQA*KR, FQA*SEL
- 국가, 도시 Code 지정시에는 *(asterisk)를 이용한다.

```
Terminal NO : 301701
>FQAKRW
>FQAKRW
             EFF 01JAN07 ***  DISC INDEF
1 NUC        920.43 KRW        ROUNDING UP TO      100.00  KRW

NUC - NEUTRAL UNIT OF CONSTRUCTION
KRW - S.KOREAN WON
)                                                  PAGE  1/ 1
```

■ **과거 일자 지정 조회**

```
Terminal NO : 301701
>FQA*SEL/01JUL06
>FQA*SEL/01JUL06
             EFF 01JUL06 ***  DISC INDEF
1 NUC        948.42 KRW        ROUNDING UP TO      100.00  KRW

NUC - NEUTRAL UNIT OF CONSTRUCTION
KRW - S.KOREAN WON
)                                                  PAGE  1/ 1
```

8. Excess Baggage Charge 조회(FQX)

기본 Entry

➢ **FQX**

✓ FQXSELPAR/13.5

FQX	SELPAR	/	13.5
기본 지시어	해당 구간	구분선	초과 무게

■ 기본 지시어 : FQXSELPAR/13.5

초과 수하물 계산 기능은 Weight System 적용 지역에만 도입.

- 각 GI별 Baggage Charge가 조회되며,
- 별도 지정이 없는 경우, 출발지 통화 기준의 금액이 공시된다.

```
Terminal NO : 301701
>FQXSELPAR/13.5
>FQX SELPAR/17JAN07/13.5/KE/KRW
   RATE    /GI/KILOS/  TOTAL    /
     25920/AP/ 13.5/     350000/
     23785/EH/ 13.5/     321100/
     23785/TS/ 13.5/     321100/
)                                          PAGE  1/ 1
```

■ 항공사 지정

```
Terminal NO : 301701
>FQXSELBKK/13.5/TG
>FQX SELBKK/17JAN07/13.5/TG/KRW
   RATE    /GI/KILOS/  TOTAL    /
     10332/EH/ 13.5/     139500/
)                                          PAGE  1/ 1
```

■ 날짜, 항공사, 통화 지정한 지시어

```
Terminal NO : 301701
>FQXSELSIN/25NOV06/13.5/SQ/KRW
>FQX SELSIN/25NOV06/13.5/SQ/KRW
   RATE    /GI/KILOS/  TOTAL    /
     11344/EH/ 13.5/     153200/
)                                          PAGE  1/ 1
```

9. 도시 정보 조회(FQI)

기본 Entry

➢ **FQI**

✓ 국가, 도시 및 공항, Currency Code 이용하여 조회
FQI / SEL
FQI / KR
FQICU/KRW

■ 기본 지시어

FQI/SEL, FQI/KR, FQI/CU/KRW

- Currency 및 도시 관련 제반정보를 조회하는 기능으로서, 동일한 응답화면을 제공한다.

```
Terminal NO : 301701
>FQI/SEL
CITY                  / SEOUL
COUNTRY/ISO CODE      / KOREA, REPUBLIC OF/KR
MULTI-AIRPORTS        / YES *FOR MORE INPUT (SL*P.SEL)
GMT TIME              / *9H00
LOCAL TIME            / 2226   WED 17JAN07
CURRENCY/ISO CODE     / WON/KRW
CURRENCY/TYPE         / 0 HARD CURRENCY
US DOLLAR COUNTRY     / NO
EURO COUNTRY          / NO
DECIMAL UNIT          / 0 FOR KRW
************************************************************
-ROUNDING INTERNATIONAL FARES     -TAXES
  KRW/UP TO        100              KRW/UP TO        100
          *** END OF DISPLAY ***
```

연 습 문 제

■ 운임조회 관련 문제(FQDSELBOS)

Terminal NO : 301701

```
>FQDSELBOS
>FQDSELBOS
ROE 920.43 UP TO 100.00 KRW
18JAN07**18JAN07/KE SELBOS/NSP;PA/TPM  7038/MPM  8461
LN FARE BASIS     OW    KRW  RT    B PEN  DATES/DAYS    AP MIN MAX R
01 MKXPB3M                2085800 M  +     -      12345+ -  4+   3M R
                                         S16JAN  22JAN
02 MKWPB3M                2185800 M  +     -         67+ -  4+   3M R
                                         S16JAN  22JAN
03 KKXEE6M                2285800 K  -     -      12345+ -  4+   6M R
                                         S16JAN  22JAN
04 KKWEE6M                2385800 K  -     -         67+ -  4+   6M R
                                         S16JAN  22JAN
05 MKXSTO        1253000  2506000 M  -     -      12345+ -   -    - R
                                         S16JAN  22JAN
06 MKWSTO        1303000  2606000 M  -     -         67+ -   -    - R
                                         S16JAN  22JAN
07 Y02RT                  3482200 +  -     -      -      -   -    - M
08 Y02OW         1828200          +  -     -      -      -   -    - M
09 YRT                    4232000 +  -     -      -      -   -    - M
10 YOW           2221800          +  -     -      -      -   -    - M
11 CRT                    6188700 C  -     -      -      -   -    - M
)                                                PAGE  1/ 2
```

1. 상기 운임의 Local Currency는? (　　　　　　　　　　　　　　　　)

2. 상기 운임 적용일의 ROE는? (　　　　　　　　　　　　　　　　)

3. SEL/BOS 구간의 TPM과 MPM을 적으시오. (　　　　　　　　　　　　　　　　)

4. Routing System이 적용되는 운임을 모두 적으시오.
(　　　　　　　　　　　　　　　　　　　　　　　　　　　　　　　　)

5. 편도 여정에 적용이 가능한 운임의 종류를 적으시오. (　　　　　　　　　　　　　　　　)

6. MKWPB3M 운임의 67 의 의미를 적으시오. (　　　　　　　　　　　　　　　　)

7. 상기 운임을 NUC로 변환하는 단축 지시어를 적으시오. (　　　　　　　　　　　　　　　　)

■ Mileage 조회 관련 문제 (FQM)

```
Terminal NO : 301701
>FQMSELBKKKULLON
>FQM    SEL    BKK    KUL    LON

CTY    DC    TPM    CUM    MPM  DC LVL  (HGL   )LWL    25M  XTRA
SEL 3
BKK 3 EH  2281   2281   2737  EH   OM    456      0   3421      0
KUL 3 EH   762   3043   3436  EH   OM    393      0   4295      0
LON 2 EH  6562   9605   8919  EH 10M    205    240 11148      0
)                                               PAGE   1/ 1
>
```

8. 상기 여정의 GI는? (　　　　　　　　　　)

9. Mileage 조회 결과는? (　　　　　　　　　　)

10. KUL/LON 구간의 TPM을 적으시오. (　　　　　　　　　　)

■ 기타 : Fare System 관련 문제

10. 영국 Pound의 ROE 조회 지시어는 ? (　　　　　　　　　　)

12. 서울의 도시정보 조회 지시어는 ? (　　　　　　　　　　)

13. SEL/PAR 간 무료 수하물의 무게가 15kg 초과되었을 때 Excess Baggage Charge 조회 지시어는? (　　　　　　　　　　)

14. USD 700 달러가 KRW 로 얼마인지 조회하는 지시어는? (　　　　　　　　　　)

15. SEL/NYC 간 운임을 NUC로 조회하는 지시어는 ? (　　　　　　　　　　)

Ticketing I

제 4 장

항공운임계산

1. Mileage System 기본 규정

2. Mileage System 보완 규정

3. 여정 제도(Routing System)

학습목표

- 항공운임을 계산하는데 기본이 되는 Mileage System을 이해한다.
- Mileage System에 의한 계산과정에 일어날 수 있는 오류를 최소화하기 위하여 Mileage System 보완 규정을 숙지하여 적용이 가능토록 한다.
- 주로 특별운임에서 적용하는 여정제도(Routing System)를 이해한다.
- 학습내용
  - 중간높은 운임(HIF : Higher Intermediate Fare Check)
  - 일주 최저운임(CTM : Circle Trip Minimum Fare Check)
  - 편도 최저운임(BHC : One-way Backhaul Check)
  - 혼합 등급(Mixed Class)

제4장 항공운임계산

1. Mileage System 기본 규정

■ 승객의 항공여정은?

- 한 지점에서, 한 지점까지 **단순 편도** 또는 **단순 왕복여정**도 있으나,
- 최초 출발지와 최종 목적지 사이에 **중간지점을 경유하는 여정**의 형태가 주를 이룬다.

➜ 따라서 이와 같은 항공여정의 일반적 특성을 고려하여 고안된 운임계산 방식이 **거리제도(Mileage System)이며**, 기본적으로 승객이 여행하는 거리에 의해 운임이 결정된다.

Counter 실장님의 말씀

Mileage System을 이해하기 위해 다시 기억 합시다.

하나	✓ 항공운임은 승객이 **여행한 거리에 의해서 계산** 된다. ✓ 항공운임은 **최초 출발국가의 통화로 표기/징수**한다. ✓ **항공권은 순서대로 사용해야** 한다.
둘	✓ Mileage 계산에 필요한 3대 요소 - **MPM**, **TPM**, **EMS**
셋	✓ 운임마다? - **Fare Component** - **Fare Break Point**

■ MPM (Maximum Permitted Mileage : 최대 허용 거리)

두 지점간의 공시 운임으로 여행할 수 있는 **최대 허용 거리**를 뜻한다.

- 해당 구간의 실제 거리보다 **15 ~ 20% 정도 많게 설정**되어 있어, 출발지에서 목적지까지 중간 지점을 경유하더라도 운임의 변화 없이 여행할 수 있는 탄력성을 발휘한다.
- MPM은 두 지점 사이에 **항공기가 운항하지 않더라도 설정되어** 있다.
- **GI(방향지표)별로 다르게** 설정되어 있다.

■ TPM (Ticketed Point Mileage : 발권 구간 거리)

승객이 **여행하는 구간의 실제 거리**를 뜻한다.

- 이의 **합계를 산출하여 MPM과 비교**하게 된다.
- TPM은 **항공편이 운항중인 구간에만 설정**되어 있다.

■ EMS (Excess Mileage Surcharge : 초과 거리 할증)

승객이 여러 지점을 경유하여 여정 전체 구간거리(Total TPM)가 **MPM 보다 큰 경우에 적용**하는 것으로서,

- Total TPM이 MPM을 **초과하는 비율에 따라 5단계로 적용**하여 운임을 단계별로 할증하게 된다.
- EMS는 운임마다별로 확인한다.

■ 거리 초과비율에 따른 할증율

거리 초과 비율	운임 할증율	운임적용
0 % 초과 5 % 이하	5 %	해당운임 X 1.05
5 % 초과 10 % 이하	10 %	해당운임 X 1.10
10 % 초과 15 % 이하	15 %	해당운임 X 1.15
15 % 초과 20 % 이하	20 %	해당운임 X 1.20
20 % 초과 25 % 이하	25 %	해당운임 X 1.25
25 % 초과	운임마디를 나누어 계산	-

■ 거리 초과비율 계산 방법

거리 초과비율 = Total TPM ÷ MPM × 100

- MPM과 Total TPM을 비교한다.
  - MPM ≥ Total TPM인 경우 : 출발지/목적지 운임을 그대로 적용.
  - MPM < Total TPM인 경우 : 초과거리 할증방법에 의거하여 할증치를 구한 후, 출발지/목적지 운임을 할증 적용

  - Ex) 출발지/목적지 운임 : NUC 1234.00
    MPM : 12543 MILE
    TOTAL TPM : 13200 MILE
    EMS의 계산 : 13200 ÷ 12543 = 1.052(5% 초과 10% 이하)
    ➜ 할증 운임(10% 할증): NUC 1234.00 X 1.10 = NUC 1357.40

■ 운임마디(Fare Component)

항공운임계산 과정에서 **하나의 단위로 계산되는 구간들의 집합**을 운임마디(Fare Component 라 하며,

- 이때 적용되는 운임을 Through Fare라 한다.
- 하나의 여정을 몇 개의 운임마디로 나누든지 관계없으나 일반적으로 **운임마디가 적을수록 전체운임이 낮아지게 되므로** 가능한 운임마디의 수를 줄이는 것이 바람직하다.

■ 운임 분리지점(Fare Break Point)

운임마디를 나누는 지점을 운임 분리지점이라 하며, 여정상의 어떤 지점도 원칙적으로 운임 분리지점이 될 수 있다.

- 일반적으로 [왕복 여정이나 일주 여정의 경우]에는, **출발지에서 가장 먼 지점**이나 **운임이 가장 높은 지점을 선정**.
- 운임마디의 구분이 필요한 [편도 여정의 경우]에는, **여정의 방향이 바뀌는 지점을 선정**한다

1_1 Mileage System의 적용 절차

① 여정상의 각 구간에 대해 EMS를 확인한다.

② 출발지와 목적지의 NUC 운임을 확인한다.

③ EMS가 5M이상 25M 이하인 경우 출발지와 목적지 운임에 EMS만큼 할증한다.
- EMS가 25M를 초과하는 경우는 운임마디를 분리하여 계산한다.

④ TOTAL NUC에 출발지 국가의 ROE를 곱하여 출발지국 통화로 환산한다.

■ 운임계산 실습

(단, Q/Charge, HIP 등은 없는 것으로 간주한다.)

Ex 1

여 정 : SEL/HKG/BKK/LON

Fare Type : YOW

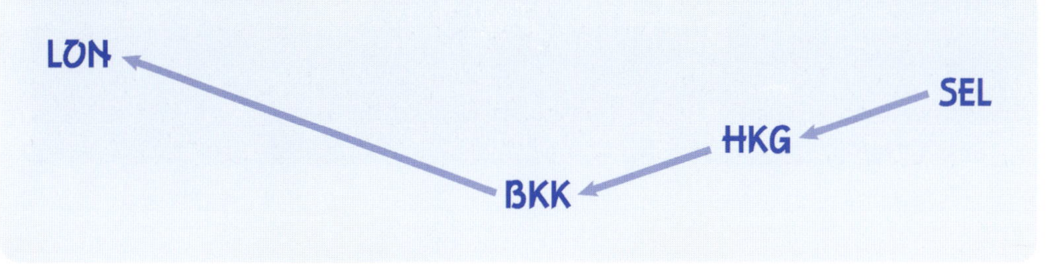

① Mileage EMS Check

FQMSELHKGBKKLON

```
Terminal NO : 301701
>FQMSELHKGBKKLON
>FQM    SEL    HKG    BKK    LON

CTY   DC   TPM   CUM   MPM  DC LVL  (HGL  )LWL   25M  XTRA
SEL 3
HKG 3 EH  1292  1292  1550  EH  0M  258      0  1937     0
BKK 3 EH  1049  2341  2737  EH  0M  396      0  3421     0
LON 2 EH  5919  8260  8919  EH  0M  659      0 11148     0
)                                             PAGE  1/ 1
```

- 0M : Mileage Cover 의미.

② 출발지/목적지 NUC Check

FQDSELLON/NUC

```
Terminal NO : 301701
>FQDSELLON/R,NUC
ROE 920.43 UP TO 100.00 KRW
20JAN07**20JAN07/KE SELLON/NSP;TS/TPM  5652/MPM  8374
LN FARE BASIS    OW    NUC  RT    B PEN  DATES/DAYS    AP MIN MAX R
01 MLZZ6M               1524.60 M NRF  S01NOV  31MAR   + 4+  6M M
02 MLPX3M               1816.32 M  +   S01NOV  31MAR   + 4+  3M M
03 KLEE6M               2146.48 K  -   S01NOV  31MAR   -  4+  6M M
04 YRT                  3281.28 Y  -      -      -     -  -   -  M
05 YOW          1722.78         Y  -      -      -     -  -   -  M
06 CRT                  6103.88 C  -      -      -     -  -   -  M
07 COW          3204.58         C  -      -      -     -  -   -  M
```

③ 출발지국 통화로 환산

FQC1722.78NUC/KRW

```
Terminal NO : 301701
>FQC1772.78NUC/KRW
CONVERSION OF NUC TO KRW
KRW 1631800 - ROUNDED AS FARES
KRW 1631719 - AMOUNT TRUNCATED
ROE USED 1 NUC = 920.43 KRW EFF 01JAN07

ROUNDING OF FARES UP TO 100 KRW

NUC - NEUTRAL UNIT OF CONSTRUCTION
KRW - S.KOREAN WON
)                                        PAGE  1/ 1
```

④ Fare Calculation 내역 표기

FROM/TO		
SEL	CARR	FARE CALC
HKG		
BKK		M
LON		1772.78
――		
	ROE	920.43
TTL FARE CAL	NUC1772.78	
FARE	KRW1631800	
TOTAL		

Ex 2

여 정　　　　: SEL/LAX/CHI/BOS

Fare Type　: YOW

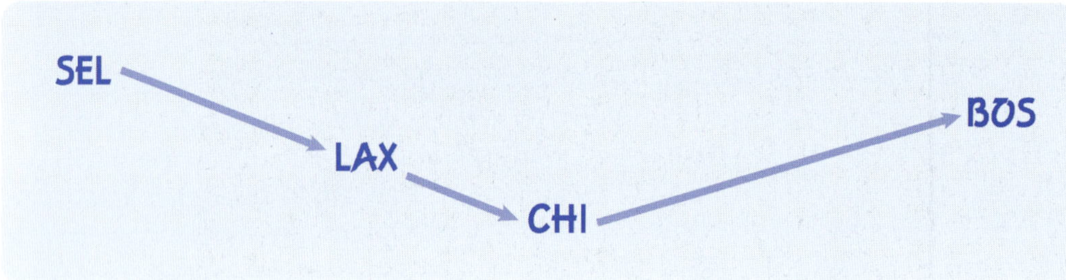

① Mileage EMS Check

```
FQMLAXCHIBOS
```

```
                    Terminal NO : 301701
>FQMSELLAXCHIBOS
>FQM   SEL   LAX   CHI   BOS

CTY   DC   TPM   CUM   MPM  DC LVL  (HGL  )LWL   25M  XTRA
SEL  3                  .
LAX  1 PA  5968  5968  7161  PA  0M  1193     0  8951     0
CHI  1 US  1746  7714  7851  PA  0M   137     0  9813     0
BOS  1 US   858  8572  8461  PA  5M   312   111 10576     0
** EMA MAY APPLY - SPECIFY CARRIER/STOP/TRANSFERS **
```

- 5M : 5% 이내 초과

② 출발지/목적지 NUC Check

FQDSELBOS/NUC

```
Terminal NO : 301701
>FQDSELBOS/NUC
>FQDSELBOS/R,NUC
ROE 920.43 UP TO 100.00 KRW
20JAN07**20JAN07/KE SELBOS/NSP;PA/TPM  7038/MPM  8461
LN FARE BASIS    OW    NUC  RT    B PEN  DATES/DAYS   AP MIN MAX R
01 MKXPB3M               2266.10 M  +     -    12345+ -  4+  3M R
                                        S16JAN  22JAN
02 MKWPB3M               2374.74 M  +     -       67+ -  4+  3M R
                                        S16JAN  22JAN
07 Y02RT                   3783.22 +  -     -     -     -  -   -  M
08 Y020W        1986.24            +  -     -     -     -  -   -  M
09 YRT                     4597.84 +  -     -     -     -  -   -  M
10 YOW          2413.87            +  -     -     -     -  -   -  M
11 CRT                     6723.70 C  -     -     -     -  -   -  M
```

③ Fare Calculation 내역

FROM/TO		
SEL	CARR	FARE CALC
LAX		
CHI		5M
BOS		2534.56
______		
	ROE	920.43
TTL FARE CAL	NUC2534.56 *주1)	
FARE	KRW2332900 *주2)	
TOTAL		

주 1) SELBOS NUC 2413.87 X 1.05 = 2534.56

2) NUC2534.56 X ROE 920.43 = KRW 2332900 or

– FQC2534.56NUC/KRW

Ex 3

여 정 : SEL/KUL/BKK/DXB

Fare Type : YOW

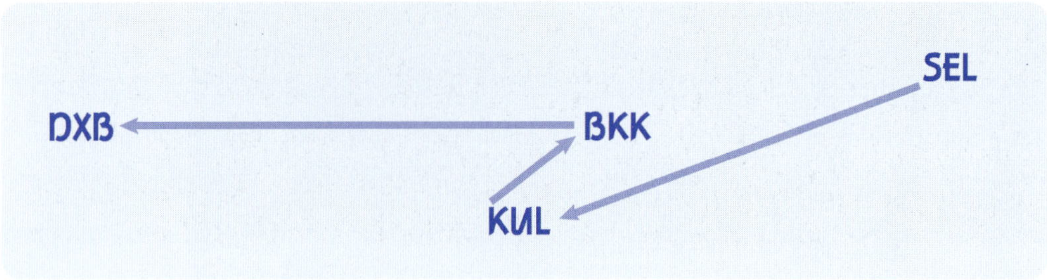

①_1. 전 여정 EMS Check

FQMSELKULBKKDXB

```
Terminal NO : 301701
>FQMSELKULBKKDXB
>FQM    SEL    KUL    BKK    DXB

CTY    DC    TPM    CUM    MPM   DC LVL   (HGL   )LWL    25M   XTRA
SEL  3
KUL  3 EH   2864   2864   3436   EH   OM    572       0   4295       0
BKK  3 EH    762   3626   2737   EH  EXC      0     205   3421       0
DXB  2 EH   3035   6661   5029   EH  EXC      0     375   6286       0
)                                                        PAGE   1/  1
```

- EXC : 25M을 초과하므로, KUL에서 운임마디를 나누어서 계산한다.

①_2. 2번째 운임마디 EMS Check

FQMKULBKKDXB

```
>FQMKULBKKDXB
>FQM   KUL   BKK   DXB

CTY  DC   TPM   CUM   MPM  DC LYL  (HGL  )LWL   25M  XTRA
KUL 3
BKK 3 EH   762   762   914  EH  OM   152     0  1142     0
DXB 2 EH  3035  3797  4125  EH  OM   328     0  5156     0
)                                             PAGE  1/ 1
>
```

②_1. 첫 번째 운임마디 NUC Check

FQDSELKUL/NUC

```
Terminal NO : 301701
>FQDSELKUL/NUC
>FQDSELKUL/R,NUC
ROE 920.43 UP TO 100.00 KRW
20JAN07**20JAN07/KE SELKUL/NSP;EH/TPM  2864/MPM  3436
LN FARE BASIS    OW     NUC  RT    B PEN  DATES/DAYS    AP MIN MAX R
01 MHXPX15              1057.86 +  +     -      1234+  + 3+  15 M
                                         S15DEC  28FEB
04 KHWEE1M              1369.46 +  -     -       567+ -   +  1M M
                                         S15DEC  28FEB
05 Y            821.68  1643.36 +  -     -        -   -   -   - M
06 C           1191.72  2383.44 C  -     -        -   -   -   - M
```

②_2. 두 번째 운임마디 NUC Check

FQDKULDXB/NUC

```
Terminal NO : 301701
>FQDKULDXB/NUC
>FQDKULDXB/R,NUC
ROE 3.5569 UP TO 1.00 MYR
20JAN07**20JAN07/YY KULDXB/NSP;EH/TPM  3438/MPM  4125
LN FARE BASIS   OW    NUC   RT    B PEN   DATES/DAYS    AP MIN MAX R
01 YEE3M                1570.74 + -     -      -     -  7+  3M M
02 Y                    2061.90 + -     -      -     -  -   -  M
03 Y            1134.13         + -     -      -     -  -   -  M
04 C                    2371.72 + -     -      -     -  -   -  M
05 C            1304.50         + -     -      -     -  -   -  M
```

③ Fare Calculation 내역

FROM/TO		
SEL	CARR	FARE CALC
KUL		821.68
BKK		M
DXB		1134.13
______		
	ROE	920.43
TTL FARE CAL	NUC1955.81	
FARE	KRW1800200	
TOTAL		

Ex 4

여 정 : SEL/SIN/FRA/PAR/SEL

Fare Type : YRT

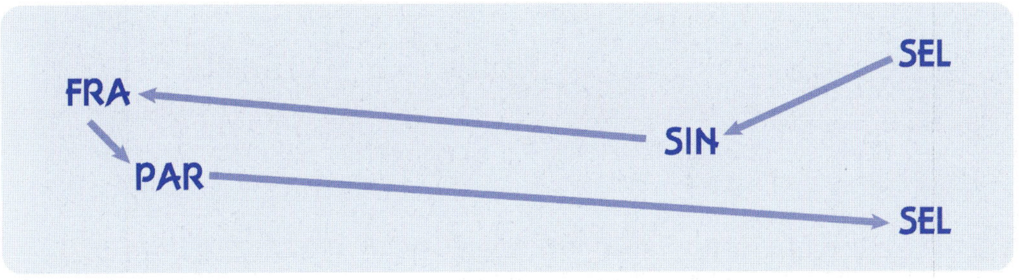

Counter 실장님의 말씀

일주 또는 왕복 여정이므로 운임마디를 나눈 후 기억 합시다. (다시)

하나

✓ 운임 적용 방향
- 내려볼까요? 올려볼까요?

둘

✓ 적용 운임의 종류
- OW? ½ RT?

■ 운임 적용 방향 및 적용 운임의 종류

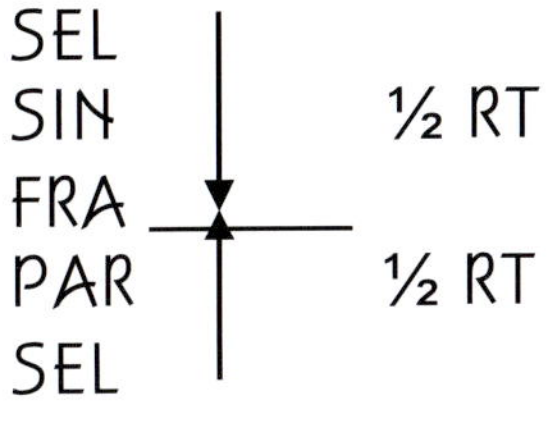

①_1. 첫 번째 운임마디 EMS Check

FQMSELSINFRA

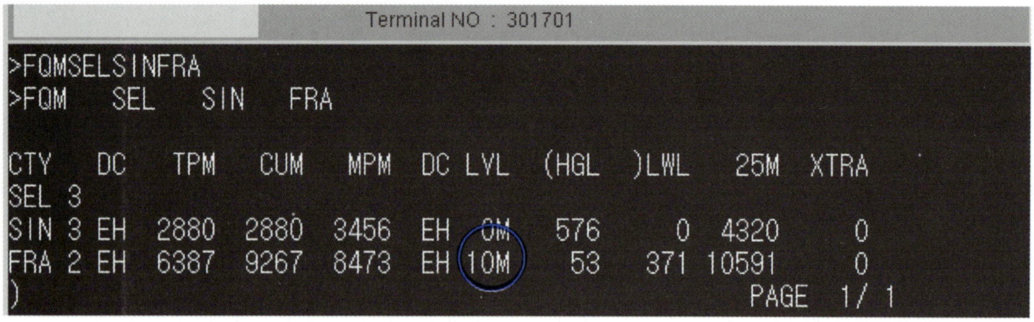

- 10M : 5% ~ 10% 이내 거리 초과 할증.

①_2. 두 번째 운임마디 EMS Check

FQMSELPARFRA

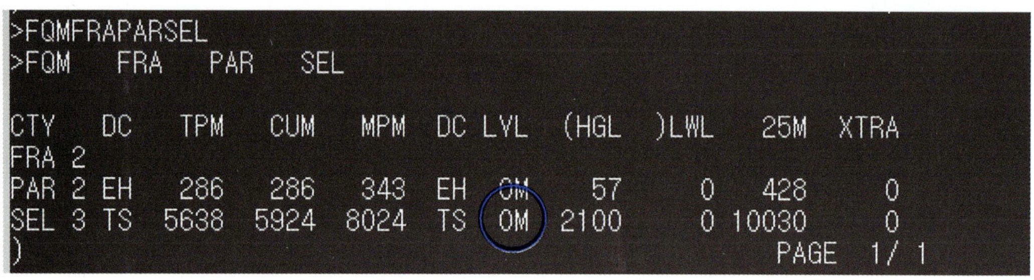

②_1. 출발지/목적지 NUC Check

FQDSELFRA/NUC

```
Terminal NO : 301701
>FQDSELFRA/NUC
>FQDSELFRA/R,NUC
ROE 920.43 UP TO 100.00 KRW
20JAN07**20JAN07/KE SELFRA/NSP;TS/TPM  5360/MPM  8024
LN FARE BASIS     OW      NUC  RT     B PEN  DATES/DAYS      AP MIN MAX R
01 MLZZ6M                    1524.60 M NRF  S01NOV  31MAR    + 4+  6M M
02 MLPX3M                    1816.32 M  +   S01NOV  31MAR    + 4+  3M M
03 KLEE6M                    2146.48 K  -   S01NOV  31MAR    -  4+  6M M
04 YRT                       3281.28 Y  -     -       -      -  -   -  M
05 YOW          1722.78              Y  -     -       -      -  -   -  M
06 CRT                       6103.88 C  -     -       -      -  -   -  M
07 COW          3204.58              C  -     -       -      -  -   -  M
```

- RT 운임인 3281.28의 반(1/2)을 적용하면 되나, 1/2RT 운임조회 지시어로 지정하는 것이 편리하다.(2_2 참조)

②_2. 출발지/목적지 NUC Check : 1/2 RT 조회

FQDSELFRA/NUC/2

```
Terminal NO : 301701
>FQDSELFRA/NUC/2
>FQDSELFRA/IH
ROE 920.43 UP TO 100.00 KRW
20JAN07**20JAN07/KE SELFRA/NSP;TS/TPM  5360/MPM  8024
LN FARE BASIS     OW      NUC  RT     B PEN  DATES/DAYS      AP MIN MAX R
01 MLZZ6M                     762.30 M NRF  S01NOV  31MAR    + 4+  6M M
02 MLPX3M                     908.16 M  +   S01NOV  31MAR    + 4+  3M M
03 KLEE6M                    1073.24 K  -   S01NOV  31MAR    -  4+  6M M
04 YRT                       1640.64 Y  -     -       -      -  -   -  M
05 CRT                       3051.94 C  -     -       -      -  -   -  M
```

③ Fare Calculation 내역

FROM/TO		
SEL	CARR	FARE CALC
SIN		10M
FRA ____		1804.70
PAR		M
SEL ____		1640.64
	ROE	920.43
TTL FARE CAL	NUC3445.34	
FARE	KRW3171200	
TOTAL		

1_2 우회 여행 제한(Limitation on Indirect Travel)

■ 우회 여행이란?

하나의 운임마디 내에 동일 지점을 2회 이상 경유하는 경우로, 운임계산시, 특별한 제한이 따르게 된다.

T·I·P 동일 지점에서 2회 이상 도중 체류 (Stopover) 하는 경우

① 방법 1 : 동일지점 사이의 여정 중 한 지점을 운임분리지점으로 선정하여 2개 이상의 운임마디로 계산한다.

② 방법 2 : 동일지점 사이의 여정을 별개의 여정으로 간주하여 운임을 계산한다. (Side Trip 방식)

■ 방법 1에 의한 계산 방식

```
SEL
BKK  M
PEN  -- 7821.68 YOW
BKK
ZRH  M
LON     2977.31 YOW
NUC   3798.99
```

■ 방법 2에 의한 계산 방식

SEL		SEL			
BKK ┐		BKK		BKK	
PEN ┤	191.71	ZRH	+	PEN	
BKK ┘	191.71	LON		BKK	
ZRH	M				
LON	1722.78				
NUC	2106.20				

➜ BKK/PEN/BKK 구간은 별도의 왕복 여정으로 간주하여 1/2 RT 운임을 적용하며, PEN/BKK 구간은 반대 방향으로 운임을 적용한다.

TIP 동일지점에서 1회 이하로 도중 체류할 경우

- **전체 여정을 하나의 운임마디로 계산**하는 것이 가능하다.
- 단, 위의 ①, ②방법을 이용하여 계산하여도 무방하다. 따라서 이 경우의 운임계산은 3가지 방법 중 가장 저렴한 결과를 선택하는 것이 된다.

예제)

	SEL		SELLON : 1722.78 YOW
X/	BKK		
	PEN		
	BKK		
	ZRH	10M	
	LON	1895.05	
	NUC	1895.05	

T·I·P 한 운임마디의 출발지나 목적지를 재 경유할 경우

- 해당 지점에서의 도중 체류 여부와는 관계없이 **하나의 운임마디로 계산할 수 없고, 운임마디를 나누어 계산**하여야 한다.

예제)

SEL	SEL
PUS -- 78.11	BKK
X/SEL	X/ZRH M
PAR M	GVA -- 1722.78
FRA 1722.78	ZRH 237.60
NUC 1800.89	NUC 1960.38

T·I·P Area 3 과 Area 1 간의 PA 여정에서 동일지점 재경유가 발생한 경우

- 도중 체류 여부에 관계없이 별도로 운임을 계산하여야 한다.
- 미국 국내선 구간에서는 Mileage System의 원리가 적용되지 않으므로 구간별로 운임을 징수하여야 한다.

1_3 비항공 운송구간(Surface Transportation Segment)

■ 비항공 운송구간이란?

비항공 운송구간은 승객이 항공편을 이용하지 않고, 타 교통수단을 이용하여 여행함으로써 **여정상 항공 여행이 일시 중단된 구간**을 의미한다.

➔ 일반적으로, 비항공 운송구간은 해당 구간에 **정기 항공노선이 부재한 경우**에 주로 발생하나, 항공편이 존재하는 구간이라 할지라도 승객이 **자의로 해당 구간을 육상 또는 해상 운송수단을 이용하는 경우**에도 발생하게 된다.

T·I·P 비항공 운송구간 포함 여정의 운임계산 방법

① 방법 1 : 비항공 운송구간을 제외하고 운임마디를 나누어 계산한다.

② 방법 2 : 비항공 운송구간의 TPM을 포함한 Mileage 계산을 하여 하나의 운임마디로 계산한다.

① 방법 1에 의한 계산 방식

```
SEL
BKK     M
SIN -- 821.68
x
KUL--
JKT -- 303.07
NUC   1124.75
```

② 방법 2에 의한 계산

Stopover 회수 계산시 비항공 운송구간 양지점(SIN/KUL)을 합하여 1회의 도중 체류로 간주한다.

SEL SELJKT : 937.17 YOW
BKK
SIN
X
KUL 5M
JKT 984.02
NUC 984.02

(FQMSELBKKSINKULJKT)

2. Mileage System 보완 규정

■ Mileage System의 규정

- 여러 구간을 하나의 단위로 계산함으로써 항공 여행의 특성에 부합하도록 한 것이지만,

➜ 실제 운임계산에 있어 여러 가지 불합리한 점이 발견됨에 따라 각종 보완 규정을 두게 되었다.

2_1 중간높은 운임(HIF : Higher Intermediate Fare) Check

Counter 실장님의 말씀

HIF

HIP? 아니고 HIF?

하나

✓ 출발지와 목적지간의 공시 운임을 기준으로 운임을 계산하지만,
- 경우에 따라서는 출발지와 목적지간의 운임보다
중간 지점의 운임이 더 높을 수가 있다.

둘

✓ 이와 같은 경우에도 중간 높은 운임을 무시하고
출발지와 목적지 간의 운임을 적용한다면 불합리하게 될 것이다.
- 이러한 불합리를 보완하는 규정으로
중간 높은 운임 Check(HIF)가 고안되었다.

셋

✓ HIF은 HIP(Higher Intermediate Point)라고도 부르며,
우리 신체의 HIP을 생각하면 기억이 쉽겠죠?

예제 1

여정 : SEL/BKK/SGN과 SEL/BKK 비교

운임 : SEL/BKK 748.34 YOW, SEL/SGN 692.93 YOW

SEL	SEL
BKK 5M	BKK 748.34
SGN 727.58 (=692.93 X 1.05)	NUC 748.34
NUC 727.58	

예제 2

여정 : SEL/SIN/LON과 SIN/LON 비교

운임 : SEL/LON 1722.78 YOW, SIN/LON 3449.46 YOW

SEL	SIN
SIN 10M	LON 3449.46
LON 1895.06 (=1722.78 X 1.1)	NUC 3449.46
NUC 1895.06	

■ HIF Check 방법

- 한 운임마디 내 두 지점 간 동일 Class로, 출발지/목적지간 운임보다 좀더 높은 Direc Route Normal Fare가 있다면 해당 운임마디는 **가장 높은 운임까지 올려 받아야 한다.**
- 도중 체류(Stopover) 하는 두 지점 간 운임만 비교한다.
  - 출발지와 도중 체류 지점간의 운임
  - 도중 체류 지점과 목적지간의 운임
  - 도중 체류 지점과 도중 체류 지점간의 운임

■ HIF Check 일반사항

① HIF은 운임마디 기준으로 Check 한다.

```
SEL          M
SIN       SINLON                                   SELLON  1772.78
LON ---3919.04   1/2 YRT                           SINLON  3919.04
HKG       HKGLON                                   HKGLON 2660.45
SEL --- 2660.45   1/2 YRT
```

- 1st 운임마디 : SEL/SIN/LON 의 여정에서 HIP-CHECK
- 2nd 운임마디 : SEL/HKG/LON 의 여정에서 HIP-CHECK

☞ HIP CHECK 는 운임마디 별로 실시하며,운임마디를 지나쳐서 실시하지 않는다.

② Normal Fare와 Special Fare의 적용 방법이 상이하다.

➜ Special Fare의 적용 방법은 "참고" 내용 참조

③ 각 운임마디별 운임적용 방향대로 Check한다.

SEL M	
SIN SINLON ↓	SEL->LON 1772.78
LON ---3919.04 1/2 YRT	**SIN->LON 3919.04**
HKG HKGLON ↑	**HKG->LON 2660.45**
SEL --- 2660.45 1/2 YRT	LON->HKG 3959.90

④ 1/2 RT 적용 운임마디는 1/2로, OW 적용 운임마디는 OW로 적용한다.

< OW Fare >	
SEL M	
TYO TYOSIN	SEL->SIN 730.78 (1/2RT)
SIN --- 1574.71Y	SEL->SIN 740.30 (OW)
	TYO->SIN 1535.40 (1/2RT)
	TYO->SIN 1574.71 (OW)

< 일주 여정 >
SEL M
TYO TYOSIN
SIN --- 1535.40 Y
SEL ___ 730.78 Y

⑤ 마일 할증시 HIP 적용 금액에도 적용한다.

```
  SEL        10M
  SIN      SINPAR
  PAR --- 4090.93                    SEL->PAR  1772.78
X/LON         M                      SIN->PAR  3719.03
 SEL --- 1772.78
```

SINPAR 의 1/2 RT 운임인 3719.03 X 1.1 = 4090.93 적용

⑥ 국내선 지점 간에는 적용하지 않는다.

⑦ 기타 : 동일 국가로 간주하는 경우

- USA / Canada
- Denmark / Norway / Sweden

■ HIF Check 적용 절차

① 출발지에서 목적지까지의 EMS를 Check한다.

↓

② 출발지에서 목적지까지의 운임을 확인한다.

↓

③ 운임마디별로 도중 체류하는 두 지점간 운임을 비교한다.

↓

④ HIP이 발생한 경우 항공권의 운임 계산 난에 HIP이 발생한 두 도시를 표기하여 HIP 운임이 적용됨을 표시한다.

↓

⑤ 초과 거리 할증(EMS)이 적용된 경우, HIP 운임을 할증한다.

예제

여정 : SEL – TYO – HKG – X/PAR – LON(Y CLS)

① MPM : SEL/LON 8919 MILE (EH)
TOTAL TPM : 8769 MILE
☞ EMS → ' M ' Cover

② 출발지/목적지 운임 : SEL/LON NUC 1722.78 YOW

③ HIF Check (S/O : Stopover, 체류지점)

- 출발지와 중간 S/O 지점 : SEL/TYO NUC 382.10
  SEL/HKG NUC 513.12
- 중간 S/O 지점과 목적지 : TYO/LON NUC 3154.99
  HKG/LON NUC 2298.65
- 중간 S/O 지점과 중간 S/O 지점 : TYO/HKG NUC 965.08

④ TYO/LON 운임이 가장 높으므로 이 운임을 적용하며, HIF이 적용됨을 표시하기 위하여 EMS 표시 후에 HIP이 발생한 두 도시명을 운임계산란에 기재한다.

FROM/TO		
SEL	CARR	FARE CALC
TYO	KE	
HKG	JL	M
X/PAR	AF	TYOLON
LON	BA	3154.99
	ROE	920.43
TTL FARE CAL	NUC 3154.99	
FARE	KRW 2904000	
TOTAL		

■ HIF Check시 유의 사항

- 초과 거리 할증(EMS)이 적용될 경우, HIP 운임을 할증한다.

```
예) SEL                                      SELFRA  1722.78
    SIN     15M                              SELSIN   821.68
    ZRH     SINFRA                           SELZRH  1722.78
    FRA     3740.64                          SINFRA  3252.73
    NUC     3740.64                          SINZRH  3252.73
  ☞ NUC     3252.73 X 1.15 = NUC 3740.64     ZRHFRA   563.06
```

- HIF Check는 운임마디별로 실시한다.

```
예) SEL                       <1st 운임마디>
    FUK       20M             SEL/FUK,HKG,MNL  249.01/ 513.12 /513.12
    HKG    FUKMNL             FUK/HKG,MNL      678.39 /676.34
    MNL ---   814.06
    HKG       25M             <2nd 운임마디>
    ///     HKGKUL            MNL/HKG, KUL     211.00/392.00
    KUL       594.15          HKG/KUL          475.32
    NUC   1408.32
```

• HIF Check는 해당 운임마디의 운임 적용 방향에 따라 실시한다.

예)				
	SEL		<1st 운임마디>	
	AMS	M	SEL->AMS, PAR	1113.80/1113.80
	PAR ---	1113.80	AMS->PAR	334.5
	SIN	15M	<2nd 운임마디>	
	BKK	SINPAR	SEL->BKK, SIN	461.80/507.02/
	SEL	2223.09	BKK->SIN,PAR	216.95/1160.54
	NUC	3336.89	SIN->PAR	1933.13

• OW 운임은 OW 운임과, 1/2RT 운임은 1/2RT 운임과 비교하여야 한다.

예)				
	SEL	20M		
	TYO	TYOKUL	SEL/KUL	507.02 Y (1/2RT)
	KUL ---	1093.81	TYO/KUL	1164.37 Y (OW)
	SEL	507.02		911.51 Y (1/2RT)
	NUC	1600.83		

☞ TYO/KUL 1/2RT 운임으로 HIF 적용

NUC 911.51 X 1.2 = NUC 1093.81

- 하나 이상의 Normal Fare가 있는 경우 가장 낮은 운임으로 비교한다.
  단, Check 대상 구간의 Stopover, Transfer, Seasonality, Day of Week의 제한 조건을 준수해야 한다.

예)	SEL				
	LAX	SEL/HOU	1299.70	Y02	OW
	MIA 10M		1589.07	Y	OW
	HOU 1747.97 Y	SELMIA	1387.70	Y02	OW
	NUC 1600.83		1686.47	Y	OW

☞ SEL/MIA구간은 Y2OW로 비교 가능하므로
SEL/HOU 의 YOW 운임보다 낮아 HIF이 적용되지 않는다.

T·I·P Special Fare HIF Check방법

✔ **출발지와 목적지 간의 Normal Fare와 HIF 구간의 Normal Fare를 비교.**

- Normal Fare와는 달리 도중체류 지점간은 HIF Check 하지 않는다.

✔ **Normal Fare에서 HIP이 발생하지 않는 경우**

- Special Fare에서 HIP Check를 하지 않는다.

T·I·P Normal Fare에서 HIF이 발생한 경우

✔ 동종의 Special Fare와 비교하여 높은 운임을 징수한다.

✔ 동종의 Special Fare가 2가지 이상 있을 경우에는 출발지와 목적지의 특별운임 조건과 비슷한 운임을 비교한다.

✔ 동종의 Special Fare 부재시는 차상급의 Special Fare로 HIF Check 한다.

✔ 차상급의 Special Fare가 없을 때에는 정상운임으로 HIF Check 한다.

✔ 차상급 운임(Special or Normal Fare)으로 비교하여 HIF이 발생해도 전체 여정의 운임 규정은 출발지/목적지 간 해당 Special Fare Rule에 준한다.

연 습 문 제

■ 다음 여정의 공시 운임을 계산하시오.

1. SEL – KUL FRA – CPH (Y Class)

2. SEL – TYO – PAR – LON (Y Class)

3. SEL – SIN – PAR – MAN – FRA (Y Class)

4. SEL – LAX – ATL – NYC – CHI (Y Class)

5. 여정 : SEL- MNL- BAH - JED - ZRH (Y Class)

6. 여정 : SEL- BKK - ROM - ATH (Y Class)

2_2 일주 최저운임(CTM : Circle Trip Minimum Fare)

CTM

Counter 실장님의 말씀

일주 최저운임이란? 제일 저렴한 운임을?

하나

✓ 일주 여정의 운임 계산은 2개 이상의 운임마디를 결합하여 이루어지게 되는데, 각 운임마디의 계산을 마친 후, **전체 여정에 대해 일주 최저 운임(CTM)** Check를 실시해야 한다.

둘

✓ **출발지에서 도중 체류지점까지의 직행 왕복 운임 중 가장 높은 운임을 말하는 것으로서,**

- 계산된 일주 여정의 전체 운임은 이보다 낮아서는 안 된다.

셋

✓ 일주 최저 운임 Check를 실시하는 이유는?

- 일주 여정의 운임 계산 결과가 **단순 왕복 여정보다 낮아지는 경우가 있기 때문이다.**

■ CTM Check 적용 절차

① 운임 분리 지점을 선정하여, 운임 마디를 나눈다.

↓

② 각 운임마디별로 MPM과 Total TPM을 비교하여, EMS를 결정한다.

↓

③ 운임마디별로 ½ RT 운임을 이용하여 HIP Check를 실시한 후, EMS를 적용하여 운임을 계산한다.

↓

④ 각 운임 마디별 운임을 합산한다.

↓

⑤ 출발지에서 각 도중 체류 지점까지의 직행 왕복 운임을 확인하고, 그 중에서 가장 높은 운임을 선정한다.(일주 최저 운임)

↓

⑥ ④ 항의 운임과 ⑤ 항의 운임을 비교하여 ⑤ 항의 운임이 높을 경우 ④ 항의 결과치에 그 차액을 추가한다.

예제

여정 : SEL – PAR – IST – LON – SEL (Y CLASS)

① F/B Point 선정 : PAR

② EMS Check
- SELPAR MPM : 8358 MILE
- 2nd 운임마디 TOTAL TPM : 8596 MILE → '5M'

③ HIF Check
- 1st 운임마디 : SEL/PAR 1434.29
- 2nd 운임마디 : SEL/PAR 1434.29 SEL/LON 1434.29 SEL/IST 1547.89
  LON/PAR 507.17 LON/IST 779.79 IST/PAR 864.00

④ 운임마디별 운임 합산 : NUC 3059. 57
- 1st 운임마디 : NUC 1434.29
- 2nd 운임마디 : NUC 1547.89 X 1.05 = NUC 1625.28

⑤ 출발지에서 각 도중 체류지점까지의 직행 왕복운임 확인
- SEL/LON : 2868.58
  SEL/PAR : 2868.58
  SEL/IST : 3095.78

⑥ SEL/IST 구간의 직행 왕복운임이 ④의 결과보다 높으므로 그 차액인 NUC 36.21을 추가로 징수한다.
- 이 때 CTM이 적용된 두 도시명을 운임계산란에 표기하여 CTM이 적용됨을 나타낸다.

⑦ 계산 내역

FROM/TO		
SEL	CARR	FARE CALC
PAR	___	1434.29
IST		5M
LON		SELIST
SEL		1625.28
		SELIST
	P	36.21
	ROE	920.43
TTL FARE CAL	NUC 3095.78	
FARE	KRW2849500	
TOTAL		

■ **CTM Check시 유의 사항**

- Transfer 지점(즉, 도중 체류하지 않는 지점)은 CTM Check 대상에서 제외된다.

예)		
SEL		
PAR		SEL/FRA 1434.29
X/IST	5M	SEL/PAR 1434.29
FRA	---- 1506.00	SEL/IST 1547.89
SEL	1434.29	
NUC	2940.29	

☞ IST은 도중체류 지점(Stopover Point)이 아니므로 SEL/IST 구간은 HIF Check 대상 및 CTM Check 대상에서 제외된다.

- CTM Check는 운임 마디와 관계없이 전체 여정에 적용된다.

예)			
SEL	5M		
HKG	SELHKG		
MNL---	423.30	SEL/MNL	374.30
TPE	M	SEL/HKG	403.15
SEL	374.30	SEL/TPE	243.02
	SELHKG		
P	8.70		
NUC	806.30		

☞ 출발지에서의 직행왕복 운임 중 가장 높은 SEL/HKG 직행 왕복운임이 운임 중 여정의 일주 최저운임이 된다.

연 습 문 제

■ **다음 여정의 공시 운임을 주어진 운임마디(___)를 반영하여 계산하시오.**

1. 여정 : SEL – PAR – MAN – <u>LON</u> – FRA – ROM – SEL (Y Class)

2. 여정 : SEL – <u>BOM</u> – DEL – HKG – SEL (Y Class)

3. 여정 : SEL - MOW- IEV -FRA - SEL (Y Class)

2_3 편도 최저운임(BHC : One Way Backhaul Check)

BHC

Counter 실장님의 말씀

편도 최저 운임이란?

하나

✓ OW 운임 적용 여정 중 **출발지에서 도중 체류지점 사이에** 중간 높은 운임이 존재하는 여정은 편도 최저운임 Check를 실시해야 한다.

✓ **즉, 대상은?**

- OW 적용 여정이면서,
- 출발지에서 도중 체류지점 사이에 HIF이 존재하는 여정

둘

✓ 편도 최저 운임 Check를 실시하는 이유는?

- 편도 여정에서 목적지 이후에 **운임이 낮은 도시들을 임의로 추가하는 것을 방지하기** 위한 것이다.

예

SEL			SEL	
PAR	M		PAR	M
MAN	1741.08		MAN	SELMAN
NUC	1741.08		LON	1741.08
			NUC	1741.08

TIP BHC 계산 방법

- ✔ 출발지와 도중 체류지점 사이에 HIP이 존재하는 OW 운임 적용 여정의 전체 운임은 다음 편도 최저 운임(Oneway Minimum Fare) 보다 낮아서는 안 된다.
- ✔ **편도 최저 운임 = (O/HIF – O/D Fare) + O/HIF**
  = (O/HIF X 2) – O/D Fare
- ✔ O/HIF(Origin/Higher Intermediate) :출발지에서 중간 높은 지점 간 운임
- ✔ O/D (Origin/Destination Fare) : 출발지에서 목적지까지의 운임

■ BHC 계산 절차

① 출발지에서 목적지까지의 MPM, TOTAL TPM을 비교하여 EMS를 결정한다.

↓

② HIF Check를 실시하고, EMS를 적용하여 운임을 계산한다.

↓

③ 출발지에서 도중 체류 지점 사이에 HIP이 존재하는 경우에 편도 최저 운임을 산출한다.

↓

④ 편도 최저 운임과 ② 항의 운임을 비교하여 편도 최저 운임이 높은 경우, 차액을 추가로 징수한다.

예제

여정 : **SEL – ROM – ATH – ZRH (Y CLS)**

① EMS Check : Response LVL → 'M'

② HIF Check : SELATH 1625.30

SEL/ROM	1506.10	ROM/ATH	641.37
SEL/ATH	1625.30	ROM/ZRH	758.72
SEL/ZRH	1506.10	ZRH/ATH	928.06

③ 출발지 SEL에서 중간 지점인 ATH에 HIF이 존재하므로 편도 최저 운임을 산출한다.

* 편도 최저 운임 = (1625.30 − 1506.10) + 1625.30 = NUC 1744.50
= (1625.30 × 2) − 1506.10 = NUC 1744.50

④ 편도 최저 운임이 ②의 결과치 보다 높으므로 차액 NUC 119.20을 추가로 징수한다. 이때 HIF 적용도시와 출발지/목적지 도시를 차례로 기재하여 BHC이 적용되었음을 표시한다.

⑤ 계산 표기 내역

FROM/TO		
SEL	CARR	FARE CALC
ROM	KE	M
ATH	AZ	SELATH
ZRH	SR	1625.30
		SELATH
		SELZRH
	P	119.20
	ROE	920.43
TTL FARE CAL	NUC 1744.50	
FARE	KRW 1605700	
TOTAL		

■ Backhaul Check시 유의 사항

- BHC는 운임마디별로 실시한다.

```
예) SEL          5M
    BKK          SELBKK                 SELBKK    748.34
    SGN -----    785.75                 SELSGN    692.93
    TYO          M                      BKKSGN    238.41
    SPK          1036.00                SGNTYO    834.00
                 SELBKK                 SGNSPK   1036.00
                 SELSGN
      P          18.00
    NUC          1839.75
```

• BHC는 도중체류 지점(S/O-Stopover Point)에 대해서만 적용한다.

예) SEL	SELNYC 1122.56 Y02
X/NYC	SELHOU 1048.46 Y02
HOU 1048.46	
NUC 1048.46	

• BHC는 RT, CT, 1/2 RT 운임을 적용하는 OJT에는 적용하지 않는다.

예) SEL		1/2 RT 운임을 적용하는 OJT이므로
PAR	M	BHC는 실시하지 않는다.
MAN	SELMAN	
FRA --	1251.61	
X		
DUS --		
LON	M	
SEL	1113.80	
NUC	2365.41	

연 습 문 제

■ **다음 여정의 공시 운임을 계산하시오.**

1. 여정 : SEL – HKG – BKK – SGN (Y CLS)

2. 여정 : SEL – LON – GLA – CPH – HEL (Y CLS)

3. 여정 : SEL – CAI – JED (Y CLS)

4. 여정 : SEL – BKK RUH BAH (Y CLS)

2_4 혼합등급 여정(Mixed Class)

MIXED Class

Counter 실장님의 말씀 — 혼합 등급여정 이란?

하나

✓ 전 여정을 하나의 Class가 아닌 **두 개 이상의 Class를 이용하여** 여행하는 여정을 의미한다.

다음 3가지 계산 방법 중 저렴한 결과를 산출하는 방법에 의해 운임을 계산한다.

예제

여정: SEL – (Y) – BKK – (F) – ROM

BKKROM (F) 1835.81
BKKROM (Y) 1091.70

① 방법 1 : 각 구간별 Sector Fare를 합산한다.

SEL	
BKK ---	461.82 (Y)
ROM	1835.81 (F)
NUC	2297.63

② 방법 2 : 여정 중 하위 Class의 운임으로 전체 여정을 계산 후, 상위 Class이용 구간에 대해 상위 Class의 운임과 하위 Class운임의 차액을 합산한다. (등급 차액 방식)

SEL
BKK M
ROM 1113.80 (Y)
BKK X
ROM D 744.11 (F-Y)
NUC 1857.91

③ 방법 3 : 여정 중 가장 높은 Class의 운임으로 전체 여정을 계산한다.

SEL
BKK M
ROM 2345.13 (F)
NUC 2345.13

■ **등급차액 계산시 유의 사항**

① 등급 차액을 계산할 경우 Special Fare로는 계산할 수 없으며, 정상운임(Normal Fare; YO2, Y2 포함) 만을 사용하여야 한다.

② 등급 차액을 계산하는 방향은 해당 운임마디의 운임 적용방향과 동일하게 적용한다.

예) 여정 : SEL - NYC (C)- LAX (Y) - SEL (C)

SEL	
NYC - 1293.01	SELNYC (C) 1293.01
LAX M	(Y) 1090.55
SEL 1090.55	SELLAX (C) 946.74
SEL X	(Y) 774.13
LAX D 172.61	
NUC 2556.17	

☞ C Class 이용 구간이 출발지 국가로 돌아오는 운임마디 내에 존재하므로
등급 차액을 여정의 반대 방향, 즉 SEL/LAX 운임 기준으로 산출.

③ 등급 차액 계산시 OW 운임 적용 여정은 OW 운임으로, 1/2 RT 운임 적용 여정은 1/2RT 운임으로 등급 차액을 계산한다.

예) 여 정 : SEL-HKG(Y)-KUL (Y) - TYO (F) - SEL(Y)

SEL	
HKG M	
KUL -- 574.14Y2	TYOKUL F(OW) 2533.88
TYO 20M	Y2(OW) 1301.07
/// TYOKUL	F(1/2RT) 2227.5
SEL 1222.15Y2	Y2(1/2RT) 1018.46
TYO X	
KUL D 1209.09 (1/2 RT 운임 적용)	
NUC 3005.38	

④ 연속된 구간을 상위 Class로 여행시 해당 구간의 등급 차액을 계산하기 위하여 Mileage System을 적용할 수 있다.

예) 여 정 : SEL - HKG(Y) - BKK (C) -KUL(C) - PAR(Y)

SEL	
HKG	SEL/PAR (Y) 1113.80
BKK M	HKG/PAR (Y) 1720.46
KUL HKGPAR	BKK/PAR (Y) 1160.24
PAR 1720.46	HKG/KUL (Y) 475.32
HKG X	(C) 665.1
BKK X M	
KUL D 189.87	
NUC 1910.51	

☞ 이와 같이 등급 차액을 산출하기 위해 편의상 분리한 구간의 운임계산시에 HIF 규정까지만 적용하고, 그 이상의 Minimum Fare Check (BHC, CTM 등)는 하지 않는다.

⑤ 운임 분리지점이 상위 Class로 여행하는 구간의 중간에 있을 경우에는 위와 같은 방법을 적용할 수 없으며, 운임마디별로 등급 차액을 계산하여야 한다.

⑥ 하위 Class의 운임계산시, 해당 하위 운임의 Minimum Fare Check(CTM, BHC 등)를 완료한 후 등급 차액을 더한다.

연 습 문 제

■ 다음 혼합등급 여정의 운임을 계산하시오.

1. SEL – (C) – SYD – (Y) – BNE – (Y) AKL (C) SEL

2. SEL – (Y) – KUL – (Y) – PAR – (F) – BKK – (Y) – HKG – (Y) – SEL

3. SEL – (KE/C) – LAX – (DL/Y) – WAS – (DL/Y) – IND

4. SEL– (C) PAR (Y) ATH (Y) ROM (C) SEL

3. 여정 제도(Routing System)

3_1 여정 제도란?

What?

Counter 실장님의 말씀

여정제도(Routing System)이란?

개요

✓ 출발지와 목적지간 운임과 여정(Routing)이 함께 공시되어, **승객의 여정이 이에 부합될 경우 해당 운임을 그대로 징수하는 방식으로** 주로 미주지역 특별 운임에 적용하고 있다.

특성

✓ Routing에는 **경유 도시** 뿐만 아니라 **항공사**, **예약 등급** 등도 함께 공시되는 경우가 대부분이므로,

✓ Routing System에 의한 운임 적용시에는 이와 같은 **제한 조건을 모두 준수**하여야 한다.

3_2 여정제도를 이용하는 이유는 ?

Why?

Counter 실장님의 말씀

왜? 여정제도를 이용하는 이유는?

하나

✓ 해당 구간의 여정 작성시 항공편 연결 등의 사유로 **특정 경유지가 자주 사용되는 경우**

둘

✓ 항공사의 불리한 노선 망으로, 승객의 여정에 대한 **Mileage system 운임 계산 결과가 높아지는 경우**

셋

✓ 다른 항공사와의 정산 관계상, **특정 지점 경유** 및 **특정 항공사 이용 조건의 설정이 필요한 경우**

3_3 Routing System 적용 방법

① Amadeus Fare System에서 목적지의 Routing Fare가 있는지 확인한다.

② Routing은 운임 보는 방향으로 확인한다.
승객의 여정이 해당 Routing과 일치하면, 운임을 그대로 적용한다.
- Mileage Check, HIP Check 등의 Minimum Fare Check 불요함.

③ 타 항공사 구간이 포함되어 있는 경우 Routing Carrier와 Booking class가 맞는지 확인한다.

예제

여정 : SEL – X/LAX – NYC – X/WAS – SEL(일반석) 운임계산

① 출발지/목적지 간의 운임을 조회(Display)한다. (적용운임 결정)

FQDSELNYC/D1MAY

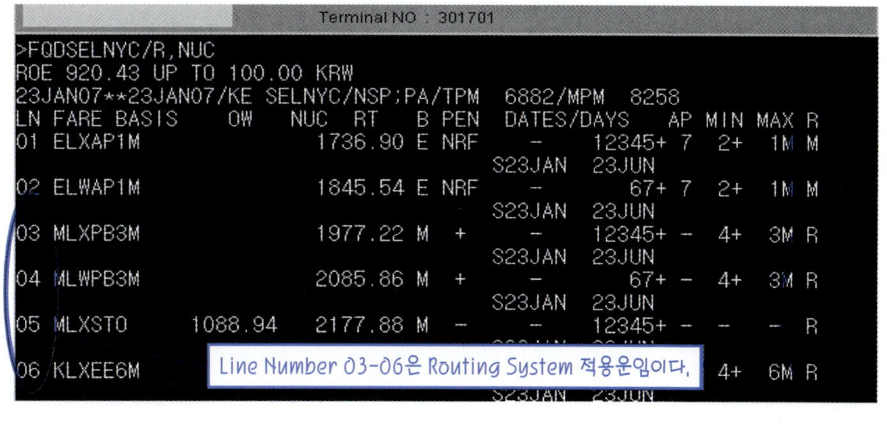

```
Terminal NO : 301701
>FQDSELNYC/R,NUC
ROE 920.43 UP TO 100.00 KRW
23JAN07**23JAN07/KE SELNYC/NSP;PA/TPM  6882/MPM  8258
LN FARE BASIS    OW     NUC  RT     B PEN   DATES/DAYS    AP  MIN  MAX R
01 ELXAP1M                1736.90 E NRF     -      12345+ 7   2+   1M  M
                                          S23JAN  23JUN
02 ELWAP1M                1845.54 E NRF     -        67+ 7   2+   1M  M
                                          S23JAN  23JUN
03 MLXPB3M                1977.22 M  +      -      12345+ -   4+   3M  R
                                          S23JAN  23JUN
04 MLWPB3M                2085.86 M  +      -        67+ -   4+   3M  R
                                          S23JAN  23JUN
05 MLXSTO      1088.94    2177.88 M  -      -      12345+ -   -    -  R
06 KLXEE6M                                                    4+   6M  R
                                          S23JAN  23JUN
```

② Routing Carrier를 확인한다.

– Routing 적용운임 중 3번, MLXPB3M의 Routing Carrier 확인

FQR3

```
Terminal NO : 301701
>FQR3
ROE 920.43 UP TO 100.00 KRW
01MAY07**01MAY07/KE SELNYC/NSP;PA/TPM  6882/MPM  8258
LN FARE BASIS     OW    KRW  RT    B PEN  DATES/DAYS    AP MIN MAX R
03 MLXPB3M              1819900 M  +       -     12345+ -   4+  3M R
                                        S23JAN  23JUN
ADDON           SPECIFIED  KE0500  ADDON            EFF16NOV06
YY MEANS TRAVEL VIA ANY PARTICIPATING CARRIERS NONSTOP OR
DIRECT SERVICE.
TRAVEL MUST BE NON-STOP OR DIRECT BETWEEN POINTS SHOWN.
BTWN TYO AND FUK SURFACE  SECTOR REQUIRED
BTWN TYO AND NGO SURFACE  SECTOR REQUIRED
BTWN TYO AND OSA SURFACE  SECTOR REQUIRED
BTWN TYO AND SPK SURFACE  SECTOR REQUIRED
BTWN SEL AND BKK SURFACE  SECTOR NOT PERMITTED
BTWN SEL AND DPS SURFACE  SECTOR NOT PERMITTED
BTWN SEL AND HAN SURFACE  SECTOR NOT PERMITTED
BTWN SEL AND HKG SURFACE  SECTOR NOT PERMITTED
  1 * SEL-NYC
  2 * SEL-ANC/ATL/WAS/SFO/CHI/LAS-NYC
  3 * SEL-TYO/HNL-LAX-NYC
  4 * SEL-HNL/SEA-CO-NYC
  5 * SEL-CHI-US/UA/DL/CO/TZ/AA-NYC
  6 * SEL-SFO/WAS-US/UA/DL/CO/AA-NYC
  7 * SEL-DFW-DL/CO/AA-NYC
  8 * SEL-ATL-CO/DL-NYC
  9 * SEL-SEA-DL/NW/AS/AA/HP-NYC
 10 * SEL-OSA/SPK/FUK/NGO-TYO/HNL-LAX-NW/DL/US/UA/CO/AS/AA/
      TZ-NYC
 11 * SEL-LAS-NW/DL/CO-NYC
```

- LAX/NYC구간 : 10번에 의거하여,
  NW/DL/US/UA/CO/AS/AA/TZ 항공사 중의 하나를 이용하고,
- WAS/NYC 구간 : 6번에 의거하여,
  US/UA/DL/CO/AA 항공사 중 하나를 이용하여야 한다.

Routing 적용시 주의 사항	예 제
• "-" 으로 명기된 경우는 운임을 설정한 항공사를 의미.	• SEL-NRT-LAX - MPB3M 은 KE 운임이므로 "-"은 대한항공(KE)을 의미.
• 동일 항공사로 연결된 구간은 생략 가능.	• SEL-NRT-LAX - SEL-LAX 를 "KE"로 탑승 가능.
• 해당 구간의 스케줄이 없는경우라도 생략 불가	• SEL-SEA-AS/DL/AA-WAS에서 만일 SEA-WAS 구간에 DL의 스케줄이 부재할 지라도 임의로 생략 또는 추가 불가. - Ex) SEA-DL-NYC-DL-WAS 로 사용불가

③ 해당 항공사의 Booking Class를 확인한다.

- 스케줄을 확인하여 이용할 미국 국내선 구간 항공사를 확정한 후 실시.

  Ex) SEL- KE-X/ LAX -DL - NYC - US - X/WAS-KE- SEL

CIC*126/DL

```
Terminal NO : 301701
>CIC*126/DL
 CHAP 126-CLS                    PAGE    49-DL
------------------------------------------------------------------------
* DELTA AIRLINES *     * LAST UPDATED ON 13JUN06 *
.
/// FOR TICKETS ISSUED ON/AFTER 15JUN06 ///

* FLT RESTRICTION *
 - AS OF 15JUN06 DL2100-3742,5700-5957,6493-7849,7940-9999
 - FOR ABOVE FLT RANGES, PLZ REFER TO FQS ENTRY
.
* BKG CLS - TC1 SECTORS ONLY
  FIRST CLASS FARES - A/I/Y
  BUSINESS CLASS FARES - I/Y
  NORMAL ECONOMY CLASS FARES - Y
  ECONOMY SPECIAL FARES - U/T
   * L/CLS IS ALLOWED WHEN U/T IS NOT AVAILABLE
   ** RESERVATION ALREADY BOOKED WITH Q/K CAN BE ISSUED
      WITH Q/K UNTIL 30JUN2006
   *** PENALTY APPLIES WHEN WRONG BKG CLS IS USED
```

- DL 항공사의 Booking Class는 Fare Type에 따라 상이한데, Routing을 조회한 MLXPB3M과 같은 Special Fare에는 'U' or 'T' Class임을 알 수 있다.
  - 또한 U/T Class가 불가할 경우에는 'L' Class도 가능함을 알 수 있다.

```
CIC*126/US
```

```
Terminal NO : 301701
>CIC*126/US
NO SUCH PAGE EXISTS
>CIC*126/US>_
```

- 위와 같이 Booking Class Table을 조회할 수 없을 경우에는
  - Fare Pricing Entry(FQS)를 이용하여 조회한다.

```
FQPICN/D2MARLAX/ADLJFK-/AAAIAD/AKEICN
```

```
Terminal NO : 301701
FQPICN/D01MAY/AKELAX/ADLJFK-/AUSIAD/AKEICN

* FARE BASIS *  DISC     *  PTC       * FARE(KRW)  * MSG  *T
1 FRT+F0BV   *           * 1          *   9066800  *RB    *Y
2 CRT        *           * 1          *   6376400  *RB    *Y
3 YRT+Y0BV   *           * 1          *   4380300  *RB    *Y
4 Y02RT      *           * 1          *   3661400  *RB    *Y
5 KLXEE6M    *           * 1          *   2204100  *RB    *Y
6 MLXPB3M    *           * 1          *   2004100  *RB    *Y
1*RESTRICTIONS MAY APPLY/CHECK FQN
IRPORT FARES MAY APPLY AT :  DCA /
```

- 승객이 여행할 여정대로 Fare Pricing하여 조회된 Fare List 중에서 적용 예정 운임인 MLPLX3M의 Line Number (06)를 지정하여 Booking Class를 조회한다.

FQS6

```
Terminal NO : 301701
>FQS6

6 - PTC 1 ADT
)FQS 6-1     ADT SELNYC KE   MLXPB3M    PU 1 S
)FQS 6-2     ADT NYCSEL KE   MLXPB3M    PU 1 S
)                                              PAGE   1/ 1
```

• 이 경우 US를 탑승할 NYC/WAS 구간은 두 번째 운임마디이므로 두 번째 운임마디임을 의미하는 FQS6-2를 선택하여 조회한다.

FQS6-2

```
Terminal NO : 301701
>FQS6-2

 6 - PTC 1 ADT
FARE COMPONENT  2    ADT NYCSEL KE  MLXPB3M    PU 1 S

 PRIME BOOKING CODE WHEN NO EXCEPTIONS APPLY
    M

 DEFAULT EXCEPTIONS (US)
  IF   VIA **                 ALL CXRS EXCEPT US              (1)
  THEN VIA US  V      REQUIRED

 (1) THE -IF- CONDITION APPLIES TO THE FARE COMPONENT
)                                              PAGE   1/ 1
```

• 두 번째 운임마디에 해당하는 여정 SEL-NYC-WAS 중
  - SEL-NYC 구간의 KE 항공사는 'M' Class로
  - NYC-WAS 구간의 US 항공사는 'V' Class로 예약해야 함을 알 수 있다.

④ Routing Carrier/Booking Class가 확인되었으므로, 출발지에서목적지에 해당되는 Routing 운임을 적용하여 다음과 같이 운임을 계산할 수 있다.

FROM/TO		
SEL	CARR	FARE CALC
LAX	KE	R
NYC	DL	988.61
WAS	US	R
SEL	KE	988.61
	ROE	920.43
TTL FARE CAL	NUC 1977.22	
FARE	KRW1819900	
TOTAL		

☞ SEL/LAX/NYC은 Mileage Check시 5M 할증되는 구간이나,
Routing System에서는 5M 할증을 하지 않고, LAX/NYC 간의
Routing Map의 조건에 맞으면 SEL/NYC 운임을 그대로 적용한다.

연 습 문 제

1. 아래 여정을 Routing System을 적용하여 운임을 계산하고, 해당 항공사별 Booking Class를 적으시오.

여 정 : ICN KE- 0/TYO KE - 0/LAX - DL NYC - AA- X/SFO - KE-ICN
출발일 - 2008년 5월 8일, 도착일 2008년 5월 31일

[Check Point] ① Fare Break Point(NYC)의 운임 조회
② 운임규정 (Fare Rule)의 Stopover(SO) 규정 점검
③ 해당 항공사가 Routing에 있는지 점검
④ 해당 항공사의 Booking Class 점검
⑤ 출발일의 요일 점검

FROM/TO	CARR	FARE CALC
TTL FARE CAL		
FARE		
TOTAL		

2. 아래 여정을 Routing System을 적용하여 운임을 계산하고, 해당 항공사별 Booking Class를 적으시오.

여 정 : ICN- KE - X/CHI-UA- ORL- DL- X/LAX - KE - ICN
출발일 - 2008년 5월 13일, 도착일 2008년 5월 25일

[Check Point] ① Fare Break Point(ORL)의 운임 조회
② 운임규정(Fare Rule)의 Stopover(SO) 규정 점검.
③ 해당 항공사가 Routing에 있는지 점검
④ 해당 항공사의 Booking Class 점검
⑤ 출발일의 요일 점검

FROM/TO	CARR	FARE CALC
TTL FARE CAL		
FARE		
TOTAL		

MEMO

Ticketing I

제 5 장

자동 운임계산

1. 자동 운임계산 : Informative Pricing(FQR)

2. 자동 운임계산 : FNR Pricing(FXP)

학습목표

- Fare System을 이용하여 자동 운임계산 기능을 이해한다.
- PNR이 없는 상태에서 FARE PRICING을 할 수 있다.
- PNR을 이용한 FARE PRICING을 할 수 있다.
- 학습내용
  - INFORMATIVE PRICING
  - PNR PRICING

제5장 자동 운임계산

Pricing

Counter 실장님의 말씀

자동 운임 계산이란?

✓ 여정을 가지고 운임의 기초 정보 차원에서 여러 가지 **적용 가능한 운임을 보여줄 수 있는 기능으로,**

- 완성된 PNR이 없는 경우 : Informative Pricing [FQP]
- 고객의 PNR이 있는 경우 : PNR Pricing으로 구분된다. [FXP]

1. 자동 운임계산 : Informative Pricing(FQP)

- **완성된 PNR이 없는 경우** 여정을 가지고 운임의 기초 정보 차원에서 여러 가지 적용 가능한 Fare를 보여줄 수 있는 Pricing방법으로서 거의 모든 Fare의 Pricing이 가능하다.

- 특히 보완된 New Topas Fare System에서는 **과거 7일전**, **미래 12개월 후까지**, **16 구간(Segment, 2 Surface포함) 내에서** 자동 운임계산이 이루어지고 있다.

기본 Entry	➢ FQP **FQP** 기본 지시어 **SEL SFOSEL** 전체 여정을 순서대로 적는다.

- 어떠한 Option도 Entry에 포함시키지 않았다면,
  - System은 **성인 승객**을 기준으로 하여, **오늘 현재를 출발일**로 여정의 잔여 구간 및 Booking Class 모두를 Open으로 하고,
  - **모든 도시에 체류하는 것**을 기본으로 하여 각 Class별 적용 가능한 낮은 가격을 보여준다.

- 특히 Option에 항공사 지정을 포함시키지 않았다면,
  - 자동적으로 KE가 운송하는 여정으로 Pricing이 이루어지게 되므로 주의하여야 한다.

■ 기본 Entry : FQPSELSFOSEL

```
Terminal NO : 301701
FQPSELSFOSEL

* FARE BASIS *  DISC    *  PTC        * FARE(KRW)  * MSG   *T
1 FRT        *          * 1           *   7568000  *RB     *Y
2 CRT        *          * 1           *   5129600  *RB     *Y
3 YRT        *          * 1           *   3202900  *RB     *Y
4 Y02RT      *          * 1           *   2587500  *RB     *Y
5 KLXEE6M    *          * 1           *   1892200  *RB     *Y
6 MLXPB3M    *          * 1           *   1692200  *RB     *Y
```

- 상기 Fare List 중 가장 저렴한 MLXPB3M을 선택하려면,

① 운임 선택	: FQQ6
② Rule 조회	: FQN6
③ Routing 조회	: FQR6
④ Booking Class	: FQS6

① 6번 운임 선택 ➜ FQQ6

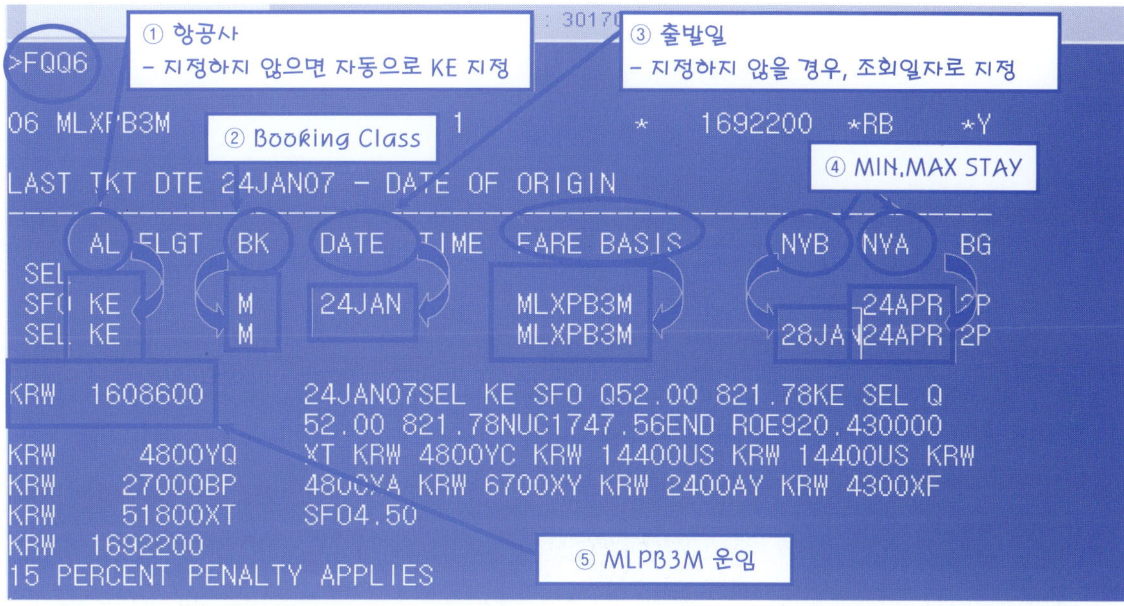

② Rule 조회 ➜ FQN6

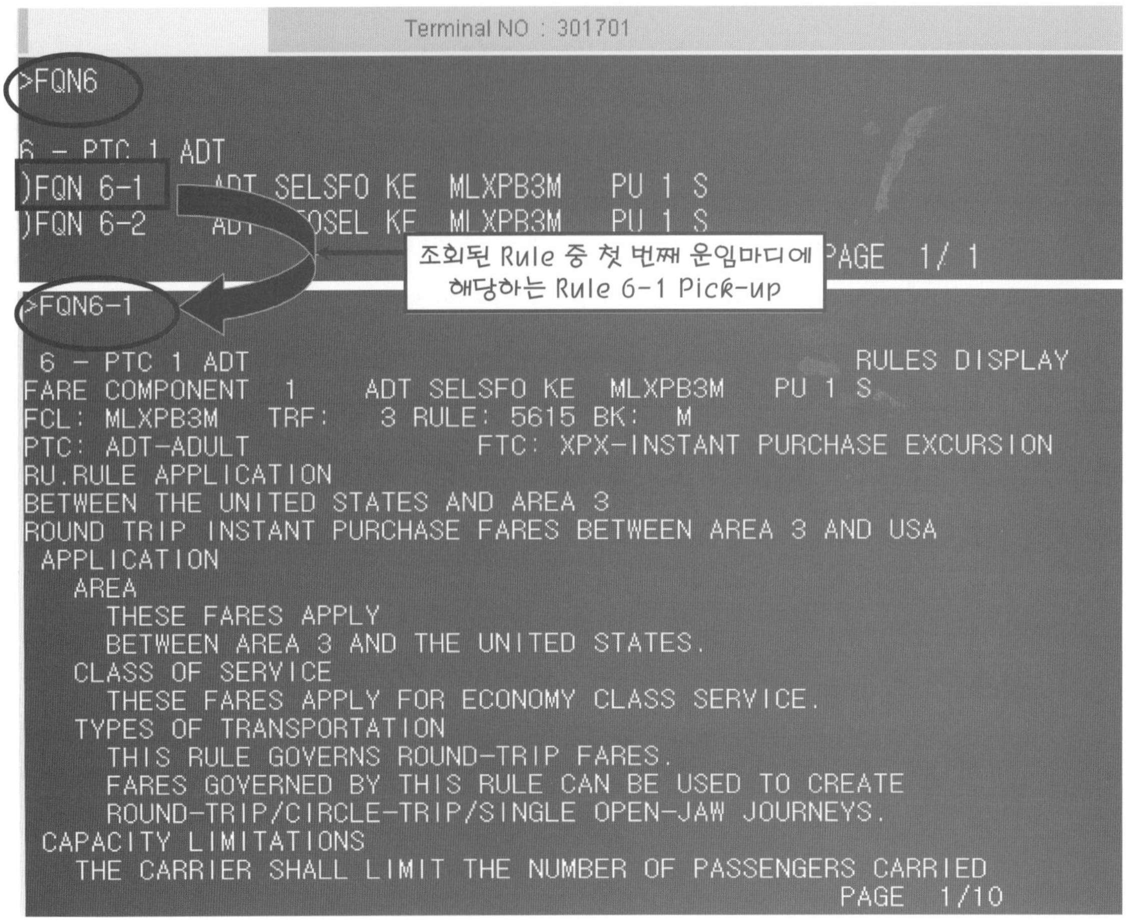

```
Terminal NO : 301701
>FQN6

6 - PTC 1 ADT
)FQN 6-1     ADT SELSFO KE  MLXPB3M   PU 1 S
)FQN 6-2     ADT SFOSEL KE  MLXPB3M   PU 1 S
                                      PAGE  1/ 1
>FQN6-1

 6 - PTC 1 ADT                                          RULES DISPLAY
FARE COMPONENT  1    ADT SELSFO KE  MLXPB3M   PU 1 S
FCL: MLXPB3M   TRF:   3 RULE: 5615 BK:  M
PTC: ADT-ADULT               FTC: XPX-INSTANT PURCHASE EXCURSION
RU.RULE APPLICATION
BETWEEN THE UNITED STATES AND AREA 3
ROUND TRIP INSTANT PURCHASE FARES BETWEEN AREA 3 AND USA
 APPLICATION
   AREA
     THESE FARES APPLY
     BETWEEN AREA 3 AND THE UNITED STATES.
   CLASS OF SERVICE
     THESE FARES APPLY FOR ECONOMY CLASS SERVICE.
   TYPES OF TRANSPORTATION
     THIS RULE GOVERNS ROUND-TRIP FARES.
     FARES GOVERNED BY THIS RULE CAN BE USED TO CREATE
     ROUND-TRIP/CIRCLE-TRIP/SINGLE OPEN-JAW JOURNEYS.
 CAPACITY LIMITATIONS
   THE CARRIER SHALL LIMIT THE NUMBER OF PASSENGERS CARRIED
                                                     PAGE  1/10
```

③ Routing 조회 ➜ FQR6

```
Terminal NO : 301701
>FQR6                                   ADDON SPECIFIED ADDON TARIFF
6 - PIC 1 ADT
)FQR 6-1  SELSFO KE MLXPB3M             0503            0003
)FQR 6-2  SFOSEL KE MLXPB3M             0503            0003
)                                                       PAGE  1/ 1
>FQR6-1
ADDON          SPECIFIED  KE0503   ADDON          EFF12DEC06
YY MEANS TRAVEL VIA ANY PARTICIPATING CARRIERS NONSTOP OR
DIRECT SERVICE.
TRAVEL MUST BE NON-STOP OR DIRECT BETWEEN POINTS SHOWN.
BTWN TYO AND FUK SURFACE  SECTOR REQUIRED
BTWN TYO AND NGO SURFACE  SECTOR REQUIRED
BTWN TYO AND OSA SURFACE  SECTOR REQUIRED
BTWN TYO AND SPK SURFACE  SECTOR REQUIRED
BTWN SEL AND BKK SURFACE  SECTOR NOT PERMITTED
BTWN SEL AND DPS SURFACE  SECTOR NOT PERMITTED
BTWN SEL AND HAN SURFACE  SECTOR NOT PERMITTED
BTWN SEL AND HKG SURFACE  SECTOR NOT PERMITTED
  1 * SEL-SPK/FUK/NGO/OSA-TYO/HNL-LAX-DL/US/UA/AS/AA-SFO
  2 * SEL-SPK/FUK/NGO/OSA-TYO/HNL-LAX-SFO
  3 * SEL-SEA/LAX-AA/UA/US/AS-SFO
  4 * SEL-LAS-UA/AS/HP-SFO
  5 * SEL-HNL-SFO
  6 * SEL-HNL-DL/AA/TZ/HA-SFO
  7 * SEL-ANC-US/NW/AS-SFO
  8 * SEL-SFO
```

조회된 Routing 중 첫 번째 운임마다에 해당하는 6-1 Pick-up

④ Booking Class 조회 ➜ FQS6

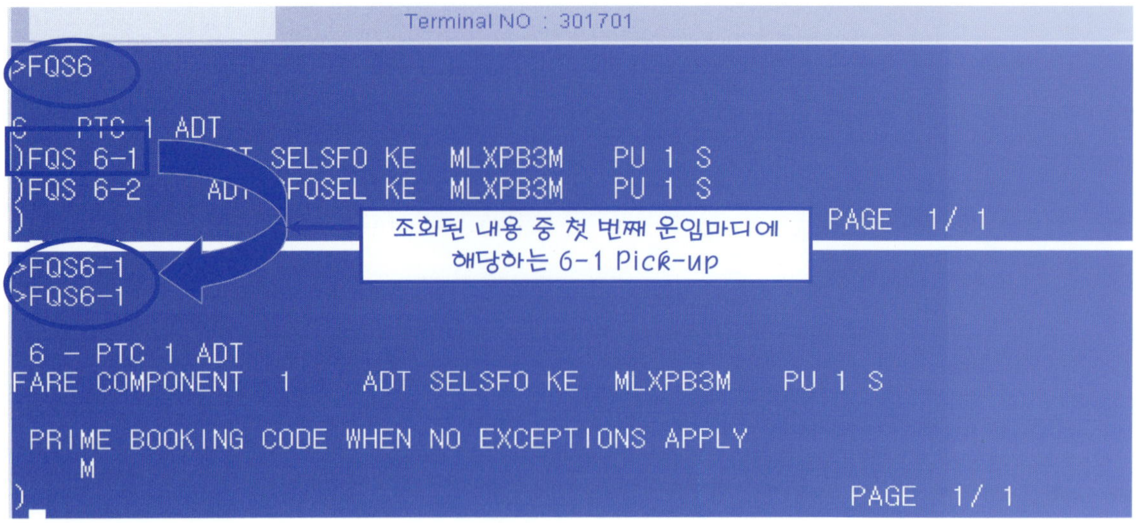

■ 추가 선택사항(Option) 지정 조회

- 입력 Entry에 정확한 Option의 추가만 이루어진다면,
  - 좀 더 명확하고 간결한 운임계산 내역을 조회할 수 있다.
- 특히 Option은 종류에 따라서 여정 사이에 위치하는 경우와, 여정의 맨 끝에 위치하는 경우로 나눌 수 있다.

■ 기본 지시어 FQPSELCAILONSEL에, CAI/LON Surface 등 지정 조회

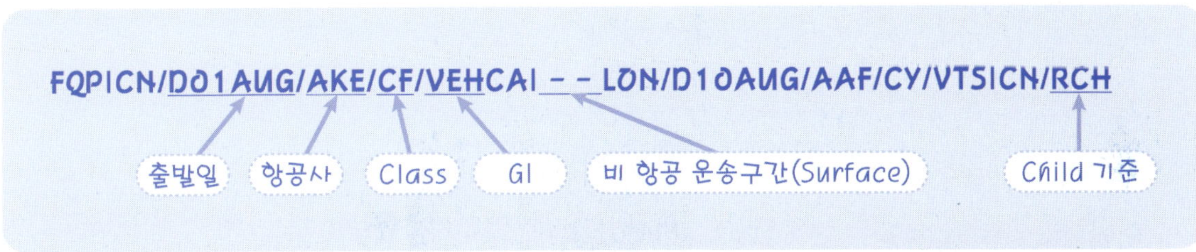

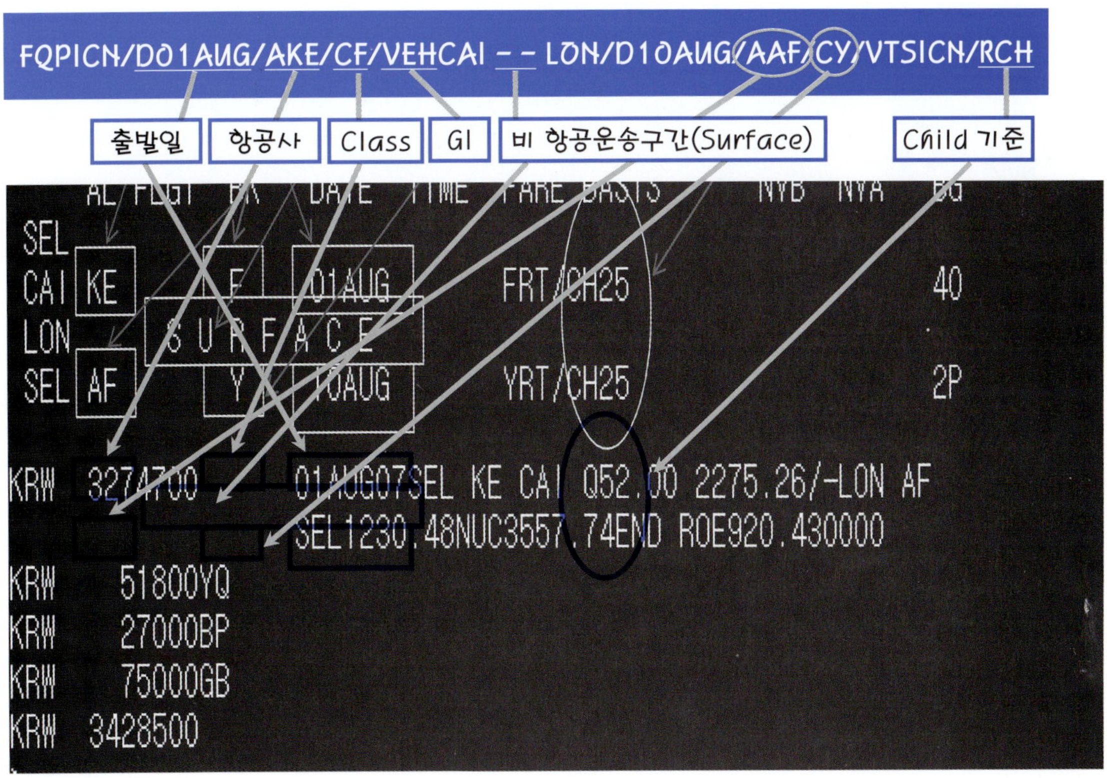

■ 자주 사용하는 Option

Stopover Point, 비항공 운송구간, 승객 Type 지정 등의 추가 Option이 가능하다.

요청 내용	Option	위 치
특정 항공사 지정	/AAF	해당 도시 사이
전구간 같은 항공사 지정	/OAF	Entry의 마지막
Booking Code 지정	/CF	해당 도시 사이
Fare break point 지정	/B	해당 도시 앞
Global Indicator 지정	/VTS	해당 도시 사이
할인운임 Code지정	/RCH	Entry의 마지막
승객 Type Code (PTC)지정	/RMIL	Entry의 마지막
항공권 판매지 지정	/R,SEL	Entry의 마지막
항공권 발권지 지정	/R,.PAR	Entry의 마지막
특정날짜 지정	/D20APR	해당 도시 사이
Stopover Point 지정	-	해당 도시 뒤
Surface Sector 지정	- -	해당 도시 사이
Group Fare 지정	/RGV, /RGVCH	Entry의 마지막
IT Fare 지정	/RIT, /RITCH	Entry 의 마지막

■ 기 타 Option

요청 내용	Option	위 치
Turnaround Point 지정	/T	해당 도시 앞
Lowest Price 지정	/L	Entry의 마지막
거울 여정 (Mirror Image)	/M	Entry의 마지막
Tax 면제 지정	/R,ET	Entry의 마지막
Stopover & Surface Sector 지정	- - -	해당 도시 사이
Night Fare 지정	/H	해당 도시 사이
Aircraft Type 지정	/E320	해당 도시 사이
Ticketing Date 지정	/R,01DEC07	Entry의 마지막
운임분리지점 강제 미지정	/N	해당 도시 앞

※ 항공사 지정 Option 및 Class 지정 Option을 포함하는 경우에 새로운 항공사 또는 Booking Code가 추가되기 전까지는, 처음 지정된 Option이 뒤따라오는 전 여정에 그대로 적용됨을 유의해야 한다.

■ 할인 Code 및 Passenger Type Code

- Pricing Entry의 마지막 부분에 '/R' Indicator를 이용하여 특정 Discount Code를 지정한 후 계산 내역을 확인할 수 있다.

- 할인 코드 및 PTC(Passenger Type Code) 모두 사용 가능하나 할인 코드 사용이 편리하다. 하지만 성인의 경우에는 할인 코드가 없으므로 PTC를 사용해야 한다.

■ 할인 Code 및 PTC

내 용	할인 Code	PTC (Passenger Type Code)
Infant(유아)	IN	INF
Child(소아)	CH	CHD
Adult(성인)	-	ADT
Student(학생)	SD	STU
Youth(청소년)	ZZ	YTH
Seaman(선원)	SC	SEA
Military(군인)	MM	MIL
Emigrant(이민)	EM	EMI
Agent(여행사)	AD	AGT
Air Industry Employee(항공사)	ID	AST
Senior Citizen(경로우대)	CD	YCD
Group Inclusive(단체)	GV	GIT
Individual Inclusive Tour(개인 패키지)	IT	IIT
Tour Conductor(여행 인솔자)	CG	TUR

■ 학생할인 적용

Pricing ➜ FQPSELSFO/RSD
　　　　or FQPSELSFO/RSTU

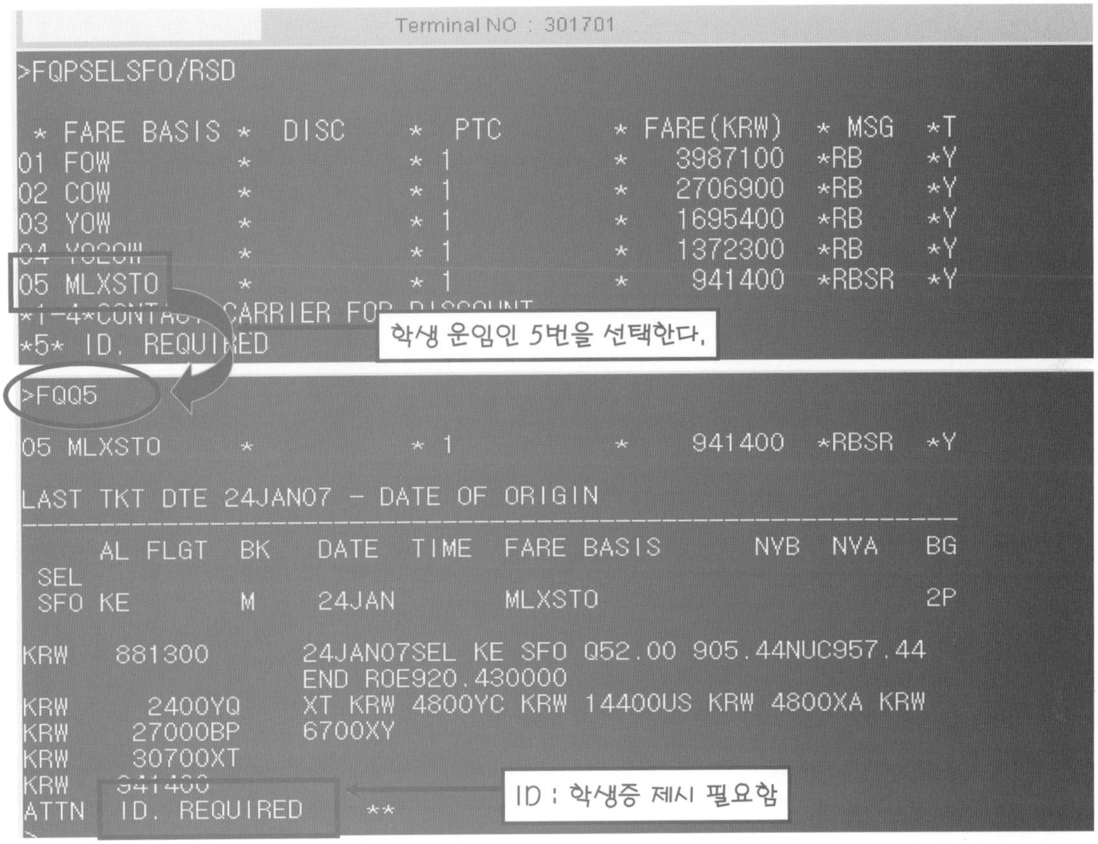

```
Terminal NO : 301701
>FQPSELSFO/RSD

 * FARE BASIS *  DISC    *  PTC       * FARE(KRW)  * MSG   *T
01 FOW         *         * 1          *   3987100  *RB     *Y
02 COW         *         * 1          *   2706900  *RB     *Y
03 YOW         *         * 1          *   1695400  *RB     *Y
04 YO2OW       *         * 1          *   1372300  *RB     *Y
05 MLXSTO      *         * 1          *    941400  *RBSR   *Y
*1-4*CONTACT CARRIER FOR DISCOUNT
*5* ID. REQUIRED

>FQQ5

05 MLXSTO      *         * 1          *    941400  *RBSR   *Y

LAST TKT DTE 24JAN07 - DATE OF ORIGIN
-------------------------------------------------------------
     AL FLGT  BK   DATE  TIME  FARE BASIS      NVB  NVA    BG
 SEL
 SFO KE       M    24JAN       MLXSTO                      2P

KRW   881300      24JAN07SEL KE SFO Q52.00 905.44NUC957.44
                  END ROE920.430000
KRW     2400YQ    XT KRW 4800YC KRW 14400US KRW 4800XA KRW
KRW    27000BP    6700XY
KRW    30700XT
KRW   941400
ATTN  ID. REQUIRED     **
```

2. 자동 운임계산 : PNR Pricing(FXP)

- PNR이 있는 경우 사용할 수 있는 자동 운임계산 방법으로,
  - System은 여정, Stopover, Transfer, Minimum Stay, Maximum Stay, Passenger Type Code 등을 고려하여 Pricing을 한다.

기본 Entry	➢ FXP PNR 조회 후, FXP 기본 지시어

■ 기본 Entry : FXP

단수 승객 PNR Pricing

Terminal NO : 301701

```
 1.1SIL/JANGNIMMS
QHOKEOC 24JAN EX521D/961-2985
 1 KE  81 M SU 10JUN  ICNJFK HK1  E 1100 1155   CAB Y
 2 KE  82 M WE 20JUN  JFKICN HK1  E 1355 1730*1 CAB Y
FONE-QHO-H 02-123-4567
TL-CQH039/1955/11APR
GEN FAX-OSTRL RSVN NBR IS 961-2985
```

Terminal

```
>FXP

01 P1

LAST TKT DTE 10JUN07 - DATE OF ORIGIN
------------------------------------------------------------
    AL FLGT  BK   DATE  TIME  FARE BASIS      NVB  NVA   BG
SEL
NYC KE   081  M    10JUN 1100  MLWPB3M               10SEP 2P
SEL KE   082  M    20JUN 1355  MLWPB3M          14JUN10SEP 2P

KRW  2015700       10JUN07SEL KE NYC Q52.00 1042.93KE SEL Q
                   52.00 1042.93NUC2189.86END ROE920.430000
KRW     4800YQ     XT KRW 4800YC KRW 14400US KRW 14400US KRW
KRW    27000BP     4800XA KRW 6700XY KRW 2400AY KRW 4300XF
KRW    51800XT     JFK4.50
KRW  2099300
15 PERCENT PENALTY APPLIES
```

PNR 상의 조건과 일치하는 운임이 **하나만 존재하는 경우에는 Ticket Image 형태로 Display 된다.**

복수 승객 PNR Pricing

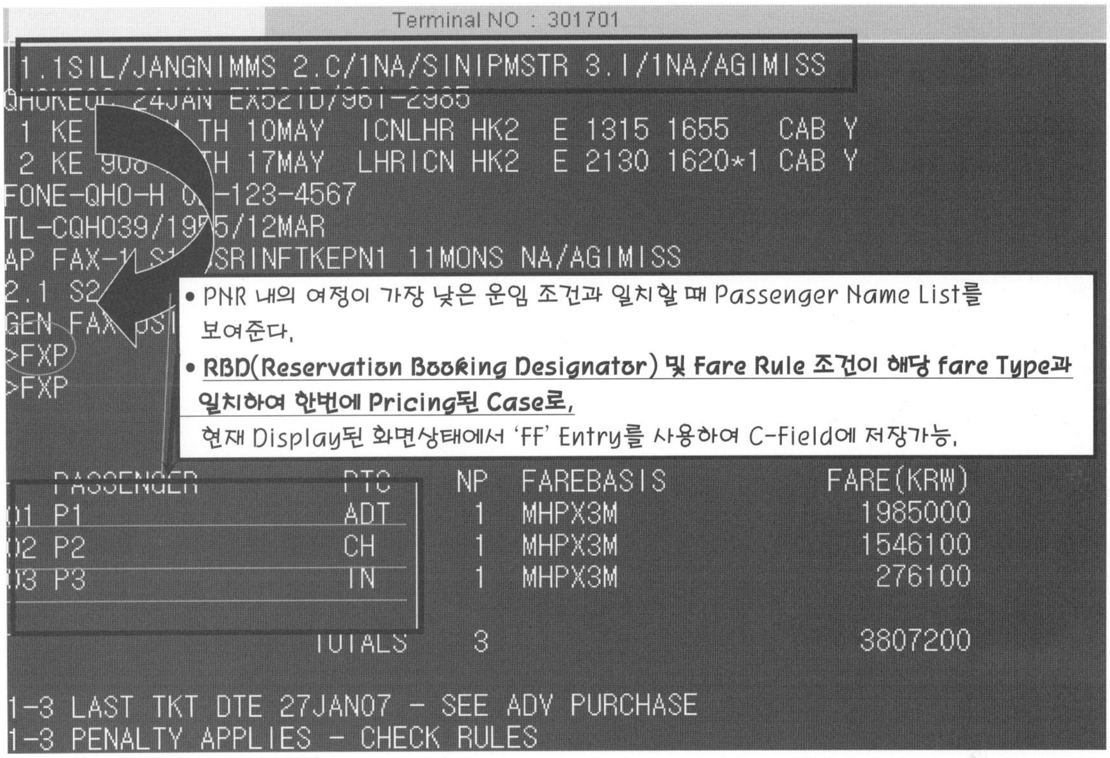

■ Pricing Option

요 청 내 용	Option	지 시 어
Passenger 지정	/P	FXP/P3 or FXP/P2,4,6 or FXP/P1-5
Segment 지정	/S	FXP/S3 or FXP/S2,4,6 or FXP/S1-5 FXP/S3X (특정 Segment에 Transfer Point 지정) FXP/S4X/S7X FXP/S2TS (특정 Segment에 GI 지정)
Discount Code 지정	/R	FXP/RCH or FXP/RIN/P2

요 청 내 용	Option	지 시 어
PTC 지정	/R	FXP/RMIL or FXP/RYTH/P2
판매, 발권 지정	/R,	FXP/R,SEL (판매 SEL, 발권 SEL) FXP/R,SEL.TYO (판매 SEL, 발권 TYO)
GRP Pricing	/R	FXP/RGV or FXP/RIT or FXP/RGV-CH

■ 기타 Option

요 청 내 용	Option	지 시 어
Fare Breakpoint지정	/B	FXP/B3 FXP/B2/B4
Turnaround Point 지정	/BT-	FXP/BT-3
Open Segment 지정	/OPEN	FXP/OPEN
Tax 면제 지정	/R,	FXP/R, ET
Discount Code 결합	/R	FXP/RGV-CH
Fare Breakpoint 강제 미지정	/N	FXP/N
Fare Basis 강제 지정	/L	FXP/L-MHAP
발권일 지정	/R,	FXP/R,31DEC99

■ Fare Discount Element를 적용한 Pricing

- PNR Name Field의 운임 할인 요인을 적용하여 Pricing하는 방법
- Name Field의 운임할인 요인(Fare discount element)은?
  - C : Child
  - I : Infant
  - T : Tour Conductor

Counter 실장님의 말씀: Child or T/C Indicator 삽입/수정 방법 다시 기억합시다.

삽입	✓ 3@/C (3은 Passenger Number)
수정	✓ -5@-C (5는 Passenger Number)

- 원활한 PNR Pricing을 위해, PNR Name Field의 Indicator 'C'와 'T'를 입력하는 것이 필요하다. 단, Child(C)와 Tour Conductor(T)만 삽입/수정이 가능하다.

■ Entry에 Discount Code를 적용한 Pricing

- PNR상에 Fare Discount Element를 직접 반영하지 않은 경우에는 별도 기능으로, Entry상의 Discount Option을 활용하여 Pricing 할 수 있다.

- 하나의 Discount Code를 Passenger 지정 없이 사용할 경우 PNR상의 모든 승객에게 동일한 Discount Code가 적용되므로,

- 각기 다른 Discount Code를 적용하고자 할 경우에는 Discount Code와 승객을 필히 Relation 해야 한다.

[적용 지시어]

FXP/RSD ← 학생할인지정

FXP/P1/RSD ← 1번 승객에 대해 학생할인 지정

FXP/P1/RADT//P2/RCH//P3/RIN ← 1번 성인, 2번 소아, 3번 유아 지정

승객 간은 Slash '//' 2개로 표시한다.

■ 적용 예

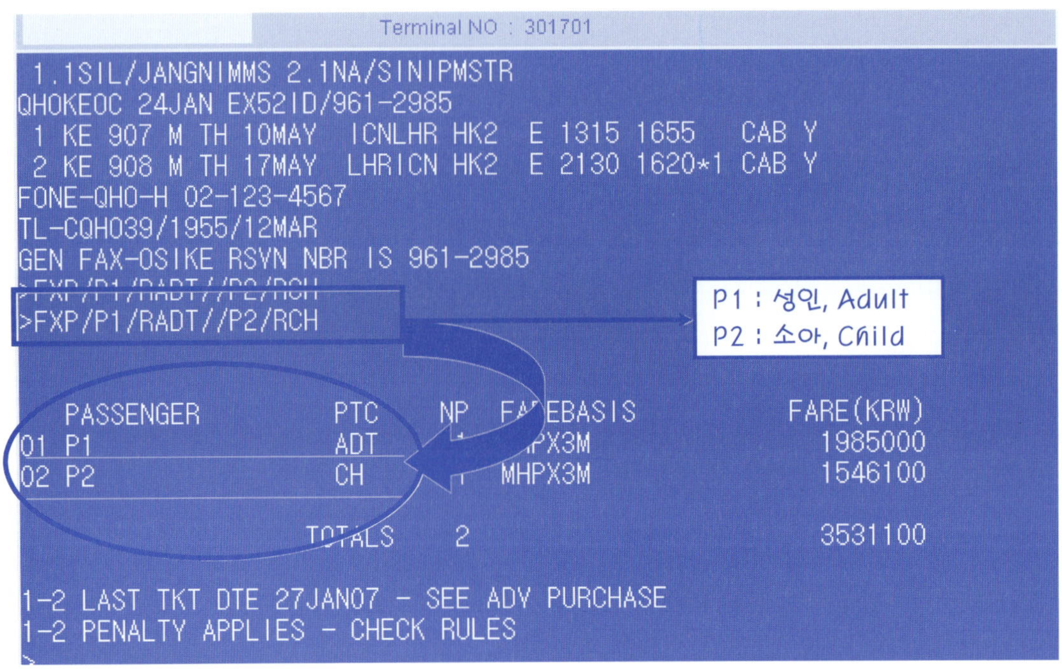
```
Terminal NO : 301701
 1.1SIL/JANGNIMMS 2.1NA/SINIPMSTR
QHOKEOC 24JAN EX521D/961-2985
 1 KE 907 M TH 10MAY  ICNLHR HK2  E 1315 1655   CAB Y
 2 KE 908 M TH 17MAY  LHRICN HK2  E 2130 1620*1 CAB Y
FONE-QHO-H 02-123-4567
TL-CQH039/1955/12MAR
GEN FAX-OSIKE RSYN NBR IS 961-2985
>FXP/P1/RADT//P2/RCH
>FXP/P1/RADT//P2/RCH

  PASSENGER          PTC     NP  FAREBASIS          FARE(KRW)
01 P1                ADT         PX3M                1985000
02 P2                CH       1  MHPX3M              1546100

                  TOTALS     2                       3531100

1-2 LAST TKT DTE 27JAN07 - SEE ADV PURCHASE
1-2 PENALTY APPLIES - CHECK RULES
>
```

■ Pick-up 기능 및 C-field 반영 Entry

- Pick-up이란?
  - 조회된 운임 중 적용 가능한 운임을 선택하는 것을 의미하며,
  - 항공권 발권에 필요한 운임계산 내역을 반영하는 C-Field에 입력되도록 하는 과정을 의미한다.

- Pricing 결과의 Pick-up 방식은?
  ① 'FQQ + Line Number'로 운임 선택하고,
  ② 운임 선택 후에는 'FF' Entry를 이용하여 → C-field에 Pricing 결과를 반영한다.
  * 'FF' 단계에서는 Passenger Relation은 불가하다.

■ 기본 적용 방식

① Ticket Image가 Display되는 경우 → 'FF'만 입력.

↓

② Fare Type List가 Display되는 경우 → 'FQQ'로 Line Number 지정하여 Ticket Image 확인 후 → 'FF'로 저장.

↓

③ Passenger Name List가 Display되는 경우
- 'FQQ'로 Ticket Image 확인 후 → 'FF'
  (이 경우는 지정된 Line Number의 Passenger의 운임만 저장됨)
- 'FQQ' 없이 → 'FF' 또는 'FFALL' 입력
  (Passenger Name List에 조회된 운임대로 전체 승객 운임 저장)

- Fare Type List가 여러 가지 조회 되었을 경우

☞ FQQ7-9 or FQQ7.8.9 : 7번부터 9번 운임까지 선택
FQQ5/P1//6/P2 : 고객과 선택운임 Relation(연결)
1번 고객은 5번 운임,
2번 고객은 6번 운임 선택 의미.

① _1 : Ticket Image로 조회시

'FF'로 저장

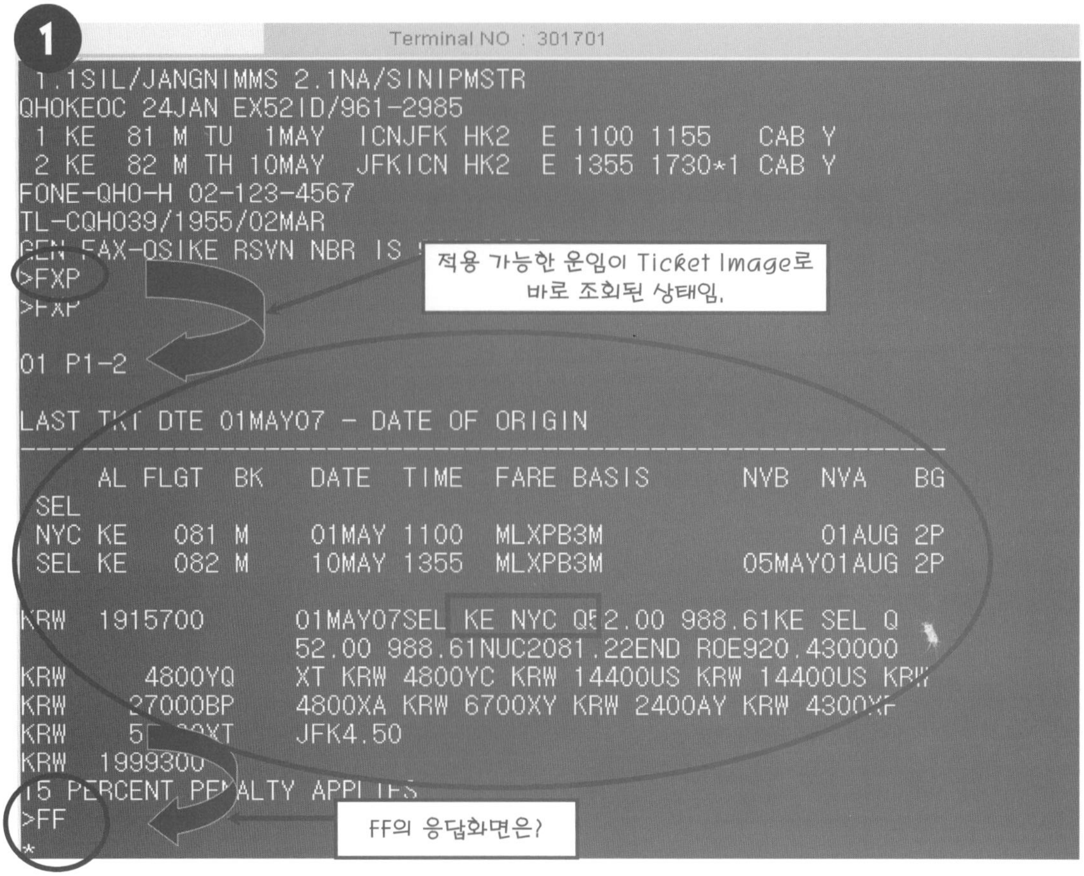

① _2 : FF 로 Pick-up 된 운임계산 내역조회

'*Z'

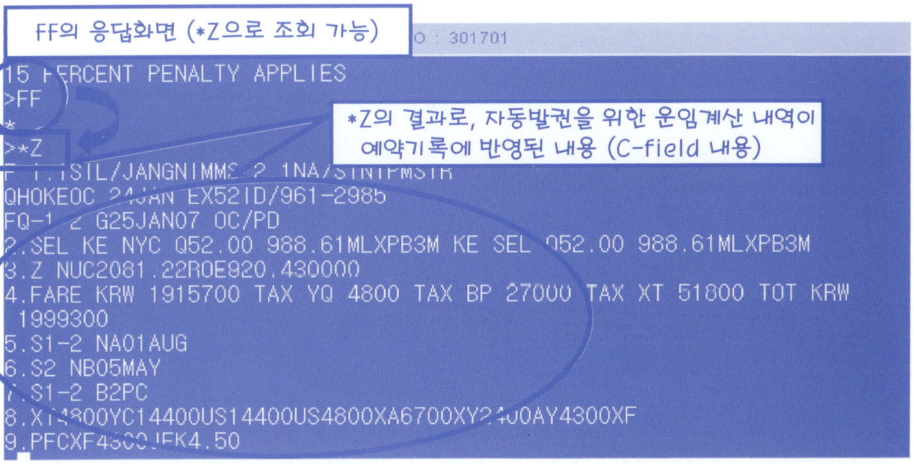

② Fare Type List 중 선택

FQQ 1 (<u>1번 운임선택</u>)

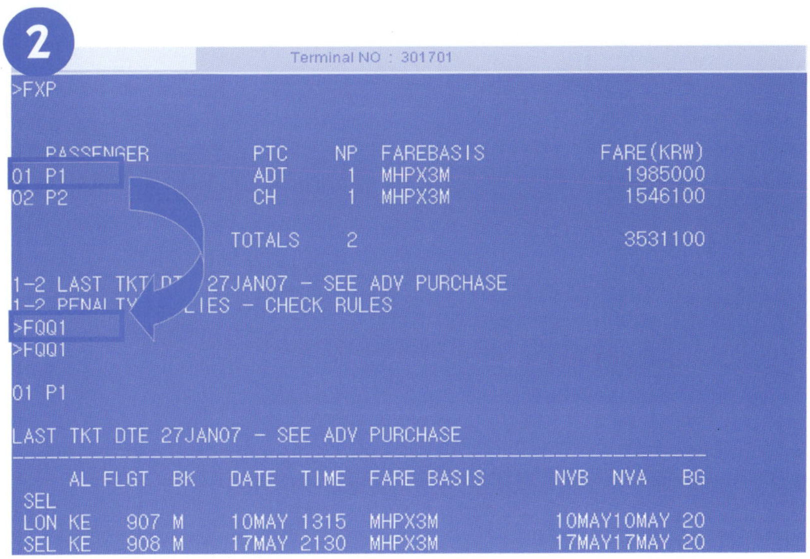

- FQQ로 선택하면, Ticket Image로 조회되어 ➔ FF로 C-field에 저장 가능

③ _1 : 여러 가지 Fare Type 중, 고객과 연결하여 선택 가능

➜ FQQ5/P1//6/P2 :1번 고객-5번 운임, 2번 고객-6번 운임 선택

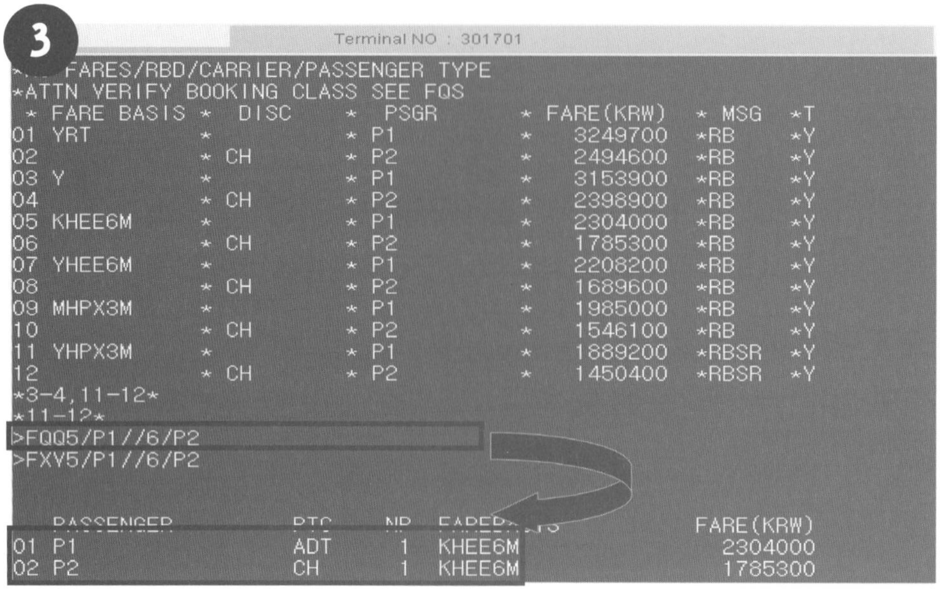

③ _2 : 고객별로 조회된 운임을 한번에 Pick-up하여 저장 가능

➜ 'FFALL'로 한번에 C-field에 입력 가능.

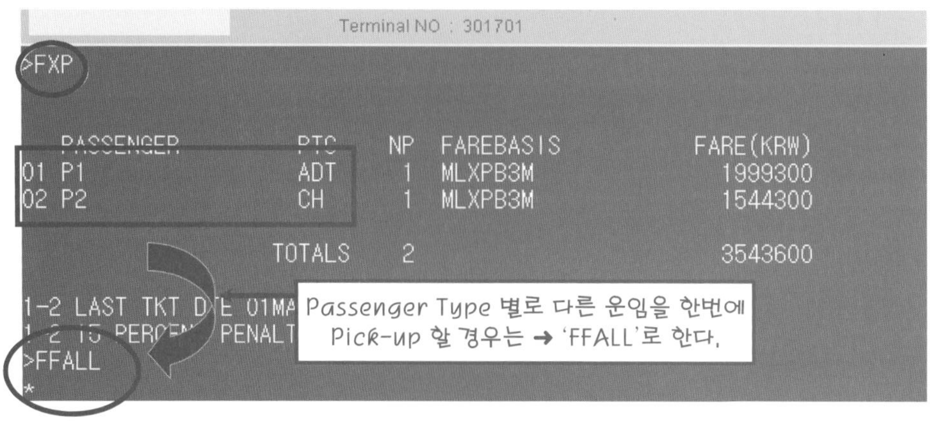

```
>FFALL
*
>*Z
F 1.1SIL/JANGNIMMS 2.C/1NA/SINIPMSTR
QHQ EOC 24JAN EX521D/961-2985
FQ-1 G25JAN07 OC/PD
2.SEL KE NYC Q52.00 988.61MLXPB3M KE SEL Q52.00 988.61MLXPB3M
3.Z NUC2081.22ROE920.430000
4.FARE KRW 1915700 TAX YQ 4800 TAX BP 27000 TAX XT 51800 TOT KRW
 1999300
5.S1-2 NA01AUG
6.S2 NB05MAY
7.S1-2 B2PC
8.XT4800YC14400US14400US4800XA6700XY2400AY4300XF
9.PFCXF4300JFK4.50
10.2 G25JAN07 OC/PD
11.SEL KE NYC Q52.00 741.45MLXPB3M/CH25KE SEL Q52.00 741.45MLXPB
3M/CH25
12.Z NUC1586.90ROE920.430000
13.FARE KRW 1460700 TAX YQ 4800 TAX BP 27000 TAX XT 51800 TOT KR
W 1544300
14.S1-2 NA01AUG
15.S2 NB05MAY
16.S1-2 B2PC
17.XT4800YC14400US14400US4800XA6700XY2400AY4300XF
18.PFCXF4300JFK4.50
```

1번 고객, 성인 운임 입력 의미

2번 고객, 즉 소아(Child) 운임 입력 의미

연 습 문 제

■ **다음 조건을 반영하여 FQP Entry를 작성하시오.**

1. 성인과 Child Pricing Entry를 모두 쓰시오.

여정 : ICN/CDG 23APR EY CLS
CDG/ICN 29JUL EY CLS

2. 성인과 Child Pricing Entry를 모두 쓰시오.

여정 : ICN/AKL 11NOV EY CLS KE
AKL/CHC 12NOV EY CLS NZ
CHC/AKL 11DEC EY CLS NZ
AKL/ICN 21DEC EY CLS KE

3. 성인과 Child Pricing Entry를 모두 쓰시오.

여정 : ICN/JFK 12NOV EY CLS KE JFK/BOS 15NOV EY CLS AA BOS/IAD 11DEC EY CLS UA IAD/ICN 11DEC EY CLS KE

4. 성인과 Child Pricing Entry를 모두 쓰시오.

여정 : ICN/CDG 15MAY EY CLS KE FRA/ICN 16JUN EY CLS KE

Ticketing Ⅰ

제 6 장

항공권 발행

1. Ticketing(발권) PNR
2. 운임계산내역(C-Field) 입력 및 수정
3. 지불내역(M-Field) 입력 및 수정
4. Ticket Field(7번 Field) 입력 및 삭제
5. 발권 기록 조회
6. 발권 지시(End Transaction) 및 Error 처리

학습목표

- 항공권 발권에 필요한 PNR 내역, 운임계산 내역 및 지불내역을 학습한다.
- Fare Pricing(운임계산내역)과 MS Entry(지불내역)를 이용하여 항공권을 발행할 수 있다.
- 현금 발권 및 신용 카드로 항공권을 발행할 수 있다.
- 항공권 발권 시 ERROR Message를 판독하고 해결할 수 있다.
- 학습내용
  - 발권을 위한 PNR 내역 조정
  - 운임계산 내역(C-Field) 작성 및 수정
  - 지불내역(M-Field) 작성 및 수정

제6장 항공권 발행

1. Ticketing(발권) PNR

자동 발권을 위한 PNR은 예약 PNR 상에 발권을 위한 운임계산내역, 지불내역, 기타 발권내역을 추가로 입력함으로써 비로소 이루어진다.

Counter 실장님의 말씀

예약기록인 PNR이 발권과 밀접한 관계라는 것 다시 기억합시다.

PNR의 무엇이?

✓ PNR의 내용 중, 항공권에 표기되는 내용은?
- 이름
- 여정(항공편, 출/도착 일자/시간, 예약상태 Code, 도중체류 여부)

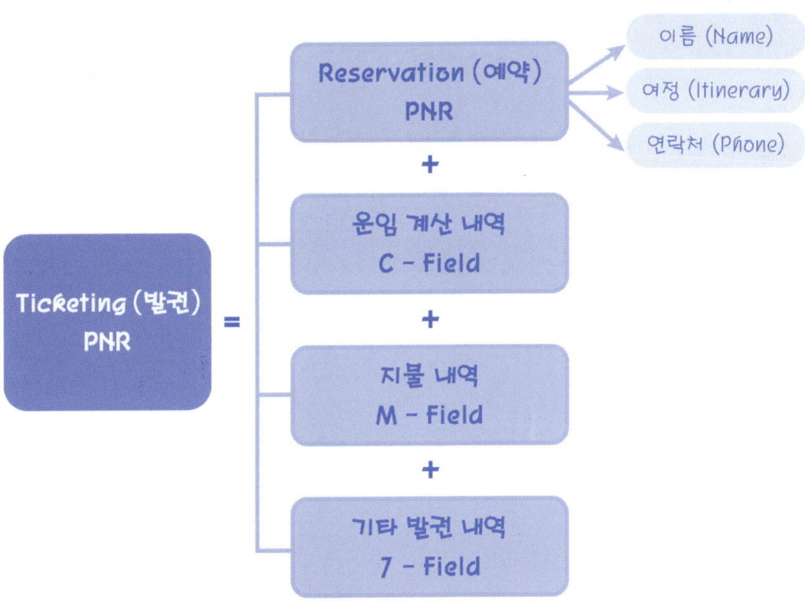

T·I·P 발권을 위한 PNR 작성시 유의사항

① 이름 Field

- 정확한 Title 입력은 필수

② 예약 상태 Code 정리 및 확인

- 자동 발권이 불가한 Code의 정리/확인 필요

③ 여정 정리

- 도중 체류 여부를 표시
- 발권에 필요한 여정과 불요한 여정 표시
- OPEN SEG와 Surface 여부 표시
- 분리된 PNR의 Ticketing

① 이 름 : Title 기입

예약 PNR 상의 이름에 Title이 없거나 잘못된 경우 → @ 기호로 표시	➢ 자동 발권이 불가능하므로 발권 지시 전에 - 예약기록을 수정하거나 - Ticketing Name(7번 field 이용)을 입력하여야 한다.

Ticketing Name 입력 지시어	➢ 7N* 성 이름 Title 7 1N* (Passenger Number) SIL (성) JANGNIM (이름) MS (Title)

```
Terminal NO : 301701
>71N*SIL JANGNIM MS*
>*R
 1.1SIL/JANGNIM@
QHOKEOC 25JAN DDRAC4/885-4364
 1 KE  81 M TH 10MAY  ICNJFK HK1  E 1100 1155   CAB Y
FONE-QHO-T INDUK TRAVEL 0[illegible]34
TL-CQH039/1955/12MAR
TKT-1 N SIL JANGNIM MS
GEN FAX-OSTKE RSVN NBR IS 885-4364
>
```

Ticketing Name 이므로 TKT Field에 입력됨

② 예약 상태 Code 정리, 확인

자동발권이 가능한 예약상태코드(Status Code)는 정해져 있다.

→ HK, HS, RR, HL, PN

> 그 외 Code는 발권 전에 수정해야 한다.

KL, KK, UU, UC, UN, NO, SC, WK, DL

■ 항공권 상에 표기 내역

예약 Code	TKT(Ticket) 상의 표시
HK, HS, RR	OK (예약 확약 의미)
HL, PN	RQ (대기자 상태 의미)

■ 수정이 필요한 Code와 수정방법

예약 Code	자동발권을 위한 수정방법	비 고
KL, KK, SC	.1HK (.1: 해당 Seg 번호)	OK로 수정
UU, DL	.1HL (.1: 해당 Seg 번호)	대기자로 수정
UC, UN, NO, WK	X1, .1XK (1: 해당 Seg 번호)	해당 Seg 취소

③ _1. 여정 정리 : 도중 체류 여부 표시

도중 체류(Stopover) 여부는 발권에 중요한 역할.

Why?
도중 체류 여부가 항공운임 적용 가능 여부에 큰 영향을 주므로 항공권에 표기하는 것이 반드시 필요하다.

HOW?
.1X : Seg 1 No STVR
.1S : Seg 1 STVR

■ 도중 체류하지 않음 표시 : .1X ➜ SEG 1 NO STPVR(=Stopover)

```
Terminal NO : 301701
 1.1SIL/JANGNIMMS
QHOKEOC 26JAN DHYZVP/592-5176
 1 KE 603 M TH 10MAY  ICNHKG HK1  E 0830 1100   CAB Y
 2 TG 601 M TH 10MAY  HKGBKK HK1  E 1245 1425   DS-MLBBJ4
FONE-QHO-H INDUK TRAVEL 02-950-1234
TL-CQH039/1855/12MAR
GEN FAX-OSIKE RSVN NBR IS 592-5176
>.1X
SEG  1 NO STPVR
>*R
 1.1SIL/JANGNIMMS
QHOKEOC 26JAN DHYZVP/592-5176
 1 KE 603 M TH 10MAY  ICNHKG HK1 XE 0830 1100   CAB Y
 2 TG 601 M TH 10MAY  HKGBKK HK1  E 1245 1425   DS-MLBBJ4
FONE-QHO-H INDUK TRAVEL 02-950-1234
TL-CQH039/1855/12MAR
GEN FAX-OSIKE RSVN NBR IS 592-5176
```

■ X 마크 해제 : .1S ➜ SEG 1 STPVR(=Stopover), 도중 체류함

```
Terminal NO : 301701
 1.1SIL/JANGNIMMS
QHOKEOC 26JAN DHVZVP/592-5176
 1 KE 603 M TH 10MAY  ICNHKG HK1 XE 0830 1100    CAB Y
 2 TG 601 M TH 10MAY  HKGBKK HK1  E 1245 1425    DS-MLBBJ4
FONE-QHO-H INDUK TRAVEL 02-950-1234
TL-CQH039/1855/12MAR
GEN FAX-OSIKE RSVN NBR IS 592-5176
>.1S
SEG  1    STPVR
>*R
 1.1SIL/JANGNIMMS
QHOKEOC 26JAN DHVZVP/592-5176
 1 KE 603 M TH 10MAY  ICNHKG HK1  E 0830 1100    CAB Y
 2 TG 601 M TH 10MAY  HKGBKK HK1  E 1245 1425    DS-MLBBJ4
FONE-QHO H INDUK TRAVEL 02-950-1234
TL-CQH039/1855/12MAR
GEN FAX-OSIKE RSVN NBR IS 592-5176
```

③_2. 여정 정리 : 항공권에 포함/불포함 여정 여부

예약 PNR에 포함된 여정 중, 항공권에 표기될 여정 표시 필요

HOW?
- 제외 : 1I (SEG 1 Ignore)
- 해제 : 1S (Ignore 해제)

Why?
- 예약 PNR에는, 동일구간의 이중 예약 또는 예약된 구간 중 스케줄 미확정으로 인한 예약 구간이 포함되어 있을 수 있다.
- 항공권에 포함되지 않은 여정은 제외하라는 표시를 해주어야 한다.

■ Ticketing에 필요 없는 구간 제외 : I (Ignore) 이용

- 예약구간은 SEL/HKG/BKK/SEL이나, HKG/BKK은 발권대상에서 제외.
- and 여정의 연속성을 맞추어야 하므로 HKG, BKK 사이에 ARNK 입력.

Terminal NO : 301701

```
 1.1SIL/JANGNIMMS
QHOKEOC 26JAN DHVZVP/592-5176
 1 KE 603 M TH 10MAY  ICNHKG HK1  E 0830 1100   CAB Y
 2 TG 601 M TH 10MAY  HKGBKK HK1  E 1245 1425   DS-MLBBJ4
 3 KE 652 M SU 20MAY  BKKICN HK1  E 2245 0600*1 CAB Y
FONE-QHO-H INDUK TRAVEL 02-950-1234
TL-CQH039/1855/12MAR
GEN FAX OSIKE RSVN NBR IS 592-5176
>.2I
SEG  2 IGN TKTG/FQ
>/2-0A
   ARNK
>*R
 1.1SIL/JANGNIMMS
QHOKEOC 26JAN DHVZVP/592-5176
 1 KE 603 M TH 10MAY  ICNHKG HK1  E 0830 1100   CAB Y
 2 TG 601 M TH 10MAY  HKGBKK HK1 IE 1245 1425   DS-MLBBJ4
 3 ARNK
 4 KE 652 M SU 20MAY  BKKICN HK1  E 2245 0600*1 CAB Y
FONE-QHO-H INDUK TRAVEL 02-950-1234
```

2번 여정(HKG/BKK)을 Ticketing 구간에서 제외하라는 지시로 → 'I'(Ignore) 표시

여정의 연속성을 맞추기 위하여 HKG과 BKK) 사이에 Surface 입력

■ 'I' 구간의 해제

③ _3. 여정 정리 : OPEN Seg

Counter 실장님의 말씀

미 확정 구간(OPEN SEG)? **다시** 기억합시다.

✓ **WHY** ?

- 예약 일자가 확정되지 않았으나, 항공권 발권을 위해 미 확정 구간 필요

✓ **HOW** ?

- 요청 Code "QQ"를 사용한다.
- 첫 구간일 경우에는 OPEN 구간이라 할지라도 '출발일자'를 표시한다.
- 예약 방법 :

0 KEO Y 25JUN ICNNRT QQ1 (첫 구간으로, 출발일자 입력)

0 KEO Y NRTICN QQ1 (나머지 구간은 모두 OPEN 가능)

④ _4. 여정 정리 : 비행기 출/도착 시간 입력

Open 예약(QQ) 구간을 제외한 기타 예약 확정 구간은 반드시 출/도착 시간이 명시되어 있어야 한다. 출/도착 시간이 누락된 Segment에 대해서는 다음 지시어(Entry)를 이용하여 출/도착 시간을 입력한다.

지시어 : .3/12001400

.3	/	1200	1400
해당 SEG	구분선	출발 시간	도착 시간

③_5. 여정 정리 : 분리된 PNR Ticketing

동일인의 예약이 다른 PNR에 있는 경우, Ticketing PNR에 반영하는 방법은?

HOW?

- 확약 : QK (OK로 표시)
- 대기자 : QL (RQ로 표시)
- 요청 중 : QN (RQ로 표시)

Why?

- 동일인의 예약이 다른 PNR에 있는 경우,
  or 단체이면서 PNR이 여러 개로 나뉘어진 경우
- 한꺼번에 발권하고자 한다면?
  실제 PNR의 예약상태를 반영한 내용으로
  발권용 PNR을 만들어야 한다.

지시어 : Direct 예약 방식 이용

```
0 KE 702 W 20WAY NRTICN QK 1 (Confirmed 상태)
0 KE 702 W 20WAY NRTICN QL 1 (Waitlisted 상태)
```

2. 운임계산내역(C-Field) 입력 및 수정

Counter 실장님의 말씀

운임 계산 내역 : C-Field 란?

내용

✓ 운임 계산 내역에 **포함되는 내용은?**

① Fare Calculation 내역
② NUC & ROE
③ FARE & TAX
④ 기타 : Min/Max Stay, Restriction, Baggage 등

방법

✓ 운임 계산 **입력 방법은?**

① 자동 운임계산 기능 : FQP or FXP
② 수동 입력 방법

■ 항공권에 표기된 운임계산 내역

■ 자동 입력

'자동 운임계산(FQP & FXP)' 참조

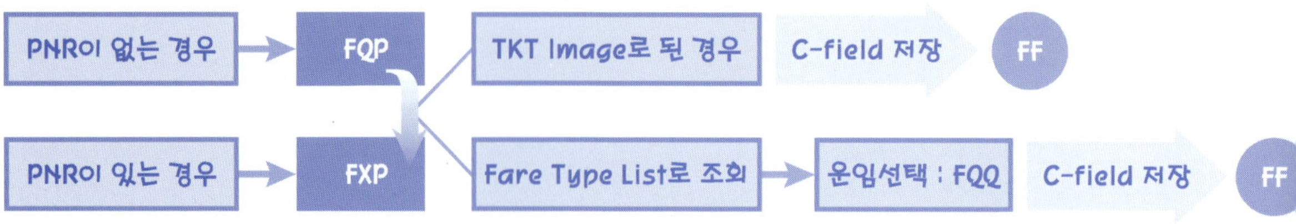

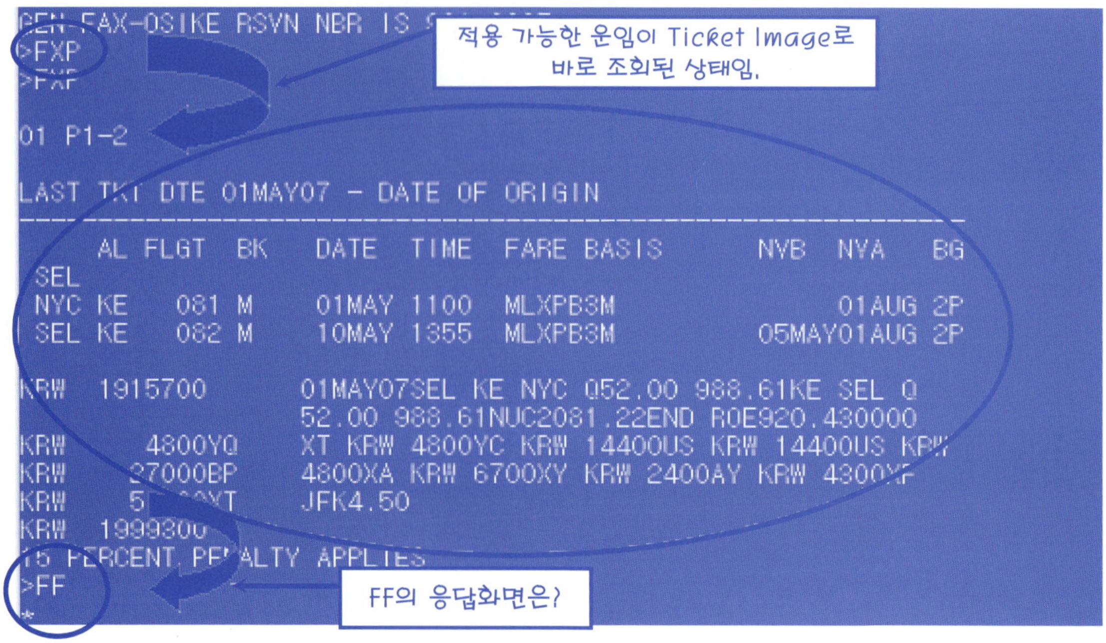


```
GEN FAX-OSIKE RSVN NBR IS
>FXP
>FXP

01 P1-2

LAST TKT DTE 01MAY07 - DATE OF ORIGIN
------------------------------------------------------------
     AL FLGT  BK   DATE  TIME  FARE BASIS      NVB  NVA   BG
 SEL
 NYC KE   081 M    01MAY 1100  MLXPB3M              01AUG 2P
 SEL KE   082 M    10MAY 1355  MLXPB3M         05MAY01AUG 2P

KRW  1915700      01MAY07SEL KE NYC Q52.00 988.61KE SEL Q
                  52.00 988.61NUC2081.22END ROE920.430000
KRW      4800YQ   XT KRW 4800YC KRW 14400US KRW 14400US KRW
KRW     27000BP   4800XA KRW 6700XY KRW 2400AY KRW 4300XF
KRW     5    XT   JFK4.50
KRW  1999300
15 PERCENT PENALTY APPLIES
>FF
*
```

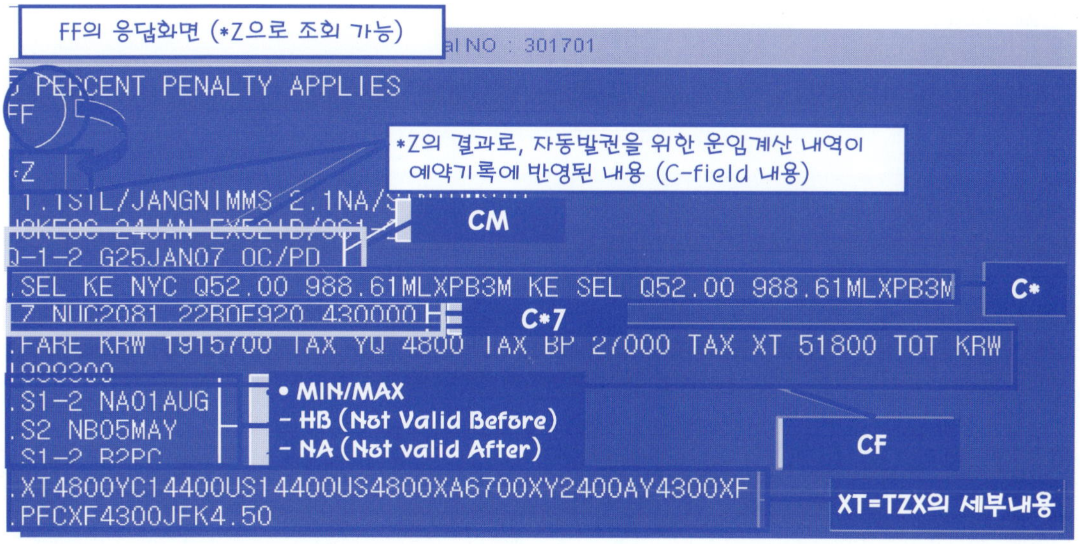
FF의 응답화면 (*Z으로 조회 가능)
al NO : 301701
5 PERCENT PENALTY APPLIES
FF
*Z의 결과로, 자동발권을 위한 운임계산 내역이 예약기록에 반영된 내용 (C-field 내용)
*Z
1.1STL/JANGNIMMS 2.1NA/S
CM
Q-1-2 G25JAN07 OC/PD
.SEL KE NYC Q52.00 988.61MLXPB3M KE SEL Q52.00 988.61MLXPB3M
C*
C*7
.FARE KRW 1915700 TAX YQ 4800 TAX BP 27000 TAX XT 51800 TOT KRW
.S1-2 NA01AUG
.S2 NB05MAY
• MIN/MAX
- HB (Not Valid Before)
- NA (Not valid After)
CF
.XT4800YC14400US14400US4800XA6700XY2400AY4300XF
.PFCXF4300JFK4.50
XT=TZX의 세부내용

■ 수동 입력

Counter 실장님의 말씀

운임 계산 내역 **수동입력** ~~C-Field~~ 이란?

언제?

✓ Fare Quotation System에 의해 운임이 **자동 계산되지 않거나 계산 내역이 잘못된 경우,** 수동으로 입력한다.

수동입력 ITEM

✓ 수동 입력시, 운임계산내역 입력 **ITEM은?**

① CM : Passenger Reference
② C* : Fare Construction Phrase
③ C*Z : Total NUC & ROE
④ CF : Total Fare & TAX

→ **순서대로 입력하여야 한다.**

■ 수동 입력시, 유의 사항

문자와 숫자, 부호 사이

→ Space 없이 붙여서 입력한다.

문자와 문자 항목 사이

→ 반드시 Space를 두어야 한다.

* 단, 항공사 Code가 숫자와 조합된 경우
 - 항공사 Code 앞에 '.'를 표시한다.
 - 항공사와 도시코드 사이에는 반드시 띄어 쓴다.
 (ex) SEL.R8 _ B K K
 ↑ 붙여 ↑ 띄어

이를 무시하는 경우, 입력 불가. (Invalid Format 응답)

① Passenger Reference(CM)

> **CM** : C-Field의 시작을 의미하며,
> - 발행하는 항공권의 **Passenger Number를 지정**할 수 있는 부분이다.
> - **CM 부분에 지정된 승객번호가 모든 C-field에 적용된다.**

CM	Prime entry Code로, 모든 승객 지정
C2M	2번 Passenger 운임계산 내역 입력 의미
C1-2M	1-2번 승객 Relation
CM1	Involuntary Reroute 발권 시

② Fare Calculation Phrase(C*)

Case별 운임계산내역 입력 방법은 아래와 같다.

- Mileage Fare
  C*SEL KE TYO246.00Y*JL FUK KE SEL5M258.35Y

- Routing Fare(생략 가능)
  C*SEL KE LAX AA DFW R801.45MHAPB*KE SEL801.45MHAPB

- TPM Deduction Point
  C*SEL KE E/HNL AA CHI DL NYC10M1340.46Y

- 2 or more TPM Deduction Points
  C*SEL KE E/BOM AI E/DEL AI JED LH FRA M1564.37Y

- No Stopover Point
  C*SEL KE X/TYO NZ AKL M1305.54Y

- HIF(Higher Intermediate Fare)

  C*SEL KE SIN BA LON M SINLON2358.37Y

- Surface Sector included in Mileage Computation

  C*SEL KE PAR//GVA SR ROM M1564.37Y

- Surface Sector not included in Mileage Computation

  C*SEL KE TYO M246.05Y*/-OSA KE SEL M191.70Y

- Side Trip

  C*SEL KE HKG(CX MNL181.51Y*CX HKG181.51Y)LH FRA M1564.37Y

- One-way Side Trip

  C*SEL KE KUL(SQ SIN84.81Y)/-KUL MH JKT M775.35Y

  C*SEL KE FRA/-(LON BA FRA355.63Y)LH ROM M1564.37Y

- Stopover Charge

  C*SEL KE ROM AZ ZRH SR LON M871.31YHGV10*BA PAR AF FRA KE SEL M871.31YHGV10*1S56.02

- Class Differential (혼합 등급)

  C* ··· 1564.37Y*D PARMAD70.90

- Mileage Surcharge on a Class Differential

  C* ··· 1788.15Y*D STOZRH5M230.50

- Surcharge

  C*PAR AF LON BA BAH KE SEL M2328.41Y*Q LONBAH150.00

  C*SEL KE HKG CX BKK Q2.58TG KUL M740.00Y

- **Plus up by Minimum Fare Check**
  C* … 185.10Y*P SELHKG9.90(CTM)
  C* … 1703.00Y*P SELROM SELATH132.00(BHC)

③ NUC & ROE (C * Z)

C*Z NUC1748.90ROE920.43000

C * Z	Primary Entry code
NUC1748.90	Total NUC Amount (생략가능)
ROE920.43000	해당 ROE

④ Total Fare & TAX (CF)

CFKRW1250000/KRW27000BP/KRW7100YQ/KRW3100FR

CFKRW	Primary Entry code + Currency Code
KRW27000BP	TAX Amount와 TAX Code - 3개까지 입력 가능하며, 3개 초과시 XT로 입력

재 발행시 입력

CFR	KRW125000	KRW	KRW330000 /	PD27000XT /	KRW3100FR
재 발행 지시어	새 항공권의 운임	최초지불 통화	추가 운임	기 지불된 TAX 금액	추가 지불 TAX 금액

⑤ 기타 : Min/Max Stay, Baggage, Restriction

- **Max Stay (Invalid After)**
  CS2-4NA24APR

- **Min Stay (Invalid Before)**
  CS4NB15APR

- **Free Baggage Allowance Override**
  CB2PC
  * 미입력시 Weight System 기준으로 입력됨. Segment Relation도 가능

- **Endorsement/Restriction 기재**
  CE*NON-ENDS
  * Segment Relation도 가능

- **Fare Basis Override**
  CS2D*F
  * Mixed Class 여정에서 상위 Class 구간 Fare Basis를 입력하기 위해 사용.

- **Tour Code (Group Ticket)**
  CTIT9KE3SEL51524

- **합산된 Tax 내역(XT) 풀이**
  CXT5200YC2700XF

- **PFC (Passenger Facility Charge) 내역**
  CPFCXF2700JFK3

■ Fare Field 수정 / 삭제 / 삽입

삭제, 수정, 삽입 기능 Key & C-Field 조회 지시어

@	예약 PNR 작성시와 동일하게 '삭제, 수정'에 사용
/	예약 PNR 작성시와 동일하게 '끼워넣기'에 사용
*Q 또는 *Z	C-Field 즉, PNR에 입력된 운임계산 내역을 조회하는 지시어 (Ex : PNR 조회는 *R...)
방법	*Q(또는 *Z) 조회 후, Line 번호를 이용하여 실행

① 삭제

지시어	내 용
C2@	2 : Item Number
C1-4@	1-4 번 C-FIELD 모두 삭제
CT@	C-FIELD 입력 내역 모두 삭제

② 수정

지시어 및 내 용
C1@2M -> 1 Item Number, 2 승객 NUMBER
C2@*SEL KE X/TYO JL PAR M1564.37Y
C3@*Z NUC1564.37ROE892.49953
C4@FKRW1396200

③ 삽입

지시어	내 용
C/0M	첫번째 C-FIELD에 입력
C/1*SEL KE LON BA FRA M1564.37Y	1번 FIELD 이후에 입력
C/2*Z NUC1127.45ROE892.49953	2번 FIELD 이후에 입력
C/3FKRW897400/KRW15600XT	3번 FIELD 이후에 입력

■ 자동 운임계산시 Error / Warning Message 및 의미

Error Message	의 미
ATTN-ISSUE SEPARATE TICKET	Through Ticketing 불가, 분리발권
*ATTN CHANGE TO NO STOPOVER Stopover MAY VARY FARE	Stopover 변경시 다양한 운임적용 가능
*ATTN VERIFY BOOKING CLASS SEE FQS	RBD 오류로 FQS 참조 필요
BAD INPUT	입력오류
CHECK CTM	CTM Check 필요
CHECK RBD	적용 오류로 재확인 필요
DISCOUNT	Discount Code 오류
DISCOUNT PERCENTAGE	Discount Percentage 오류
DUPLICATE SEGMENT - AABBCC	SEG GI 적용 오류
INVALID RECORD KEY	Record Key 입력 오류

Error Message	의 미
INVALID ACTION CODE IN ITINERARY	Status Action Code오류
LINK ERROR - PLEASE SUPPORT	재시도 후 계속 안되면 UHD로 고지
MANUAL TKT REQUIRED	자동 계산 불가/수기입력 필요
MISSING FARES FOR RTW MIN CHECK	여정 SEG의 양 GI별 운임부재
NO FARE FOR SPECIFIED CARRIER	Carrier지정 시 해당 항공사운임부재
NO FARE/RBD/CARRIER	지정 RBD/Carrier의 적용운임부재
NO HIF CHECK AAABBB	AAA와 BBB도시의HIF Check 미적용
RES NEEDED ON SEG(숫자)	해당 SEG의 운임 적용 시 조건 확인 요
*RO RBD TICKETING OVERRIDE	상위Class 사용에 따른 확인필요
STOPOVER CHARGES MAY APPLY	Origin출발 S/O Charge비 적용
TICKET ISSUANCE RESTRICTED	판매 및 발권 제한

3. 지불내역(M-Field) 입력 및 수정

M-Field

Counter 실장님의 말씀

항공권 지불 내역 : M-Field란?

내용

✓ 항공권 **지불 내역**에 포함되는 내용은?

- ✓ 지불금액
- ✓ 할인 금액
- ✓ 할인율
- ✓ 할인 승인번호
- ✓ C/C 승인번호
- ✓ 대리점 Commission
- ✓ 환율

방법

✓ 운임계산 **입력 방법은?**

① 자동 입력 방법 : MS......

② 수동 입력 방법

■ 지불내역의 항공권 표기

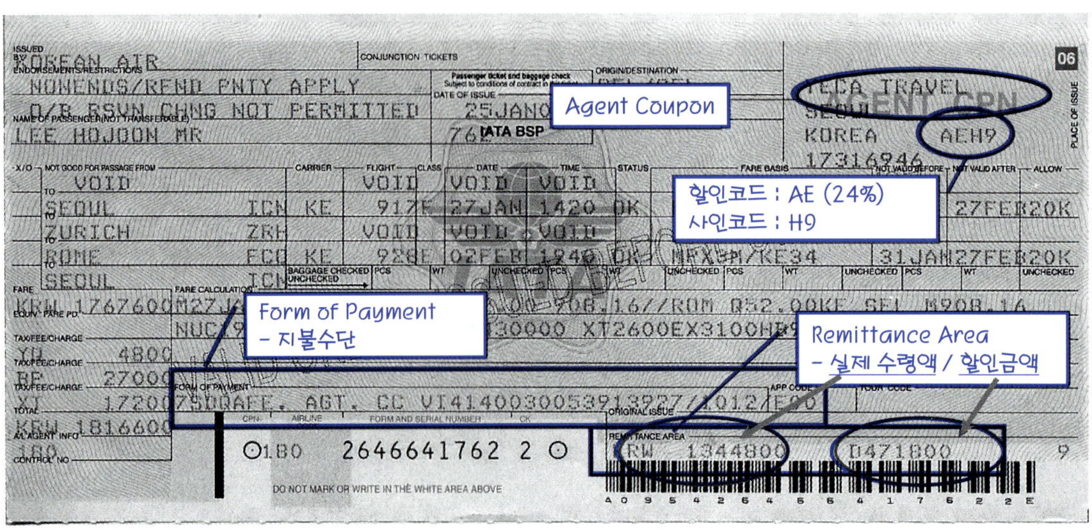

■ 자동 입력

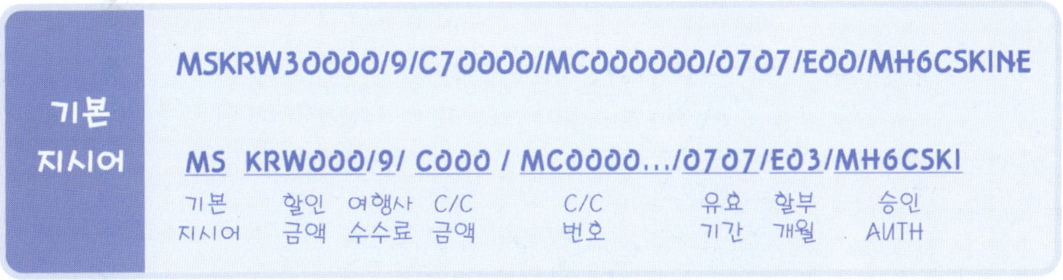

① C/C + 현금 지불 지시어 및 응답화면

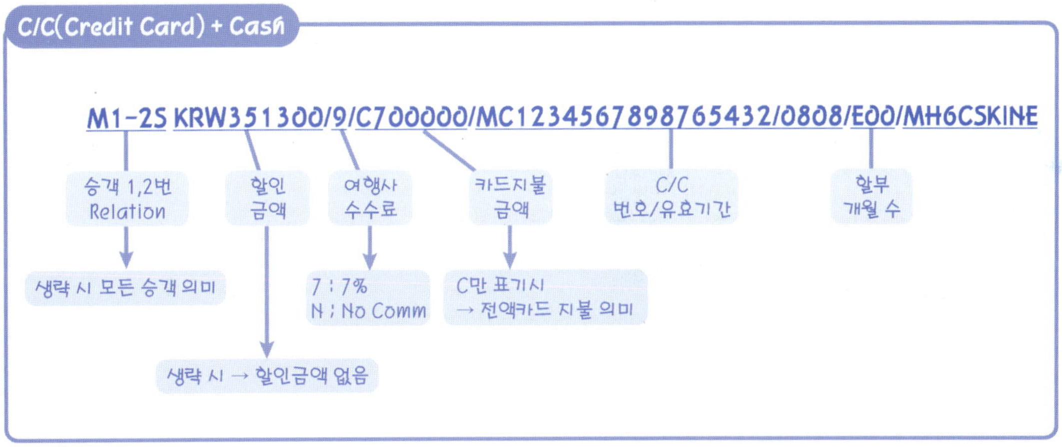

■ 응답 화면(Response)

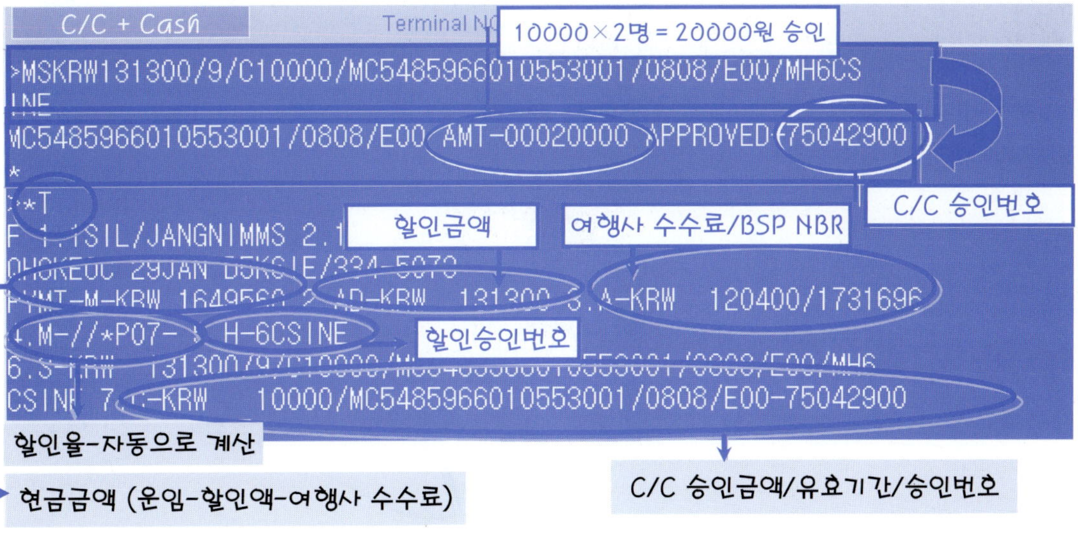

M-Field의 항목별 의미

*T 또는 *Z	M-Field 조회 지시어
M-KRW70000	M : 현금 지불금액이 70,000원 의미
AD-KRW3000	AD : 할인금액 3,000원 의미
A-KRW6300/1731696	A : 여행사 수수료 / 여행사 BSP NBR
M-//*P07-	M-//*P : 할인율 7% (자동계산)
H-6CSKINE	H : 할인승인 번호(Authorization NBR)
C-KRW10000/MC123...	C : 카드 지불 금액/MC 123... (카드번호)
MM-KRW6930	MM : Minus 현금액 (수수료 + VAT)

* M-Field 수동 입력시, 상기 응답항목 앞에 'M'을 추가한다.

② 전체 금액을 카드(C/C)로 지불 지시어 및 응답화면

```
→ 지시어 :
   - MSKRW100000/9/C/MC545900000/0709/E00/MH6CSKINE
     MC54590000/0709/E00 CREDIT APPROVED-1234567
*T
1.1KIM/INJOONGMR 2.1KO/SOYOUNGMS
SELKEIG 31MAY RSMD3M/783-9253
PYMT-C-KRW500000/MC545900000/0709/E00-1234567
2.AD-KRW100000 3.A-KRW  63000/SEL1234  4.MM-KRW  69300
5.M-//*P10- 6.H-1SCKINS
7.1-2S-KRW  100000/SEL1234/7/C500000/VI4599XXXXX/0409/E00
```

☞ 4.MM-KRW 69300 : Comm (MA) 63000 + 부가세(VAT) 6300 =69300
금액이 자동으로 입력됨 (MMM =Minus 현금의미)

③ 현금 지불 지시어 및 응답화면

현금 지불 (Cash)

MS	KRW351300	/ 9 /	MH6CSKINE
지시어	할인 금액	여행사 수수료	할인 승인번호 (AUTH 번호)

■ 응답 화면(Response)

Cash

```
>MSKRW351300/9/MH6CSKINE
>*T
F 1.1SIL/JANGNIMMS 2.1NA/SINIPMS
QHOKEOC 29JAN D5K6IE/334-5073
1.YMT-M-KRW 1456500 2.AD-KRW 351300 3.A-KRW 105000/1731696
4.M-//*P19- 5.H-6CSKINE 6.S-KRW 351300/9/MH6CSKINE
>
```

지불 수단 별 M-Field 계산 방법

지불 수단	계산 방법	
현금 (Cash)	MM = Total Fare-MAD-MA-VAT	
카드 (C/C)	MC = Total - MAD	MMM=MA + VAT

- Total Fare = Shown Fare + TAX

■ 수동 입력

> ➢ M-Field(지불내역)의 수동 입력지시어는 'M'으로 시작하며,
> - 승객을 지정할 수 있고, 생략시는 PNR 상의 모든 승객이 해당됨을 의미.
> - (ex) M1/3MKRW 300,000 (1,3번 승객 현금지불)
> M2M//*P07- (2번 승객 7% 할인)

구분	입력
현금 (지불)	MM(KRW)700000 → KRW 생략 가능
카드 지불	MCKRW70000/MC1234../0707/E00/-KE*1234 발권 항공사 KE * C/C 승인번호 입력
할인 금액	MADKRW200000 → 200,000원 할인 의미
여행사 수수료	MAKRW70000/9 → 수수료 금액/지급율 9% MAKRW60000/7 (Commission 7% 의미)
할인율	MM//*P 10 할인율 → 10%
환율 (BBR)	MM//*B 956.70-
AUTH 번호	MH6CSKINE → 5, 7 자릿수로 입력 MJ로 입력하여야 하는 경우도 있음
Minus 현금 액	MMMKRW77000 → 수수료(Comm) + VAT

여행사 수수료 (Agent commission = Comm)

Full Comm	• 운임(Fare) 전체 금액에 수수료 지급 - G9 (Full Comm 9%), G7 (Full Comm 7%)
Nett Comm	• 운임(Fare)에서 할인금액을 제외한 금액에 수수료 지급 - 9 (Nett Comm 9%), 7 (Nett Comm 7%)

■ 재발행(Reissue) 지시어

Reissue

Counter 실장님의 말씀

항공권 재발행(Reissue) 이란?

WHY?

✓ 승객의 여정 변경 또는 좌석등급 변경 등의 사유로,

- 이미 발행된 항공권의 변경이 필요할 경우 재발행 한다.

C-Field의 Fare란은 'CFRKRW..'로 입력된 경우로,

Reissue 시의 M-Field

ME

ME1801234567898/1234

Exchange 항공권번호 / 미사용 Flight coupon NBR

MO

MO1801234567898 SEL 10FEB07 1731696

ORIGIN 항공권번호 / 최초발행지 / 발행일자 / 발행점소 IATA NBR

MF

MFCASH/AGT

최초 항공권의 지불수단 : 여행사가 결부, 현금으로 지불 의미

✔ "MO180-XXXXX"로 입력되는 부분은 항공권의 Origin내역(**최초 발행일**, **최초 발행 점소**, **최초 발행 항공사** 등)을 확인할 수 있는 중요한 부분으로서,

- 설령 몇 번의 재발행 과정을 거친다 하더라도 여행 종료시점까지 Origin 항공권으로서의 역할을 수행하며 그 경우에는 다만 Exchange 항공권의 번호만 바뀌게 되는 것이다.

■ 신용카드(Credit Card : C/C) 승인

PNR M-Field에 수동입력이 필요한 C/C 승인 → 'MK*'

지시어	내 용
MK*	MK*BC5438123456789876/0707/E00/-KE/KRW200000

Response

BC5438123456789876/0707/E00/-KE KRW200000 APPROVED-1234567

수동 입력 방법

MCKRW200000/BC5438123456789876/0707/E00/-KE*1234567

- 전화 대신 TOPAS(CRS)로 승인 받은 것으로 승인 내역이 M-Field에 자동으로 입력되지는 않는다.
- M-Field에 승인 내역을 입력하기 위해서는 수동입력 조치가 필요하다.

PNR M-Field에 자동입력이 필요한 C/C 승인 → 'MK'

지시어	내 용
MK	MKBC5438123456789876/0707/E00/-KE/KRW200000

Response

BC5438123456789876/0707/E00/-KE KRW200000 APPROVED-1234567

- 승인과 동시에 승인내역이 M-Field에 자동으로 입력된다.
- 상기 Entry는 PNR을 Display한 후에만 가능하다.
- PNR에 2명의 승객이 있는 경우에 상기 Entry를 사용한다면, 지정한 KRW200,000의 2배인 KRW400,000으로 승인된다.
  - 따라서 PNR에 지불 금액이 다른 승객이 있는 경우는 반드시 승객을 지정해야 한다
    M1KV1459000960630076/0711/E00/KRW200000

■ 지불내역 (M-Field) 수정/삭제

'*T' 또는 '*Z' Entry로 PNR의 Payment Field를 Display한 후, Line 번호를 이용하여 삭제, 수정한다(C-Field와 동일).

① 삭제

지시어	내 용
M2@	2 : Item Number
M1-4@	1-4 번 C-FIELD 모두 삭제

② 수정

지시어 및 내용
M1@AD145800 (1 : Item Number)
M2@A247800/SEL1234
M3@MKRW1540000

③ 삽입

지불내역(Payment Field)은 운임계산내역(Fare Field)과 달리 각 Item을 순서대로 입력하지 않아도 되므로 삽입기능은 사용되지 않는다.

4. Ticket Field(7번 Field) 입력 및 삭제

운임 제한사항 등 항공권상에 표기되어야 할 특별한 사항을 입력하는 부분으로 승객별로 Relation하여 입력 가능하다.

■ 용도 및 Entry

용도	Entry	설명
Ticketing Name 입력	7 1 N* KIM SILJANG MS	승객번호 Relation하여 항공권에 표기될 이름 표기
Conjunction Ticket NBR	7 1 I* 180234567898765	보호자/소, 유아 간의 항공권 번호를 상호 항공권에 기재
Endorsement/ Restriction	7 E* NON ENDS	C-Field의 CE*NON ENDS와 동일한 기능
지불-제한 사항	7 F* NON REF/APEX	M-Field의 Form of Payment에 제한사항 기재

■ 삭제/수정

• 삭제

지시어	내 용
73@	7번 Field의 3번 사항 삭제
71-2@	1-2 번 7-FIELD 삭제

• 수정

지시어 및 내용
71@E* NON ENDS
72@N*LEE SILJANG MS

5. 발권 기록 조회

PNR에 입력된 Data들이 정확히 입력되었는지 확인하기 위하여 해당 Field를 Display하기 위한 Entry들이다.

*Q : Fare Field(C-Field)

```
Terminal NO : 301701
>*Q
FQ-1-2 G30JAN07 OC/PD
2.SEL KE PAR Q52.00 953.63MHPX3M KE SEL Q52.00 953.63MHPX3M
3.Z NUC2011.26R0E920.430000
4.FARE KRW 1851300 TAX QX 15600 TAX YQ 4800 TAX XT 51500 TOT KRW
 1923200
5.S1 NB15MAY
6.S1 NA15MAY
7.S2 NA21MAY
8.S2 NB21MAY
9.S1-2 B20K
10.XT27000BP5000IZ8700FR10800FR
>
```

*F : Name Field & Fare Field (C-Field)

```
Terminal NO : 301701
>*F
F 1.1SIL/JANGNIMMS 2.1NA/SINIPMS
QHOKEOC 29JAN D5K6IE/334-5073
FQ-1-2 G30JAN07 OC/PD
2.SEL KE PAR Q52.00 953.63MHPX3M KE SEL Q52.00 953.63MHPX3M
3.Z NUC2011.26R0E920.430000
4.FARE KRW 1851300 TAX QX 15600 TAX YQ 4800 TAX XT 51500 TOT KRW
 1923200
5.S1 NB15MAY
6.S1 NA15MAY
7.S2 NA21MAY
8.S2 NB21MAY
9.S1-2 B20K
10.XT27000BP5000IZ8700FR10800FR
```

*T : Name & Payment Field(M-Field)

```
Terminal NO : 301701
>*T
F 1.1SIL/JANGNIMMS 2.1NA/SINIPMS
QHOKEOC 29JAN D5K6IE/334-5073
PYMT-M-KRW 1456400 2.AD-KRW  351300 3.A-KRW  105000/QSM1234
4.M-//*P19- 5.H-6CSKINE 6.S-KRW  351300/QSM1234/7/MH6CSKINE
>
```

*Z : Name & Fare & Payment & Ticket Field

```
Terminal NO : 301701
>*Z
F 1.1SIL/JANGNIMMS 2.1NA/SINIPMS
QHOKEOC 29JAN D5K6IE/334-5073
FQ-1-2 G30JAN07 OC/PD
2.SEL KE PAR Q52.00 953.63MHPX3M KE SEL Q52.00 953.63MHPX3M
3.Z NUC2011.26R0E920.430000
4.FARE KRW 1851300 TAX QX 15600 TAX YQ 4800 TAX XT 51500 TOT KRW
 1923200
5.S1 NB15MAY
6.S1 NA15MAY
7.S2 NA21MAY
8.S2 NB21MAY
9.S1-2 B20K
10.XT27000BP5000IZ8700FR10800FR
PYMT-M-KRW 1456400 2.AD-KRW  351300 3.A-KRW  105000/QSM1234
4.M-//*P19- 5.H-6CSKINE 6.S-KRW  351300/QSM1234/7/MH6CSKINE
```

*A : All Data in PNR

```
Terminal NO : 301701
>*A
F 1.1SIL/JANGNIMMS 2.1NA/SINIPMS
QHOKEOC 29JAN D5K6IE/334-5073
 1 KE 901 M TU 15MAY  ICNCDG HK2  E 1340 1825   CAB Y
 2 KE 902 M MO 21MAY  CDGICN HK2  E 2100 1445*1 CAB Y
FQ-1-2 G30JAN07 OC/PD
2.SEL KE PAR Q52.00 953.63MHPX3M KE SEL Q52.00 953.63MHPX3M
3.Z NUC2011.26ROE920.430000
4.FARE KRW 1851300 TAX QX 15600 TAX YQ 4800 TAX XT 51500 TOT KRW
 1923200
5.S1 NB15MAY
6.S1 NA15MAY
7.S2 NA21MAY
8.S2 NB21MAY
9.S1-2 B20K
10.XT27000BP5000IZ8700FR10800FR
FONE-QHO-H PWCT
TL-CQH039/1955/16MAR
PYMT-M-KRW 1456400 2.AD-KRW  351300 3.A-KRW  105000/QSM1234
4.M-//*P19- 5.H-6CSKINE 6.S-KRW  351300/QSM1234/7/MH6CSKINE
GEN FAX-OSIKE RSVN NBR IS 334-5073
```

6. 발권 지시(End Transaction) 및 Error 처리

Ticketing PNR에 필요한 모든 Data(**예약 PNR, C-Field, M-Field**)를 입력 후, 항공권 발행을 지시하는 것을 의미한다.

기본 지시어

ET/KE

ET	/	KE
End of Transaction	구분선	발권 항공사 지정

발권 지시 및 응답

지시어

E1-3 P234 T /KE (234 : Printer NBR)

- 1-3 : 승객 1~3명 지정,
- /KE : 발권 항공사

- 승객번호 : 생략시 모든 승객 Ticketing 의미
- Printer NBR : Sine In 후, 첫 발권 뒤에는 생략 가능

Response

E1-2P234T/KE◁ OK 334-5073 1801234567898-9

- 참고 I : 한번에 Print가 되는 항공권의 최대 매수는 99매이다.
- 참고 II : 국제선 자동발권은 ARNK SEG를 포함하여 16개 SEG까지 가능.

■ 항공권 재인쇄(Reprint)

여러 장애 요인으로 **발권 지시 이후에도 항공권이 인쇄되지 않는 경우** 간단한 Entry를 이용하 **재인쇄(Reprint)** 할 수 있으며, 재인쇄된 발권 내역은 Sales Report(APSR)에 반영되지 않는다.

Reprint 대상

- 발권 지시 후 항공권 인쇄가 되지 않은 경우에 대한 재인쇄
- 단, 가장 마지막 발권 명령어를 대상으로 함.

지시어

- **T/234PRINT** (234 : Printer NBR)
  - 마지막 발권 지시 이후의 모든 승객을 재인쇄하는 경우
- **T/234PRT5** (5 : 승객번호)
  - 승객이 2명 이상 있는 PNR에서 발권 지시를 한 후 특정 승객 번호부터 재인쇄하는 경우
  - 단, 2명 이상 있는 PNR에서 E2-6T/KE하여 발권 한 후 3번 승객부터 재인쇄하는 경우에는 3번 승객이 발권 DATA 상에서는 2번 승객이므로 T/234PRT2이다.

■ 주의사항

- 재인쇄 기능은 먼저 PNR을 조회한 후 작업해야 한다.
- 재인쇄되는 항공권은 마지막에 작업한 PNR에서만 가능하므로 항공권이 인쇄되지 않으면 반드시 재인쇄 ENTRY로 선조치해야만 한다.
- 재인쇄 전에 발권기 번호로 Purge 작업을 먼저 해야만 한다.

■ Error MSG 및 조치 방법

- CHECK LOG. YOUR PNR IS NOT THE LAST ONE : 재인쇄 대상이 아님.
- PRINTER LOCKED : T/234POFF 후 재인쇄 시도.
- LIMIT REACHED WAIT PLEASE : HOST에서 발권 처리 중이므로 잠시 후 재인쇄 시도.

■ Error Response 의미 및 조치

- CHECK FARE ITIN ITEM...
  원인 : PNR상의 여정과 C*란의 여정이 서로 일치하지 않을 경우.
  조치 : PNR상의 여정과 C*란의 여성을 서로 비교, 수정한다.

- INVALID FARE ITEM...
  원인 : C-field의 순서나 Format이 잘못된 경우.
  조치 : C-field의 순서나 Format을 Check하여 수정한다.

- INVALID FARE TOTAL ITEM
  원인 : C-field 내의 계산이 일치하지 않을 경우.
  조치 : C., C*Z, CF란의 계산을 비교하여 틀린 곳을 수정한다.

- MULTIPLE FARE ITEM..
  원인 : 승객에 대한 C-field가 두 번 이상 입력된 경우.
  조치 : 중복되는 내용을 정리한다.

- NEED GPD CODE
  원인 : 할인율 Code가 누락되었을 때
  조치 : 재계산하여 M-field를 다시 입력한다.

- PYMTS NOT EQUAL (PYMTS=Payments)
  원인 : CF란의 Total 금액과 M-field의 금액이 서로 일치하지 않을 때
  조치 : 재계산하여 M-field를 다시 입력한다.

- PYMTS NOT COMMON

  원인 : M-field를 정확하게 고객과 연결(Relate)시키지 않았을 경우.

  조치 : M-field 각 항목을 정확하게 고객과 Relate시킨다.

- PAYMENT MISSING

  원인 : 승객의 지불 금액(MM, MC)이 입력되지 않은 경우

  조치 : 승객의 지불형태에 따라 관련 Entry를 입력한다.

- DUPLICATE AGT ...

  원인 : 한 승객에 대해 여행사 수수료(MA) Entry가 두 번 이상 입력된 경우.

  조치 : 중복되는 MA Entry를 정리한다.

- DUPE DISCOUNT PSGR...

  원인 : 한 승객에 대해 할인금액(MAD) Entry가 두 번 이상 입력된 경우

  조치 : 중복되는"MAD" Entry를 정리한다.

- MULTIPLE TKT ITEM...

  원인 : PNR 상에 기발권된 TKT NBR.가 입력되어 있을 경우

  조치 : TKT NBR(번호)를 삭제한 후 ET한다.(예, 71@or 71-2@)

- MAX TICKET ISSUE EXCEEDED

  원인 : 한번에 25매 이상의 항공권 발행지시를 했을 경우.

  조치 : 25매가 초과하지 않도록 승객별로 나누어 ET한다.

- QUEUE LIMIT REACHED

  원인 : Print 대기 중인 Ticket이 10매 이상 있을 경우.

  조치 : 잠시 기다린 후 ET한다.

- TRANSACTION IN PROGRESS

원인 : 동일한 Printer로 동시에 ET하거나 또는 System Error인 경우.

조치 : 다음 Entry를 사용한 후 다시 ET한다.

➜ T/234Q & T/234POFF (234 : Printer 번호)

- INSUFFICIENT STOCK

원인 : 발권하려는 항공권 매수가 System상의 잔여 항공권수보다 많을 경우 발권할 수 있는 항공권이 모두 소모된 경우에도 해당된다.

조치 : 항공권 번호를 입력하고, Ticket Printer에 항공권을 Loding하여 사용한다.

- INVALID OFFICE VALIDATION

원인 : TKT Printer NBR가 삭제되어 있거나, 등록이 안 되어 있는 경우

조치 : Topas UHD로 전화한다.

- 'NEED AIRLINES TABLE' SR NOT FOUND

원인 : BSP 자동발권 가능 항공사 List에 해당 Airline Code 및 번호가 누락된 경우

조치 : UHD로 전화하여 입력 요청한다.

- NEED MY ENTRY

원인 : TKT Field상에 TKTING INFO가 입력되어 있는 경우

조치 : 잘못된 승인번호(AUTH)를 삭제 후 다시 입력하거나 자릿수가 틀린 AUTH 번호는 MJ로 입력한다.

연 습 문 제

■ 운임계산 및 발권 Data 완성 관련 문제

1. SEL/TYO/SEL,　EY/CLS ,　성인

```
 1.1SEO/INDUKMS
 1 KE 701 W FR  1JUN  ICNNRT HS1  E 0915 1130   CAB Y
 2 KE 704 W FR  8JUN  NRTICN HS1  E 1355 1620   CAB Y
FONE-QHO-T INDUK TRAVEL 02-950-1234
```

1) 적용운임(FARE BASIS) :

2) Booking　Class :

3) 운임계산

- Shown　Fare　:
- TAX :
- MIN/MAX

4) 발권　　　<u>(* 판매가　:　KRW500,000)</u>

- C FIELD 입력
- M FIELD 입력 : KRW CASH 경우
  : KRW CARD 경우
- TKT FIELD 입력 :
- 발권 지시 (Printer NBR 234) :

2. SEL/TSN, EY/CLS, 학생(21세, 대학생)

```
 1.1SEO/INDUKMS
 1 KE 861 W FR  1JUN  ICNTSN HS1  E 1030 1120   CAB Y
FONE-QHO-T INDUK TRAVEL 02-950-1234
>
```

1) 적용운임(FARE BASIS) :

2) Booking Class :

3) 운임계산

- Shown Fare :
- TAX :
- MIN/MAX

4) 발권 (* 판매가 : No-Discount)

- C FIELD 입력

- M FIELD 입력 : KRW CASH 경우

  : KRW CARD 경우

- TKT FIELD 입력 :

- 발권 지시 (Printer NBR 234) :

3. SEL/HKG/BKK/SEL, EY/CLS, 성인

```
F 1.1SEO/INDUKMS
 1 KE 603 K SU 10JUN  ICNHKG HS1  E 0830 1100   CAB Y
 2 TG 601 M TH 14JUN  HKGBKK HS1  E 1245 1425   DS
 3 KE 652 K WE 20JUN  BKKICN HS1  E 2245 0600*1 CAB Y
FONE-QHO-T INDUK TRAVEL 02-950-1234
>
```

1) 적용운임(FARE BASIS) :

2) Booking Class :

3) 운임계산

- Shown Fare :

- TAX :

- MIN/MAX :

4) 발권 (* 판매가 : KRW850,000)

- C FIELD 입력

- M FIELD 입력 : KRW CASH 경우

  : KRW CARD 경우

- TKT FIELD 입력 :

- 발권 지시 (Printer NBR 234) :

4. SEL/LAX/NYC/SEL, EY/CLS, 성인

```
 1.1SEO/INDUKMS
 1 KE  17 M FR  1JUN  ICNLAX HS1 XE 1500 1000   CAB Y
 2 DL1026 L FR  1JUN  LAXJFK HS1  E 1300 2124   DA
 3 KE  82 M FR 15JUN  JFKICN HS1  E 1355 1730*1 CAB Y
FONE-QHO-T INDUK TRAVEL 02-950-1234 C/O SIL/JANGNIM MS
>
```

1) 적용운임(FARE BASIS) :

2) Booking Class : KE

DL

3) 운임계산

- Shown Fare :
- TAX :
- MIN/MAX :

4) 발권 (* 판매가 : KRW1,500,000)

- C FIELD 입력

- M FIELD 입력 : KRW CASH 경우

  : KRW CARD 경우

- TKT FIELD 입력 :

- 발권 지시 (Printer NBR 234) :

5. SEL/PAR/LON/SEL, EY/CLS, 성인

```
 1.1SEO/INDUKMS
 1 KE 901 K SU  3JUN  ICNCDG HS1  E 1350 1825   CAB Y
 2 AF1570 E TH  7JUN  CDGLHR HS1  E 1200 1215   DS
 3 KE 908 K FR 15JUN  LHRICN HS1  E 2130 1620*1 CAB Y
FONE-QHO-T INDUK TRAVEL 02-950-1234 C/O SIL/JANGNIM MS
>
```

1) 적용운임(FARE BASIS) :

2) Booking Class : KE

AF

3) 운임계산

- Shown Fare :

- TAX :

- MIN/MAX :

4) 발권 (* 판매가 : KRW1,850,000)

- C FIELD 입력

- M FIELD 입력 : KRW CASH 경우

  : KRW CARD 경우

- TKT FIELD 입력 :

- 발권 지시 (Printer NBR 234) :

6. 다음 Error Message의 원인과 조치를 적으시오.

원 인	조 치
①	

```
F 1.1KIMT/SETMR
SELKEIG 17OCT D4Y7GJ/333-1040
FQ-1 M17OCT05 IG/SU
2.LAX KE SEL Q55.00 544.50HKW3M KE LAX Q55.00 544.50HKW3M
3.Z NUC1198.00ROE1.00
4.FARE USD 1199.00 TAX YQ 5.00 TAX YC 5.00 TAX XT 72.85 TOT USD
1281.85
5.S1 NB02DEC
6.S1 NA02DEC
7.S2 NA30DEC
8.S2 NB30DEC
9.S1-2 B2PC
10.XT14.10US14.10US5.00XA7.00XY2.50AY25.65BP4.50XF
11.PFCXF4.50LAX4.50
PYMT-M-USD 1192.00
>ET
INVALID FARE TOTAL ITEM 1 ---> 1)
```

7. 다음 Error Message의 원인과 조치를 적으시오.

원 인	조 치
①	
②	

```
F 1,1KIMT/SETMR
SELKEIG 17OCT D4Y7GJ/333-1040
FQ-1 M17OCT05 IG/SU
2,LAX KE SEL Q55,00 544,50HKW3M KE LAX Q55,00 544,50HKW3M
3,FARE USD 1199,00 TAX YQ 5,00 TAX YC 5,00 TAX XT 73,00 TOT USD
1282,00
4,S2 NA30DEC
5,S2 NB30DEC
6,S1-2 B2PC
7,XT14,10US14,10US5,00XA7,00XY2,50AY25,65BP4,50XF
8,PFCXF4,50LAX4,50
PYMT-M-USD 1282,00
>ET
INVALID FARE FORMAT ITEM 1 ---> 2)
F 1,1KIMT/SETMR
SELKEIG 17OCT D4Y7GJ/333-1040
1 KE 12 H FR 2DEC LAXICN HK1 E 0010 0630*1 CAB Y
2 KE 23 H FR 30DEC ICNSFO HS1 E 1825 1145 CAB Y
FQ-1 G17OCT05 IG/SU
2,LAX KE SEL Q55,00 544,50HKW3M KE LAX Q55,00 544,50HKW3M
3,Z NUC1199,00ROE1,000000
4,FARE USD 1199,00 EQU KRW 1256600 TAX YQ 5400 TAX BP 27000 TAX
XT 55100 TOT KRW 1344100
10,XT5300YC14800US14800US5300XA7400XY2700AY4800XF
11,PFCXF4800LAX4,50
FONE-SEL-H 123
TL-CSEL39/2055/07NOV
GEN FAX-OSIKE RSVN NBR IS 333-1040
>ET
CHECK FARE ITIN ITEM 1 ---> 3)
```

8. 다음 Error Message의 원인과 조치를 적으시오.

원 인	조 치
①	
②	

```
F 1.1KIMT/SETMR
SELKEIG 17OCT D4Y7GJ/333-1040
1 G17OCT05 IG/SU
2.LAX KE SEL Q55.00 544.50HKW3M KE SFO Q55.00 479.50HKW3M
3.Z NUC1134.00ROE1.000000
4.FARE USD 1134.00 EQU KRW 1188500 TAX YQ 5400 TAX BP 27000 TAX
XT 55100 TOT KRW 1276000
10.XT5300YC14800US14800US5300XA7400XY2700AY4800XF
11.PFCXF4800LAX4.50
PYMT-M-KRW 1276000 2.S
TKT-1 S1-2 T17OCTSELIG 1802300372363
>ET
MULTIPLE TKT ITEM ----> 4)
F 1.1KIMT/SETMR
SELKEIG 17OCT D4Y7GJ/333-1040
FQ-1 G17OCT05 IG/SU
2.LAX KE SEL Q55.00 544.50HKW3M KE SFO Q55.00 479.50HKW3M
3.Z NUC1134.00ROE1.000000
4.FARE USD 1134.00 EQU KRW 1188500 TAX YQ 5400 TAX BP 27000 TAX
XT 55100 TOT KRW 1276000
10.XT5300YC14800US14800US5300XA7400XY2700AY4800XF
11.PFCXF4800LAX4.50
12.1 G17OCT05 IG/SU
13.LAX KE SEL Q55.00 544.50HKW3M KE SFO Q55.00 479.50HKW3
14.Z NUC1134.00ROE1.000000
15.FARE USD 1134.00 EQU KRW 1188500 TAX YQ 5400 TAX BP 27000 TAX
XT 55100 TOT KRW 1276000
16.S1 NB02DEC
```

9. 다음 Error Message의 원인과 조치를 적으시오.

원 인	조 치
①	

```
F 1,1KIMT/SETMR
SELKEIG 17OCT D4Y7GJ/333-1040
FQ-1 G17OCT05 IG/SU
2,LAX KE SEL Q55,00 544,50HKW3M KE SFO Q55,00 479,50HKW3M
3,Z NUC1134,00ROE1,000000
4,FARE USD 1134,00 TAX YQ 5,00 TAX YC 5,00 TAX XT 72,85 TOT USD
1216,85
10,XT14,10US14,10US5,00XA7,00XY2,50AY25,65BP4,50XF
11,PFCXF4,50LAX4,50
PYMT-M-USD 1134,00
>ET
PYMT NOT EQUAL FARE -----> 6)
```

10. 다음의 예제를 보고, PNR 작성 과 항공권 발권을 위한 C, M FIELD 를 작성하시오

① PNR 작성

조건 : 만 40세의 주부/ 만 10세의 소아/ 만 1세 유아 여정 : SEL/NRT-OSA/SEL CABIN CLASS : ECONOMY CLASS 출발/도착일 : 11월 11일/ 11월 30일 유, 소아 생년 월일 : 유아 05MAR2006 / 소아 10JUN1998

② 항공권 발권 (C, M Field 작성)

조건 : Nett Comm / AUTH NBR -6CSKINJ 성인 : KRW500,000 - 전액 현금발권 소아 : KRW375,000 - 카드 KRW200,000 + 현금 유아 : NO-Discount - 현금발권

■ 참고 문헌

1. 국내 문헌

김명신, 최기종, 항공업무론, 학문사, 2003

김진섭, 관광마케팅, 대왕사, 2004.

김재원, 항공사경영론, 기문사, 2005.

서선, 항공사 가격전략 연구, 2004.

안광호, 항공업계변화에 대응하는 국제선항공운임 설정방안, 인하대학교 석사학위논문, 1992

유필화, 가격정책론, 박영사, 1991.

임종원, 현대마케팅원론, 법문사, 1998.

정익준, 항공운송 관리론, 1997.

채원기, 항공사의 효율적인 수익관리에 관한 연구, 경기대학교 석사학위논문, 2002.

허희영, 항공경영학, 명경사, 2002.

대한항공 여객마케팅부, Airline Marketing Manual, 2006.

대한항공 여객영업부, 항공여객 입문과정 초급, 2006.

TOPAS, 초급발권, 2006

2. 국외 문헌

Charles R,Goeldner, Tourism Philosophies, Principles, Practices, Wiley, 2006.

Christopher Lovelock, Service Marketing : People, Technology, Strategy, Pearson Education, 2006.

Ginger Todd, Travel Perspectives, DELMAR Thomson, 2002.

Holloway, S., Straight and Level : Practical Airline Economics, Ashgate Publishing, 1997.

Philip Kotler, P., Bowen, J. & Makens, J., Marketing For Hospitality And Tourism, Pearson, 2006.

Taneja, N. K., The Commercial Airline Industry, Lexington Books, 1976.

Thomson Brookscole, Air Transportation and Management Perspective, DELMAR Thomson, 2004.

Wells, A. T., Air Transportation, 4th ed. Wadsworth Publishing, 1999.

3. 기 타

http://www.kalmate.co.kr

http://www.airoz.com

http://www.topas.net

항공여객실무론 Ⅱ

항공여객발권실무

서 선 著

2008년 8월 25일 인 쇄
2008년 8월 30일 발 행

발행인 / 진욱상
발행처 / 백산출판사
등록번호 / 제 1-72 호
등록일자 / 1974년 1월 9일

주소 / 서울특별시 성북구 정릉3동 653-40
전화 / 914-1621, 917-6240
FAX / 912-4438
edit@baek-san.com
www.baek-san.com

정가 : 20,000원

ISBN : 978-89-6183-110-9